# 사회복지법제와 실천

정현태 · 김도열 · 김동욱 · 류기덕 · 서민호 · 이승현 · 제미자

KNOWLEDGE COMMUNITY 공동체

# PREFACE

세계화는 국가 간의 경계가 없음을 의미한다. 국가 간의 경계가 없다는 것은 세계의 문제가 그 나라의 문제가 된다는 것이다. 국가별 사회문제는 더 다양하고 복잡해져 간다. 따라서 사회문제에 대한 사회복지의 영역이 확대되어 가며 해결방법에 대한 관심이 증대되어 가고 있다. 그러므로 사회문제 해결을 위한 정책과 법률의 실질적인 효과가 필요하다.

국가는 사회문제를 해결하기 위하여 다양한 제도적 노력을 기울여야만 하며, 특히 법제화함으로써 실질적인 효과를 거둘 수 있을 것이다.

최근에 이르러 우리나라의 복지논쟁이 과거와는 다른 양상을 보이고 있다. 과거 복지논쟁이 학자들이나 일부 정치인들에 의한 것이었다면, 현재는 정치권이나 학계, 언론계, 교육계 등 다양한 영역에서 시도되고 있다. 이는 분명 바람직한 현상이라고 할 수 있다. 따라서 복지에 대한 다양한 영역의 접근은 복지국가의 발전과 복지정책의 방향에도 큰 변화를 줄 것이다. 그러므로 사회복지에 대한 논쟁이나 이슈가 실질적으로 효과를 거두기 위해서는 법제화가 필수이다.

우리나라는 1960년대부터 현재에 이르기까지 사회복지법제라는 측면에서 많은 성장을 하였다. 대상의 범위에 따른 법의 종류가 많아졌으며, 시대의 흐름에 따라 법의 내용도 많이 충실해졌다.

그러나 우리나라는 선진 복지국가에 비해 아직까지도 사회복지의 토대가 탄탄하지 못한 실정이다. 왜냐하면 국민의 의식수준이 미흡하고 정치적 이념의 차이가 너무 크기 때문이다.

법의 이념 및 목적은 정의의 실현이다. 그리고 사회복지법의 이념은 생존권(사회권, 복지권, 헌법 제10조, 헌법 제34조 등)의 보장이다. 이런 목적을 달성하기 위해 법은 명백하고 쉽게 이해될 수 있어야 한다. 특히 사회복지와 관련되는 법률들은 사회적 약자를 대상으로 하는 경우가 많기 때문에 다른 실정법에 비해 취약성(사회보장수급권)이 쉽게 나타날 수 있다. 따라서 사회복지기관의 종사자(미래의 사회복지사)는 사회복지법에 대한 이해를 높여 수급권자의 권리 보호

# 머리말

와 증진에 도움을 줄 수 있어야 한다.

본 교재는 이러한 사회복지의 목적을 달성하기 위해 사회복지법에 대한 기본적인 이해와 실천에 활용하도록 돕고자 집필되었다.

본 교재의 내용은 한국사회복지교육협의회의 교과목지침에 따라 작성하였으며, 기존의 법체계의 분류보다는 사회복지를 공부하는 학생들에게 잘 전달될 수 있도록 여러 교재의 체계를 참고하여 정리해 보았다.

한편, 본 교재는 총론과 각론으로 구분하였다. 총론은 사회복지법의 일반에 관한 내용으로 구성되며, 각론은 사회보장기본법, 사회복지사업법, 사회보장급여의 이용·제공 및 수급권자 발굴에 관한 법률, 사회보험법, 공공부조법, 사회서비스법 등의 내용으로 구성하였다.

본 교재는 교과목지침의 목표인 사회복지 실천의 환경이 되는 사회복지법과 제도의 체계를 이해하고, 실천에 활용하기 위한 기초지식과 방법들을 습득하게 하기 위하여 이에 따른 강의안과 다른 교과목들에서 관련된 사회복지법의 내용을 중심으로 작성하였다.

사회복지법제와 실천을 출간하면서 많은 부족함을 느낀다. 교재 출간에 참여한 필자는 본 교재를 참고 또는 강의하시는 교수님들의 조언을 통하여 꾸준히 노력할 것을 약속한다.

끝으로 이 교재가 출간되기까지 수고를 아끼지 않으신 도서출판 공동체 가족 관계자 여러분에게 고마움을 전한다.

*"완전함은 없다. 부족함을 지니고 출발할 뿐이다.*
*철학에서 생각의 연장은 반성이다."*

2024년 7월
저자 일동

CONTENTS

차 례

차 례

01

PART

# 총 론

# 제1장 사회복지법의 개념과 의의

## 1. 법의 일반적 정의

### 1) 법의 정의

"법은 무엇인가?"라는 물음에 대한 답은 학자에 따라 견해가 다르다. 왜냐하면 법은 복잡한 성격을 가진 여러 가지 규범의 총체이기 때문이다. 따라서 어느 범위까지 법이라고 할 것인가 하는 문제와 법을 어떻게 설명할 것인가의 문제는 상호 의존적이다. 그러므로 법의 정의를 보면, '법이라 함은 국가 또는 정치적으로 조직된 사회에서 정립되고, 그 구성원에 대하여 물리적 강제력을 가지고 스스로를 실현하는 것으로써 정의를 이념으로 하는 사회규범'이라고 할 수 있다.

사람이 혼자 산다면 법은 필요 없다. 여러 사람이 함께 살아가는 공동생활을 위해서는 반드시 규범[1])이 필요하다. 여기서 규범이라 함은 행위의 준칙으로 행동의 기준을 말한다. 우리가 어떤 행동을 할 때 지켜야 할 것들이 규범인데, 이를 지켜 행동하면 그 행동은 바른 것으로 평가받지만 이를 지키지 않으면 그 행동은 옳지 않은 것으로 평가된다. 따라서 규범이란 특정 사회에서 채용한 행위의 평가기준이라고 할 수 있으며, 규범이 되는 것으로는 법, 도덕, 관습 등이 포함된다.

### 2) 법으로서의 규범

법은 일종의 규범(norm)이다. 규범은 인간의 행위를 규율하는 것으로 정의된다.

---

1) 규범(norm)이란 인간이 사회생활을 함에 있어 구속되고 준거하도록 강요하는 일정한 행동양식으로 강제의 정도에 따라 관행에서 도덕적 관습으로 그리고 법으로 발전한다.

규범이 없으면 모든 사람들이 자신의 이익만을 위해 행동할 것이므로 무질서나 혼란이 있게 된다. 규범에는 법규범 외에 종교, 윤리, 도덕, 관습 및 예절 등 다양한 규범이 있으나, 이들 중 가장 강력한 규범인 법으로 질서를 유지하는 것이 가장 효율적이라고 할 수 있다. 법과 다른 규범의 차이는 국가에 의해 강제되느냐 아니냐이다. 따라서 여기에서는 법규범에 대해서 살펴보고자 한다.

첫째, 법은 사회규범이다. 법은 사회에서 인간에게 부여된 규범이다. 사람들은 법이 금지한 것을 해서는 안 된다. 법규범은 당위(sollen)로서 마땅히 따라야 하는 것이다.

둘째, 법은 행위규범이다. 법은 행위에 대한 판단기준으로 작용하는 행위규범이다. 법이 금지하는 행위는 하지 않아야 하고 법이 명하는 행위는 하여야 한다. 결국 어떠한 행위를 할 것인가 말 것인가의 기준이 바로 법이라는 것이다. 그러면서 이러한 행위에 대한 판단은 최종적으로는 재판과정에서 가려지게 되고, 법은 그 판단기준이 된다. 이때 법은 재판규범이 된다.

셋째, 법은 강제규범이며 국가규범이다. 현대사회에서 국가 이외의 기관에서 법을 제정하거나, 집행하는 것을 생각할 수 없다. 실제 국가가 그 사회에서 가장 강력한 힘을 가지고 있는 것이므로, 국가가 아니고서는 개인에게 법 위반에 대하여 제재를 가할 수 있는 주체가 존재하지 않는다. 그래서 법은 강제규범으로서의 특징을 가지고 있다.

넷째, 법은 조직규범이다. 법 본연의 기능을 발휘하기 위하여 법규범의 제정, 적용, 집행을 담당하는 조직과 이 조직을 구성하는 기관에 일정한 권한을 부여하는 규범이다. 법 가운데는 국가가 지방자치단체 등 공공기관의 설치와 조직, 권한 등에 관하여 규정하는 규범이 있는데, 이를 조직규범이라 한다. 이 규범이 없으면 당해 기관을 둘 수 없다. 국가 내지 공공기관의 전반적인 사항은 이 규범에 의하여 결정된다.

다섯째, 법은 문화규범이다. 법은 정의라는 가치지향에서 생성된다. 인간이 현실에서 일정한 가치를 향해 노력하는 가운데서 생성되는 것이 문화라고 할 수 있다. 어느 사회나 문화가 존재한다. 따라서 나라마다 독특한 문화가 있으며 이는 각기 다르게 나타난다.

### 3) 법의 목적(이념)

법의 목적은 법적 효력을 위한 지향을 말한다. 즉, 법의 이념으로서의 목적이다. 법의 목적을 말할 때 그것이 법 일반의 목적을 말하는 것인지, 그렇지 않으면 개별 법규의 목적을 말하는 것인지를 분명히 하지 않으면 안 된다. 모든 법은 목적을 가지고 있다. 두 가지 측면에서 보면 다음과 같다.

#### (1) 개별적인 법규의 목적

예컨대 사회복지사업법 제1조에서 "이 법은 사회복지사업에 관한 기본적 사항을 규정하여 사회복지를 필요로 하는 사람에 대하여 인간다운 생활을 할 권리를 보장하고 사회복지의 전문성을 높이며, 사회복지사업의 공정·투명·적정을 도모하고, 지역사회복지의 체계를 구축함으로써 사회복지 증진에 이바지 함을 목적으로 한다"고 규정하고 있는데, 이와 같은 것을 당해 개별 법규가 가진 목적이라 한다. 이는 당해 법규범 제정의 이유를 밝히고, 그 법의 운용에 대한 기준을 제시한 것이다.

이러한 개별 법규의 목적은 당해 법규를 해석하여 적용하는 데 기준이 되고, 개정의 한계가 된다. 그러나 목적규정도 개정할 수 있고, 당해 법규를 폐지할 수도 있으므로, 이 또한 절대적인 것이라고는 할 수 없다.

#### (2) 법의 일반적인 목적

법 일반의 목적은 개별 법규의 목적을 지칭하는 것이 아니라 전체적인 법규범이 가지는 존재원리를 말한다. 이를 법의 이념이라고도 하는데, 법의 목적을 통하여 전체적인 법규범의 통일적인 정립이 가능하게 된다. 이에 의하여 법의 가치가 판단되고, 법을 해석·집행하는 과정에 있어서도 법의 목적에 따르지 않으면 안 된다. 법이 그 이념을 벗어나게 되면 법으로서의 의미를 상실할 수도 있기 때문이다. 법의 이념을 가장 잘 서술한 학자는 독일의 법철학자 라드브루흐(Gustav Radbruch, 1878~1949)인데, 법의 이념 3요소(사회정의, 법적 안정성, 합목적성)를 주장하였다.

법의 일반목적은 학자들에 따라 여러 가지 정의가 있으나 궁극적으로 사회정의를 실현하고, 법적 안정성을 유지하며 합목적성과 사회질서를 유지하는 데 있다.

① 사회정의의 실현

전통적으로 법은 정의를 추구하지 않으면 안 된다고 한다. 자연법론자들에 의하면, 정의롭지 못한 법은 정당성을 상실한 법이고 이를 법이라 할 수 없다고 한다. 그러나 법실증주의자들은 이러한 정의개념을 부정한다. 그들에 의하면, 실정법의 대상자인 국민이 정당성 여부를 논할 수 없고, 따라서 모든 법은 모두 정당하다고 하여야 할 것이기 때문이다.

로마에서는 "법은 정의의 규범이며, 정의규범에 위반하는 것은 해악이다"라고 하였으며, 심지어 "하늘이 무너져도 정의를 행하라"고 하였다. 이러한 전통은 오늘날까지 이어져서 모든 국가가 헌법에서 정의를 표방하고 있다. 물론 이는 국가의 존립근거 확보라는 차원에서 이해될 수 있으나, 오늘날 국가와 법의 밀접성을 생각할 때 결국 국가는 법적 정의를 추구하지 않으면 안 된다는 의미로 받아들일 수 있을 것이다.

② 법의 합목적성

합목적성이라는 말은 목적에 맞추어 방향을 결정하는 원리라는 뜻이다. 법의 합목적성은 어느 국가의 법 질서가 어떠한 표준과 가치관에 의하여 구체적으로 제정·실시되는 원리를 말한다. 그리고 법의 목적은 국가나 세계관에 따라 달라진다. 따라서 합목적성의 이념은 모든 법의 내용이나 국가의 정책에 대해 수행되어야 할 목적을 요구하는 수단적인 성격의 이념인 것이다(남기민 외, 2008).

대한민국 헌법 제10조에는 "국가는 개인이 가지는 불가침의 기본적 인권을 확인하고 이를 보장할 의무를 진다"고 하였다. 이는 자유와 권리의 보장에 있어서 공공복리의 원칙과도 맞아야 한다. 그러므로 법의 목적으로서 합목적성은 개개인의 이익을 최대한 보장하면서 공익을 실현하는 것이라고 할 수 있다.

③ 법적 안정성 유지

법적 안정성이란 법의 합목적성을 달성하기 위하여 제정된 법이 현실적으로 대상자들에게 준수되고 있는 상태를 의미한다. 가장 바람직한 상황은 곧 법이 모든 사람에게 공평하게 적용되고 급변하지 않음으로써 질서 있는 법 생활이 유지되는 상태이다.

일찍이 괴테(Goethe)가 "부정의한 법도 무질서보다는 낫다"고 한 것은 바로 이러한 의미이다. 그리고 소크라테스(Socrates)가 "악법도 법이다"라고 하면서 독배를 마신 것은 법실증주의자로서 법의 효력을 부정할 수 없다고 한 것이라 할 수도 있으나, 한편으로는 법적 안정성을 강조한 것이라고 하여도 무방하다.

법적 안정성을 갖추기 위해서 법이 갖추어야 할 요건은 다음과 같다.

- 법의 존재 여부와 그 내용이 명확하여야 한다.
- 법은 현실적으로 운용되어야 한다. 법은 불가능한 것을 요구해서는 안 되고, 또한 현실적으로 시행되어야 한다.
- 조령모개식의 변경이 이루어져서는 아니 된다. 너무 자주 개정되는 법은 국민이 현재의 법 내용을 알 수 없게 하고, 또 현행법이라고 해도 곧 개정될 것으로 생각하므로 국민들에 의하여 존중되지 않는다.
- 법은 선량한 국민의 법의식과 일치하여야 한다(법의 적합성).

#### ④ 사회질서 유지

법은 사회공동체의 생활에 있어서 사회질서의 유지를 목적으로 한다. 사회질서란 사회적인 과정이 일관성 있고, 사회의 각 부분들이 각자의 기능을 수행하기 위해서 조화와 균형을 이루는 상태를 말한다. 또한 사회질서는 사회구성원들에 의해 자발적으로 이루어지기도 하지만, 법적 강제에 의해 인위적으로 조성되고 유지되는 경우가 일반적이다. 사회복지 관련 법은 법이 집행되는 과정에서 집행기관이 의무를 준수하고, 수급권자가 법규를 위반하거나 오용 및 남용하는 것을 방지하기 위하여 벌금, 과태료, 징역 등 벌칙을 부과함으로써 사회질서를 유지하고 있다.

### (3) 사회복지법의 목적

사회복지법은 모든 국민의 인간다운 생활을 보장하고 능력의 개발을 원조함으로써 건강하고 문화적인 생활을 영위하도록 하고, 특히 소득재분배를 통하여 생활유지능력이 없는 이들의 자립을 지원하고 복지를 증진하여 사회통합 또는 사회연대를 이루는 것이다.

## 2. 사회복지법의 개념과 의미

사회복지법을 하나의 연구대상으로 삼아 분석하기 위해서는 무엇보다도 먼저 '사회복지법'이라고 지칭하는 현상에 대해 먼저 알아야 한다. 이를테면 사회복지법과 연관된 모든 사회현상에 관한 체계적인 개념정의가 필요하다.

### 1) 일반적 의미의 사회복지법

사회복지법이라는 용어는 '사회복지'와 '법'이라는 단어의 합성어다. 그러므로 일단 사회복지법은 '사회복지에 관한 법'으로서 법의 일반적인 성격과 틀을 지니고 있되 그 내용은 사회복지를 다루는 법이라고 말할 수 있다. 따라서 사회복지법은 사회구성원 다수가 평안하고 만족스러운 상태를 유지하며 잘 지낼 수 있도록 규정하는 제반 법규를 의미한다. 구체적으로 사회복지법이란 모든 국민과 적법한 외국인의 욕구를 충족시키고, 생활상의 곤란과 문제를 개인적·집단적·지역사회적·국가적·국제적 수준에서 예방·보호·치료·회복시킴으로써 그들의 인간다운 생활을 보장하고 사회적 정의를 실현하기 위한 공적·사적 제도와 정책 등을 규율하기 위한 제반 법규를 의미한다.

### 2) 형식적 의미의 사회복지법(협의의 의미)

형식적 의미의 사회복지법이란 사회복지법이라는 외적 형식을 갖춘 제반 법규를 개념 규정하는 것으로, 주로 각국의 실정법상 사회복지와 연관된 법규의 모든 법들이 이에 포함된다.

사회복지법은 독일의 경우처럼 '독립된 사회법전'이 있는 경우에는 명시적으로 알 수 있으나, 우리나라의 경우 독립적인 사회법전이 존재하지 않으므로 '사회보장기본법'상에 명시되어 있는 법을 말한다.

예를 들면, 사회보장기본법, 국민연금법, 국민건강보험법, 사회복지사업법, 아동복지법, 장애인복지법, 노인복지법, 국민기초생활 보장법, 의료급여법 등 많은 법률이 있다.

### 3) 실질적 의미의 사회복지법(광의의 의미)

실질적 의미의 사회복지법이란 법적 존재의 명칭에 관계없이 법규범의 내용, 목적, 기능들이 사회정의, 사회형평, 사회연대, 사회통합, 인간다운 생활, 행복권 등과 같이 사회복지법에 내재하는 공통된 법 원리 내지 가치에 부합되는 법규를 의미한다. 다시 말해서, 넓은 의미의 사회복지법이란 전 국민의 물질적·정신적·사회적 기본 욕구를 해결함으로써 인간다운 생활을 영위하게 하는 제반 공사적인 사회적 서비스와 관련된 법률을 말한다. 따라서 사회복지법의 개념은 실질적 의미로 이해하는 것이 바람직하다.

### 4) 이념적 의미의 사회복지법

이념적 의미의 사회복지법은 생존권(1919년 독일의 바이마르 헌법에서 최초로 규정)을 구체적으로 실현하기 위한 법이다. 생존권이란 국민이 인간다운 생활을 하기 위해 필요한 제반 조건을 국가가 적극적으로 개입하여 이루어 줄 것을 요구하는 권리이다(사회권적 기본권). 우리나라 헌법은 전문, 헌법 제10조, 헌법 제34조 등에서 생존권 보장에 관해 규정하고 있다.

## 3. 사회복지법의 형성

### 1) 시민법에서 사회법으로의 전환

전통사회가 해체되면서 탄생한 시민사회는 새로운 법질서를 확립하였는데 이를 시민법이라 한다. 그러나 시민사회는 자체의 모순으로 인하여 다시 새로운 형태의 법질서를 필요로 하게 되었는데 이것이 사회법으로 나타났다. 사회법의 등장은 추상적 인간이 아닌 현실에서 고통당하는 구체적 인간의 입장에서 사회문제를 조망하고 해결하게 되었으며, 더 나아가 사회적 약자의 고통을 덜어주기 위한 여러 사회복지법이 제정되기에 이른 것이다. 즉, 자본주의의 출현으로 인해 시민사회는 부양책임자로서의 가장이 받는 임금이 단지 노동력의 대가일 뿐 그 가족구성원의 생존비용까지 포함하기에는 미흡하여 노동력을 소유한 인간과 그 가족에 대한 배려가 없었다. 따라서 시민사회의 가족법상 부양책임과 자본주의의 분배기제 사이에 모순이 발생하게 되었으며, 이는 사회적 차원에서 생존과 부양에 대한 새로운 법리를 요구하게 되었고, 더불어 기계화·대량화·도시화 등에 따라 노동자의 생존을 위협하는 사회적 위험이 증가되었으며, 사회관계가 복잡해짐에 따라 가해자 확인이 쉽지 않은 사회적 위험들이 나타났다. 이러한 사회적 위험을 개인 간의 손해배상제도를 통해서 해결할 수 없게 되자, 각종 사회보장제도와 대인서비스 등이 등장하게 된 것이다.

## 2) 시민법과 사회법의 형성과 원리

### (1) 시민법과 그 원리

시민법은 시민사회를 전제로 하여 출현한 법이다. 시민사회란 봉건사회의 구 질서를 무너뜨리고 자본주의 사회를 확립한 시민계급(부르주아 계급)이 혁명을 통하여 건설한 새로운 시대의 역사적 산물이었다. 시민사회는 기본적으로 보편적 상품교환사회이며, 이 상품교환 과정에서 나타나는 시민 개개인의 권리와 의무를 보장하는 법체계가 곧 시민법이다.

시민법의 이념은 자유와 평등이다. 자유의 개념은 일체의 구속, 즉 봉건적 구속, 절대왕권의 구속으로부터의 해방을 의미하는 소극적인 자유였고, 평등은 법 앞에서 만인이 평등하다는 형식적 의미의 평등이었다. 이러한 시민법은 세 가지 원리를 제시한다.

① 사유재산불가침의 원리(사유재산 존중의 원리)

시민들은 사유재산불가침의 원칙에 따라 상호 존중 또는 상호 승인의 과정을 통하여 각자의 물건에 대한 수익 및 지배를 인정했는데, 이는 단지 타인의 지배를 배척하는 소극적 의미였다. 그러나 자본의 자기증식법칙에 의해 가진 자와 가지지 못한 자의 구별이 확연해지고, 소유권 승인에 대해 어떠한 이익도 갖지 못하는 계급이 형성되면서 상호성에 의한 계약의 정당성을 상실하게 되었다.

② 계약자유의 원리

평등한 시민들 간의 자유로운 의사표시에 의한 구체적 합의에 의해서 법적인 권리와 의무관계가 형성된다는 원칙이다. 이 원칙은 사람은 누구나 합리적인 판단력을 가지고 있으며, 개인의 활동에 있어서 국가가 간섭하지 않고 각자의 자유에 맡겨두면 사회는 조화 있게 된다는 사고를 바탕으로 하고 있다. 그러나 경제적 강자가 경제적 약자에 대하여 일방적 계약으로 강제하는 수단으로 전환되었다.

③ 과실 책임의 원리(개인 책임의 원리)

이는 개인 자신의 행위로 인하여 타인에게 끼친 손해에 대해서는 그 행위가 위법하고, 고의 또는 과실에 기초한 경우에만 책임을 지며, 그렇지 않은 경우에는 책임을 지지 않는다는 원칙으로, 자본주의 사회에서 개인의 경제활동을 자유롭게 해준다. 그러나 산업재해처럼 사용자 개인에게 고의 또는 과실이 없거나 그것을 입증하기 곤란한 경우는 산업의 이익은 사용자 측에게 귀속되지만, 그 재해는 피해자인 근로자에게 고스란히 귀속되는 문제가 있다.

### (2) 사회법과 그 원리

종래 시민법의 원리에 따른 자유로운 계약은 공공복리와 사회질서 유지를 위해 일정한 제한을 받게 되었고, 계약의 이행 역시도 신의에 따라 성실하게 행해지도록 요구받게 되었다. 사유재산불가침의 원칙도 공공복리나 권리남용 금지 등의 법리를 통해 제한하게 되었고, 자기책임의 원칙도 고의 또는 과실이 없어도 책임져야 하는 무과실 손해배상책임제도로 전환되는 등 공동체의 생존과 안녕을 고려하는 단체주의 법적 원리를 도입하게 되었다.

더 나아가 새로운 내용을 갖는 사회법의 등장을 보게 된다. 독일의 경우를 보면 일반 사회법 제정과 더불어 독립된 사회법원을 두는 체제를 가지고 있다.

이러한 사회법은 시민법의 수정 및 변화로 이어지는데, 여기에는 세 가지 원리가 있다.

① 소유권의 사회성 원리

소유권은 사회적으로 행사되는 것을 기대하여 개인에게 맡겨지는 것으로 해석되기 때문에, 만일 이 기대가 충족되지 않을 경우에는 언제든지 철회할 수 있는 한정적 조건부로서의 권리이지, 그 자체로서 무한정의 신성불가침의 권리는 아니라는 것이 합의된 담론이다. 그러므로 국가는 소유권의 내용에 따라 적절한 제한을 가할 수 있다. 따라서 경제법들은 독점화된 자본주의 경제에 대한 정치권력의 개입을 긍정하고, 국가가 국민경제의 건전성을 보존하며, 국민의 복지증진을 위한 경제의 통제를 인정하고 있다.

② 계약 공정성의 원리

현대에는 근로기준법, 소비자보호법, 「약관의 규제에 관한 법률」, 주택임대차보호법 등과 같이 계약자유의 원칙에 대해 통제를 가하는 법들이 속속 등장하고 있는데, 계약의 공정성과 관련한 이러한 법들은 실질적으로 대등하게 계약에 참여할 수 없는 다수와 사회적 약자를 보호하기 위한 입법들이다. 또한 계약에 참여하기 어려운 노동무능력자와 노동능력은 있으나 계약관계에 참여의 기회가 실질적으로 제한되어 있는 실업자 등에 대해서 국가가 법으로 생존을 보장하는 등 계약자유의 원칙의 사각지대를 보완하고자 노력하고 있다.

③ 무과실 책임의 원리(집합적 책임의 원리)

이 원리는 욕구상황을 발생시키는 사회문제는 특정 개체에게 책임을 물을 수 없고 공동체의 책임이라는 원리로 승인해야 한다는 것을 강조한다. 이것은 재해, 질병, 빈곤 등의 본질적인 원인이 개인의 결함에 있는 것이 아니라 사회구조 자체에 있다는 것을 인식하고 사회가 공동으로 책임질 수 있는 제도를 마련해야 한다는 것을 뜻한다. 특히 이 원리는 사회보장법, 사회복지서비스법 등을 중심으로 전개되어 나가고 있다.

### (3) 시민법과 사회법의 비교

사회(복지)법은 소유권의 절대성, 계약자유의 원칙 그리고 과실책임주의 등을 기본 원리로 하는 근대 시민법의 원리를 수정하는 법 원리를 의미한다.

즉, 시민법이 추상적 인간을 전제로 한 자유주의, 개인주의, 소극적 국가, 형식적 평등을 원리로 함에 대하여, 사회법은 구체적이고 현실적인 인간을 전제로 한 사회주의, 단체주의, 적극국가, 실질적 평등을 법 원리의 전제로 한다.

이러한 사회법은 고도 자본주의적 법 원리로서 개인중심적인 법사상을 수정하는 원리를 가지며, 공법과 사법의 중간영역으로서 제3의 영역을 형성한다고 보는 것이 일반적이다. 사회법은 계급사상을 바탕으로 하는 사회주의 법이 아니라 자본주의 법의 범위 내에서 그 폐해나 단점을 수정·보완하려고 시도하는 것이라는 특색을 지닌다. 시민법과 사회법을 비교하면 <표 1-1>과 같다.

〈표 1-1〉 시민법과 사회법의 비교

| 구 분 | 시민법 | 사회(복지)법 |
|---|---|---|
| 이념과 사상 | 자유방임주의, 개인주의, 자유주의 | 수정자본주의, 집단주의, 사회민주주의 |
| 경제체제 | 초기자본주의, 상업주의 | 독점자본주의, 수정자본주의 |
| 국가의 역할 | 야경국가, 경찰국가 | 복지국가 |
| 권 리 | 자유권 | 사회권(생존권, 복지권) |
| 인간관 | 평등한 추상적 인간 | 불평등한 현실적 인간 |
| 법 원칙(원리) | •계약 자유의 원칙<br>•소유권 절대의 원칙<br>•과실 책임의 원칙 | •계약의 공정성<br>•소유의 사회성<br>•집합적 책임 |
| 법 영역 | 민법, 상법 | 사회복지법, 노동법, 경제법 |

출처 : 남기민 외(2011), p. 35.

## 4. 사회복지법과 타법과의 관계

사회복지법은 헌법, 사회법, 노동법, 경제법, 행정법, 조세법, 민법 등과 밀접한 관련이 있다.

### 1) 사회복지법과 헌법

헌법은 국가의 기본 조직, 통치작용, 국민의 기본권 등을 정한 기본법이다. 사회복지법은 국가의 근본법인 헌법의 하위법으로서 헌법에 기초하고 헌법의 테두리 안에서 성립한다. 따라서 사회복지법은 헌법의 기본 원리를 기초로 성립한다(김기원, 2019).

### 2) 사회복지법과 사회법

사회법은 법 영역상 공법과 사법이 혼합되어 있어서 공법과 사법 어느 하나에 배타적으로 속하지 않는 제3의 법 영역이다. 사회법은 독점자본주의의 폐해를 시정하기 위하여 사법관계를 공법적으로 수정하기 위하여 대두된 새로운 법체계이다. 경제적 강자의 법적 지위를 제한하여 경제적 약자를 보호하고, 국민을 보호의 대상으로 보는 점이 기존의 사법체계와는 다른 점이다. 이러한 점에서 기존의 법질서에 의해 야기된 문제점을 해결하게 된다. 그리고 사회법의 종류로는 노동법, 경제법 그리고 사회보장법이 있다. ⇨ 사회복지법은 '사회법'이다.

#### (1) 사회복지법과 노동법

노동법은 자본주의하에서의 노사관계를 합리적으로 규율하기 위하여 노동조합을 설립하고 이를 통하여 사용자와 교섭·쟁의 등을 인정한 법규를 말한다. 사회복지와 노동의 관계는 밀접한 관련을 갖고 있다. 사회복지법 중의 일부 법률은 노동법적 특성을 갖고 있다. 노령에 관한 연금법, 실업에 관한 고용보험법, 재해에 관한 산재보험법 등이 그렇다.

### (2) 사회복지법과 경제법

경제법은 국가의 경제정책의 실현을 위한 법으로 시장에서 분배의 문제를 다룬다. 반면에 사회복지법은 시장에서 이루어지는 분배의 결과를 다시 분배하려는 재분배의 문제를 다룬다. 양자는 성장과 분배라는 점에서 구분되지만 경제적인 약자를 경제적으로 보호하려는 점에서 공통된 점이 있다(김기원, 2019). 그것은 독점금지법, 중소기업의 보호, 공정거래법 등이다.

## 3) 사회복지법과 행정법

행정법은 주로 행정기관의 행정행위를 규제하기 위하여 제정된 법규를 말한다. 사회복지의 영역 중에 공공복지서비스를 제공하는 복지행정영역이 가장 큰 비중을 차지한다. 따라서 사회복지행정을 규율하기 위한 사회복지법들은 행정법의 특성을 기본적으로 갖추고 있다. 복지행정과 관련하여 행정법은 일반법에 해당하고, 사회복지법은 특별법에 해당한다(김기원, 2019).

## 4) 사회복지법과 조세법

조세는 국가 또는 지방자치단체가 법률적 규정에 의해 자연인이나 법인에게 부과하는 경제적 부담을 말한다(이만우, 1995). 그리고 조세는 국세, 지방세와 같이 국가가 일방적이고 강제적으로 부과하는 것으로 반대급부를 조건으로 하지 않는다. 반면에 사회보험법에서의 보험료는 반대급부를 조건으로 한다.

## 5) 사회복지법과 민법 그리고 공익법인의 설립·운영에 관한 법률

사회법으로서의 사회복지법은 공법과 사업의 특성을 공유하고 있으며, 사법 중 민법과 밀접한 관련이 있다. 민법의 내용과 방법이 사회복지법률 관계에 적용된다. 민법은 비영리법인을 관장하고, 사회복지사업법은 사회복지법인을 관장한다. 사회복지법인은 비영리법인에 속한다(김기원, 2019). 사회복지사업법 제32조는 “법인에 관하여 이 법에서 규정한 사항을 제외하고는 민법과 「공익법인의 설립·운영에 관한 법률」을 준용한다”라고 규정하고 있다.

# 제2장 권리로서의 사회복지법

사회복지법의 권리는 사회복지를 받을 권리에 관한 성격을 논한다. 사회복지법의 권리는 그동안 복지권과 관련하여 그 성격이 분석되어 왔다.

복지권(welfare right, right to welfare)이란 헌법상 국민들이 복지혜택을 받을 권리를 말한다. 대체로 사회복지법은 복지권으로 국민의 기본권적 권리의 하나라는 견해에는 의견의 일치를 보고 있지만, 그 성격에 있어서는 서로 다른 견해들이 있다.

사회복지는 사회보험, 공공부조, 사회서비스 등 여러 영역으로 구분된다. 사회복지법의 권리를 논함에 있어 이들 각 영역들은 보장대상, 수급권자, 재원조달 방법 등에 있어서 현저한 차이가 있기 때문에 각각의 특성을 고려하여 사회복지법의 권리를 논해야 한다. 헌법상 기본권은 '사회보장기본법'을 비롯한 사회복지 관련 법률에 의하여 구체화된다. 이런 측면에서 복지권은 사회보장수급권으로 설명될 수 있다.

## 1. 인권, 시민권 그리고 복지권

인권은 인간이기 때문에 천부적으로 누려야 하는 권리이다. 인권은 인권의 개념과 범주가 발전하는 과정 속에서 보편적으로 동의할 수 있는 몇 가지 특성이 있다(오윤수 외, 2009). 첫째, 인권은 기본적이고 필수적인 권리이고, 둘째, 인권은 보편적이며, 셋째, 인권은 법으로 보장되는 권리 이상의 것이고, 넷째, 인권은 정의이며, 다섯째, 인권은 사회적 책임이다. 그리고 인권은 헌법과 법률에서 보장하거나 대한민국이 가입·비준한 국제인권조약 및 국제관습법에서 인정하는 인간으로서의 존엄과 가치 및 자유와 권리를 말한다(국가인권위원회법 제

2조 참조). 따라서 사회복지법은 인간의 기본적 권리(인권)의 보장에 기초하고 있다. 따라서 인권은 법 이전의 개념이고 법의 근거가 되는 개념이라 할 수 있다. 또한 사회복지 개념보다 더 근본적이고 더 넓으며 광의적인 개념이라 할 수 있다. 사회복지법은 인간의 인간다운 생활을 할 권리를 보장한다는 점에서 인권을 반영하고 보장하는 법률이라 할 수 있을 것이다.

근대국가가 형성되면서 인권은 시민사회의 구성원으로서 공유해야 할 권리로 인식되었다. 이렇게 시민권(citizenship right) 개념이 등장하게 되었다. 시민권 개념은 마샬이라는 영국의 학자에 의해 널리 알려졌다.

영국의 학자 마샬(Marshall)은 시민권은 공민권·정치권·사회권으로 구성되어 있다고 주장하였다. 여기에서 공민권은 자유권을, 정치권은 참정권을, 사회권은 복지권(생존권)을 의미한다.

그리고 기본권(fundamental right)이란 인간이 인간으로서 누릴 수 있는 권리 가운데 헌법이 보장하는 국민의 기본적 권리를 말한다. 따라서 인권과 시민권 등의 헌법적 표현이 기본권이라고 볼 수 있다.

헌법상의 기본권은 인간의 존엄과 가치, 행복추구권, 평등권, 자유권, 정치권, 청구권, 사회권 등을 포함하고 있다. 이러한 기본권 중에서 사회권을 복지권이라 하며 생존권의 한 영역으로 분석된다. 복지권은 헌법상 국민들이 복지혜택을 받을 권리를 말하며, 모든 국민이 인간다운 생활을 누리는 데 필요한 복지서비스를 국가로부터 보장받을 권리를 말한다.

사회보장을 받을 권리는 사회보장수급권을 말하는 것으로 인간다운 생활을 하기 위하여 국가에 대해 일정한 급여와 서비스 지원을 적극적으로 요구할 수 있는 권리를 말한다. 이러한 권리는 헌법상의 생존권, 사회권 조항을 기반으로 하는 권리로서 사회보장기본법 제9조에 의하여 명시된 법적 용어이며 복지권으로 사용되기도 한다(헌법 제34조 참조).

## 2. 헌법상의 사회권적 기본권의 성격

### 1) 사회권(생존권)으로서 권리

헌법상의 사회권적 기본권은 국민이 국가에 대해 인간다운 생활과 최저한의 생활보장을 적극적으로 요구할 수 있는 권리를 의미하며, 생존권적 기본권(생존권)이라고도 한다. 이 기본권을 최초로 규정한 것은 1919년 독일의 바이마르 헌법(제151조)이다. 대한민국 헌법은 바이마르 헌법의 규정을 따르며, 사회권에 대한 기본 원칙을 제34조 제1항에 규정하고 있고 제2~6항까지 세부적 내용으로 규정하고 있다.

생존권이란 국민이 최저생활의 유지를 위하여 필요한 조건의 확보를 국가에 대하여 요구하는 권리이다. 다시 말하면, 생존권이란 사람이 어떠한 사태에 봉착하더라도, 즉 소득이 부족하거나 혹은 전혀 없더라도 생존을 유지할 수 있는 권리를 말한다. 인간이 살기 위한 기본적 조건은 의・식・주와 그 밖의 생활재료의 조달과 확보이며 인간은 이를 확보할 권리가 있는 것이다.

따라서 인간다운 생활을 국가의 책임으로 보장하는 생존권은 다음과 같은 두 가지 특색을 지니고 있다.

첫째, 생존권은 사회적 약자에 대한 국가의 은혜가 아니라 사회에서 생(삶)을 향유하는 자의 당연한 권리로서의 권리성이다.

둘째, 생존권은 단지 살아간다는 정도가 아니라 문화적인 인간에 상응하는 정도의 것이어야 한다는 것이다.

### 2) 헌법상의 권리

첫째, 헌법 전문에는 복지국가를 지향하고 있다.

둘째, 헌법 제10조에는 “모든 국민은 행복을 추구할 권리를 가진다”라고 행복추구권에 대해서 명시하고 있으며, 국가는 개인이 가지는 불가침의 기본적 인권을 확인하고 이를 보장할 의무를 진다.

셋째, 헌법 제31조에는 교육권(국가는 평생교육의 진흥 등), 헌법 제32조에는 근로권(근로조건의 기준은 인간의 존엄성을 보장 등), 헌법 제33조에는 근로 3권(근로자의 단결권, 단체교섭권, 단체행동권 등)을 명시하고 있다.

넷째, 헌법 제34조는 사회복지권에 대한 구체적인 규정을 명시하고 있다.

- 제1항은 "모든 국민은 인간다운 생활을 할 권리를 가진다"라고 규정하고 있다. 이 조항은 '생존권에 대한 핵심조항'이다.
- 제2항은 제1항의 수단적 규정이다. 즉, 국가의 사회보장·사회복지의 증진에 노력할 의무, 여자의 복지와 권익의 향상을 위한 노력, 노인과 청소년의 복지향상을 위한 정책 실시 의무, 신체장애자 및 질병·노령, 기타의 사유로 생활능력이 없는 국민이 법률이 정하는 바에 의한 국가의 보호, 재해를 예방하고 그 위험으로부터 국민을 보호하기 위한 노력 등을 규정하고 있다.

다섯째, 헌법 제35조에는 환경권(국가와 국민은 환경보전을 위하여 노력), 헌법 제36조에는 혼인, 가족, 모성, 보건, 보호(양성평등, 모성보호를 위한 노력, 보건에 관한 국가의 보호 등)를 명시하고 있다.

여섯째, 헌법 제119조는 사회복지 실현을 위한 경제질서, 즉 경제의 민주화를 위한 규정이 명시되어 있다.

### 3) 사회권(생존권)의 법적 성격

사회권적 기본권의 성격이란 각 나라의 헌법에서 규정한 생존권이 실제로 법적인 효력을 가지는가와 효력을 가진다면 어느 정도 효력을 가지느냐에 대한 기준을 의미한다. 즉, 사회권적 기본권의 법적 성격이 헌법에서 단순히 생존권을 형식적으로 제시하고 있는가 아니면 헌법규정 자체만으로 직접 국가에 대해 생존권을 요구할 수 있는가, 또는 구체적인 입법에 의해서만 가능한가에 대하여 견해가 대립되어 있다.

사회권적 기본권의 법적 성격과 관련된 주요 학설로는 크게 프로그램 규정설과 법적 권리설로 구분되며, 법적 권리설은 추상적 권리설과 구체적 권리설로 나뉜다.

### (1) 프로그램 규정설(입법방침설 : 전시행정)

프로그램 규정설은 헌법에서 규정된 생존권적 기본권의 권리성을 인정하지 않는 입장으로, 생존권은 국가의 사회정책적 목표와 강령을 국민에게 선언한 것에 지나지 않는다고 보는 학설이다. 헌법에서 생존권 규정이 국가의 사회적·경제적 역량, 특히 국가의 재정적 능력에 크게 의존하는 것이므로 생존권에 대한 효력은 국가의 자유재량이기 때문에 강제할 수 없다고 보고, 헌법의 생존권 규정 또한 기본 방침을 선언한 것에 불과하다는 입장으로 생존권을 권리로 인정하지 않는다는 주장이다.

따라서 헌법상의 생존권 규정은 모든 국민들이 인간다운 생활을 실현하기 위한 국가의 사회정책적 목표 또는 입법의 방향을 선언한 것에 불과하기 때문에 헌법상의 규정만으로 국민은 국가에 대한 그 의무이행을 재판상 청구할 수 없다는 것이다. ➩ 1960년대 생활보호법

### (2) 법적 권리설

생존권에 관한 규정이 헌법조항으로 있다는 것만으로 법적인 권리가 발생하여 개별 국민은 사회복지의 혜택을 누릴 권리가 법으로 보장되어 있다고 보며, 국가는 이를 이행할 의무가 있다는 학설이다. 이러한 권리설에서 기본권은 입법권, 사법권, 행정권을 모두 구속한다고 본다.

#### ① 추상적 권리설

추상적 권리설에 의하면, 헌법에서 규정된 생존권에 대해 국민은 국가에 대해 사회복지 혜택을 받을 추상적 권리를 가지며, 국가는 필요한 조치를 강구할 추상적 의무를 진다고 보는 학설이다. 이 학설은 기본권이 단순한 입법방침이 아니라 비록 추상적일지라도 법적 권리로 본다는 점에서 프로그램 규정설과 차이가 있다.

따라서 추상적 권리설은 생존권적 기본권 내용이 추상적이고 선언적인 의미가 있다고 하더라도 그것은 법적 권리이며, 생존권적 기본권 보장에 대한 국가적 의무로, 그리고 법적 의무로 보는 견해이다. ➩ 1990년대 국민기초생활 보장법

② 구체적 권리설

구체적 권리설은 생존권적 기본권이 헌법에 보장된 권리이고, 헌법상의 의무이기 때문에 국민은 국가에 직접적으로 생존권 보장을 청구할 수 있으며, 국가는 이에 적극적으로 응해야 할 의무가 있다는 학설이다(김 구, 2009 : 68).

이 학설에 의하면, 생존권을 보장하고 실현하기 위한 구체적인 입법이 없는 경우에도 생존권은 현실적으로 국가에 대하여 일정한 급부를 청구할 수 있는 '구체적 권리'이며, 국가는 이를 적극적으로 보장할 법적 의무가 발생한다고 본다. 따라서 헌법상에서 생존권 규정이 존재한다는 그 자체로 구체적 권리를 나타낸다고 보는 것이다. 이것은 하위 법률에서 사회복지에 대한 입법 여부와 관계없이 그 자체로 효력이 발생한다고 보는 것이다. 그러므로 국가의 생존권적 기본권 실현에 관한 부작위는 국민의 헌법상 기본권에 관한 침해로 보아 국민은 국가를 상대로 소송을 제기할 수 있다고 본다. ➪ 사회보험법

### (3) 프로그램 규정설과 법적 권리설의 비교

헌법상의 사회권적 기본권의 법적 성격에 대한 프로그램 규정설과 법적 권리설에서 주장하는 내용들을 비교 정리하면 <표 2-1>과 같다.

〈표 2-1〉 사회권의 법적 성격 비교

| 구 분 | 프로그램 규정설 | 법적 권리설 | |
|---|---|---|---|
| | | 추상적 권리설 | 구체적 권리설 |
| 학설요지 | 헌법상의 생존권 규정은 국가의 정책방향과 목표를 제시하고 선언 | 헌법에서 규정된 생존권은 추상적인 법적 효력이 발생 | 헌법에서 규정된 생존권은 구체적인 법적 효력이 발생 |
| 법적 효력 | 효력 없음 | 효력 없음 | 효력 발생 |
| 권리 여부 | 권리 아님 | 권리 아님 | 법적 권리 |
| 판례 및 다수설 | × | ○ | × |

## 3. 사회복지수급권(사회보장수급권)의 구조 및 보호와 제한

사회복지수급권은 사회권적 기본권(생존권적 기본권)이 법률이나 행정입법의 수준에서 구체적으로 규정된 것으로 국민이 사회보장에 관한 관계 법령이 정하는 바에 의하여 갖게 되는 사회보장의 급여를 청구할 수 있는 권리를 말한다(사회보장기본법 제9조). 즉, 수급권은 인간다운 생활을 확보하기 위한 개인의 당연한 권리이며, 국가는 이를 보장할 의무를 지니는 것이다. 따라서 헌법에 나타난 생존권 규정을 좀 더 구체적이고 체계적으로 표현한 것이 개별 법에 따른 사회복지수급권이다. 이러한 사회복지수급권은 인권이나 기본권에 비해 구체적이고 직접적인 권리라고 볼 수 있다.

### 1) 사회복지수급권의 규범적 구조

사회복지수급권의 구조는 세 가지로 분류할 수 있다. 즉, 실체적 권리, 수속적 권리, 절차적 권리로 되어 있다(그림 2-1).

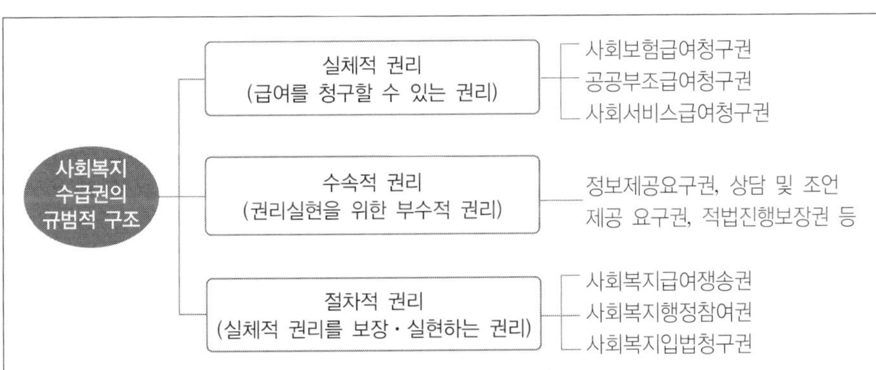


| 그림 2-1 | 사회복지수급권의 규범적 구조

#### (1) 실체적 권리 : 급여를 청구할 수 있는 권리

국민이 해당 법률에 의해 현실적인 급여를 청구할 수 있는 구체적 권리로 복지급여청구권을 말한다. 이 권리의 보장을 위해 사회복지법은 수급요건, 수급권자, 급여수준, 수급기간, 급여종류, 재원, 전달체계, 수급권의 보호와 제한 등을 구체적으로 규정하여야 한다.

이러한 실체적 권리에 해당하는 청구권은 사회보험급여청구권, 공공부조급여청구권, 사회서비스급여청구권이 있다.

#### (2) 수속적 권리 : 사회복지급여를 받기 위한 적절한 절차에 참여하는 권리

수속적 권리는 급여청구권의 실현을 위한 일련의 수속과정으로 본래의 수급권 보장의 목적에 맞게 적합하게 진행되어야 할 것을 요구하는 권리를 말한다.

이러한 권리는 수속 전 단계의 권리와 수속단계의 권리로 구분된다. 수속 전 단계의 권리는 급여정보권, 상담과 조언권, 각종 사회복지기관을 이용할 권리이며, 수속단계의 권리는 신청－조사－결정－실시의 단계로 각 단계마다 권리가 침해되지 않도록 적법하게 진행될 것을 요구하는 권리이다.

#### (3) 절차적 권리 : 실체적 권리의 실현이 보장되지 않는 경우에 구체적으로 실현하는 절차와 관련된 권리

절차적 권리는 실체적 권리를 보장하고 실현하거나 이것과 연관된 의무를 이행하고 강제를 구체적으로 실현하는 절차와 관계되는 권리이며, 사회복지급여쟁송권, 사회복지행정참여권, 사회복지입법청구권이 포함된다.

- 사회복지급여쟁송권 : 급여청구권이 침해되었을 때 이의 구제를 신청하는 권리
- 사회복지행정참여권 : 행정과정에 복지대상자나 국민이 참여할 권리
- 사회복지입법청구권 : 사회복지입법 추진 및 개정을 청구할 권리

### 2) 사회복지수급권의 보호와 제한 및 포기

#### (1) 사회복지수급권의 보호(사회보장기본법 제12조)

사회복지수급권은 헌법에서 규정된 국민의 생존권을 보장하기 위한 구체적인 권리이지만 그 권리성이 취약한 것이 현실이다(신섭중, 1979). 사회복지수급

권의 권리성이 취약한 이유로는 첫째, 수급권이 프로그램 규정적 권리(또는 추상적 권리설 등)로 인정되기 때문에 국가의 복지행정 결과에 파생되는 반사적 이익이거나 구빈 관점에서 부여된 시혜적인 것으로 인식되는 경향이 있기 때문이다. 둘째, 급여의 유형이 현금·현물급여 외에 사회복지서비스 등으로 다양하고 전문상담이나 사례관리 등 비금전적인 부분 등에 의해서 제공되어 권리실현을 계량화 또는 표준화하여 법률로 규정하기가 곤란한 부분이 존재하기 때문이다. 셋째, 수급권 대상자가 전 국민이 아닌 소수 극빈계층이나 사회적 약자들이라고 인식하여 대상자에게 낙인을 주는 이데올로기적 측면도 존재하기 때문이다.

하지만 이런 취약성을 극복하기 위해서 국가는 수급자인 개인의 권리실현에 장애가 되는 요소를 제거하고 각종 사회복지법에서 사회복지수급권 보호를 규정하고 있으며, 적극적인 권리실현을 할 수 있도록 지원한다. 사회복지수급권을 보호하기 위한 법적인 규정은 다음과 같다.

① 양도·담보제공·압류 금지

사회복지수급권은 수급자 개인의 일신전속적 권리[1])로서 최소한의 인간다운 생활을 유지하는 것을 목적으로 하고 있기 때문에 타인에게 양도·담보로 제공할 수 없으며, 이를 압류할 수 없다(사회보장기본법 제12조; 국민기초생활 보장법 제35·36조 참조).

② 불이익 변경금지(급여변경 제한)

사회복지급여가 결정된 경우에 그것은 일종의 기득권적인 성격을 지니므로 정당한 이유 없이 불리하게 변경할 수 없도록 되어 있다. 이미 결정된 복지급여에 대하여 정당한 이유 없이 변경하는 것은 수급권자의 권리를 침해하는 것이라고 보고 불이익을 초래하여서는 아니 된다는 것이다(국민기초생활 보장법 제34조 참조).

1) 일신전속적 권리란 권리 중에서 권리주체와의 사이에 특히 긴밀한 관계가 있기 때문에 그 특정인만이 향유할 수 있거나 행사할 수 있는 권리로서의 성격을 말한다. 예컨대 사회복지급여수급권, 부양청구권, 위자료청구권 등이 일신전속적 권리에 해당한다.

③ 조세 및 기타 공과금의 부과 금지

사회복지급여는 인간다운 최소한의 삶을 영위하기 위한 국가적 차원의 보호이기 때문에 복지급여에 대해 대체로 조세나 공과금을 거의 부과하지 않도록 규정하고 있다. 이것은 복지급여를 통하여 최소한의 삶을 영위하게 하는 데 목적이 있기 때문이다(국민연금법 제60조; 산업재해보상보험법 제91조 참조).

### (2) 사회복지수급권의 제한 및 포기

① 사회복지수급권의 제한

사회복지수급권은 제한되거나 정지될 수 없다. 다만, 관계 법령에서 따로 정하고 있는 경우에는 제한되거나 정지될 수 있다. 그러나 사회보장수급권이 제한되거나 정지되는 경우에는 그 제한 또는 정지하는 목적에 필요한 최소한에 그쳐야 한다(사회보장기본법 제13조).

② 사회복지수급권의 포기

사회복지수급권은 정당한 권한이 있는 기관에서 서면으로 통지하여 포기할 수 있다. 또한 사회보장수급권의 포기는 취소할 수 있다. 사회보장수급권의 포기가 타인에게 피해를 주거나 사회보장에 관한 관계 법령에 위반되는 경우에는 이를 포기할 수 없다(사회보장기본법 제14조).

### (3) 사회복지수급권의 불법행위의 대한 구상권

제3자로부터 불법행위에 의해서 피해를 입은 국민이 사회보장수급권을 가지게 되었다면, 사회보장제도를 운영하는 관계자는 불법행위의 책임이 있는 자에게 관계 법령에 따라 구상권(求償權, 대위권)을 행사할 수 있다. 즉, 특정인이 행한 것에 대한 반환청구권이다.

# 4. 사회복지법의 권리구제(권리성)

## 1) 권리구제의 개념

국민의 사회복지수급권은 최종 단계로서 행정쟁송제도에 의해서 보호받는다. 즉, 위법 또는 부당한 처분을 받거나 필요한 처분을 받지 못함으로써 권리 또는 이익의 침해를 받은 국민은 행정심판법 또는 행정소송법의 규정에 의한 행정심판 또는 행정소송을 제기하여 그 처분의 취소 또는 변경 등을 청구할 수 있다(사회보장기본법 제39조).

사회복지와 관련하여 권리구제는 사회복지수급자가 사회복지 처분행위에 대해 이의가 있거나 불복하는 경우 개별 사회복지법들이 규정하는 심사위원회, 행정심판, 행정법소송 등의 법적 절차를 통하여 사회복지수급권자의 침해당한 권리를 회복하는 것을 말한다(이명남, 2008 : 101). 따라서 사회복지법에서 이의신청이나 (재)심사청구 등의 권리구제 장치를 마련하는 가장 큰 이유는 급여대상자인 사회적 약자의 생존권을 신속하게 확보함으로써 인간다운 생활을 보장하려는 데 있다고 할 수 있다.

사회복지법에서 사회보험법, 공공부조법, 사회서비스법, 사회수당 제도 등은 수혜대상자, 재정의 기여 여부, 급여종류 등에 있어서 다르기 때문에 수급권에 대한 권리의 성격도 다르게 나타난다.

## 2) 권리구제의 유형 및 절차

### (1) 이의신청과 심사청구 및 재심사청구 : 전심절차

이의신청과 심사청구는 사회복지법상 사법적 심판이 이루어지기 전에 거치는 전심절차로 처분을 한 행정기관에 신청하여 그 처분의 시정을 요구하는 것이며, 재심사청구는 그 처분을 한 행정기관의 상급기관에 제기하여 그 처분의 시정을 요구하는 것이다. 이와 같은 심사청구는 이의신청의 성격이며, 재심사청구는 행정심판의 성격을 갖는다.

보통 행정처분을 내린 기관이나 상급 행정기관을 대상으로 그 처분의 시정을 요구하는 구제의 유형이다. 관할 운영주체와 주무부처를 대상으로 구제신청을 하는 이유로는 사회복지급여 등의 다툼을 신속히 처리함으로써 적용대상자의 생존권 보장과 행정적 전문성의 편의를 함께 도모하려는 것에 있다. 사회복지법상 권리구제의 전심절차로는 이의신청과 심사청구 또는 두 번의 이의신청, 심사와 재심사 등의 형태로 이루어진다(한승협, 2012).

#### (2) 법적 쟁송

두 번에 걸친 사회복지급여 관련 행정처분에 불복하여 마지막 방법으로 법에 호소하는 법적 쟁송이 있다. 법적 쟁송에는 행정소송과 민사소송 그리고 헌법소원 등 다양한 쟁송이 있다. 또한 내용 면에서도 사회보험, 공공부조, 사회서비스까지 다양한 형태의 법적 쟁송이 있다.

행정소송은 행정법규의 적용에 관련된 분쟁이 있는 경우에 당사자의 불복제기에 의거하여 정식의 소송절차에 따라 판정하는 소송으로 사회복지 관련 법상 규정되어 있는 심사·재심사청구에서 결정된 내용에 대하여 이의가 있을 경우에 제기할 수 있다. 그리고 사회복지 관련 민사소송은 손해배상청구소송으로 제3자에 의하여 발생한 경우에 제3자에게 손해배상청구(구상권)를 제기하는 것을 말한다(국민건강보험법 제58조 참조).

마지막 헌법소원은 국민의 헌법상 권리가 국가권력에 의해 침해된 경우에 최종적으로 헌법재판소에 제소하여 구제를 청구하는 제도이다. 이 헌법소원은 국민의 기본권을 보호하기 위한 최후의 보루라고 할 수 있다.

### 3) 권리구제의 절차 : 전심절차 적용

#### (1) 사회보험법의 권리구제 절차 적용

사회보험이란 국민에게 발생하는 사회적 위험을 보험의 방식으로 대처함으로써 국민의 건강과 소득을 보장하는 제도를 말한다(사회보장기본법 제3조). 사회보험은 보험 운영에 필요한 주된 재원이 주로 보험급여를 받게 되는 가입자의 기여금으로 충당되고 있다. 따라서 사회보험은 향후 발생할 사회적 위험에 대비해서 사전에 가입자가 자신의 경제적 부담으로 보험료를 부담하고, 일정한 사회적 위험이 발생했을 때 현금 또는 현물로 급여를 받기 때문에 사회보험 수급권의 권리성이 매우 강하다. 이러한 사회보험의 권리성은 구체적인 법적 권리로서의 특징을 갖고 있다. 그리고 사회보험수급권은 재산권으로서 특징도 갖는다(헌법재판소, 2001). 만일 국가가 사회보험수급권을 법률이 정하는 대로 보장하지 못하는 경우, 수급권자인 국민은 국가를 대상으로 구체적인 소송을 통해서 법으로 정해진 권리를 구제받을 수 있다.

### ① 국민건강보험법과 노인장기요양보험법

국민건강보험공단 또는 건강보험심사평가원에 이의신청(노인장기요양보험법에서는 국민건강보험공단)을 할 수 있고, 이의신청에 대한 결정에 불복이 있는 자는 건강보험분쟁조정위원회(장기요양심판위원회)에 심판청구(심사청구)를 할 수 있다(표 2-2 참조).

〈표 2-2〉 국민건강보험법과 노인장기요양보험법의 권리구제

| 구 분 | 이의신청 | 심사(심판)청구 |
|---|---|---|
| 국민건강보험법 | 국민건강보험공단 또는<br>건강보험심사평가원 | 건강보험분쟁조정위원회<br>(보건복지부) |
| 노인장기요양보험법 | 국민건강보험공단<br>(장기요양위원회) | 장기요양심판위원회<br>(보건복지부) |

### ② 국민연금법, 산업재해보상보험법, 고용보험법

1차적으로 국민연금공단(심사는 국민연금심사위원회), 근로복지공단(산업재해보상보험심사위원회), 고용보험심사관에게 심사청구를 할 수 있고, 이것에 대한 결정에 불복하는 자는 국민연금재심사위원회, 산업재해보상보험재심사위원회, 고용보험심사위원회에 재심사청구를 하도록 규정하고 있다(표 2-3 참조).

〈표 2-3〉 국민연금법, 산업재해보상보험법, 고용보험법의 권리구제

| 구 분 | 심사청구 | 재심사청구 |
|---|---|---|
| 국민연금법 | 국민연금공단(국민연금심사위원회) 또는 국민건강보험공단(징수심사위원회) | 국민연금재심사위원회 (보건복지부) |
| 산업재해보상보험법 | 근로복지공단 (산업재해보상보험심사위원회) | 산업재해보상보험재심사위원회 (고용노동부) |
| 고용보험법 | 고용보험심사관 (고용노동부 소속 공무원) | 고용보험심사위원회 (고용노동부) |

### (2) 공공부조법의 권리구제 절차 적용

공공부조의 대표적인 법률인 국민기초생활 보장법이 제정됨에 따라 수급권자라는 용어가 새로이 만들어졌다. 수급권자란 법에 급여를 받을 수 있는 권리가 명시되어 기초생활보장수급권이 법적인 권리가 되었다. 그러나 수급권자가 경제적 기여를 하지 않았기 때문에 추상적 권리에 불과하다.

#### ① 국민기초생활 보장법

공공부조법의 대표적인 법률인 국민기초생활 보장법은 하급기관과 상급기관에 대한 2차에 걸친 이의신청제도를 두고 있다. 먼저 시장·군수·구청장의 처분에 대하여 이의가 있는 경우에는 당해 보장기관을 거쳐 시·도지사에게 이의신청을 할 수 있고, 이에 대하여 이의가 있는 자는 시·도지사를 거쳐 보건복지부장관에게 이의신청을 할 수 있다(표 2-4 참조).

〈표 2-4〉 국민기초생활 보장법의 권리구제

| 구 분 | 이의신청 | 이의신청 |
|---|---|---|
| 국민기초생활 보장법 | 시장·군수·구청장을 거쳐 시·도지사에게 신청 (교육급여는 시·도교육감) | 시·도시사를 거쳐 보건복지부장관에게 신청 |

#### ② 의료급여법

공공부조법인 의료급여법은 국민기초생활 보장법의 권리구제 절차와 다르다(표 2-5 참조).

〈표 2-5〉 의료급여법의 권리구제

| 구 분 | 이의신청 | 심판청구 |
|---|---|---|
| 의료급여법 | 시장 · 군수 · 구청장에게 신청 | 보건복지부 산하<br>건강보험분쟁조정위원회 |

③ 긴급복지지원법, 기초연금법, 장애인연금법

공공부조법인 긴급복지지원법, 기초연금법, 장애인연금법의 권리구제는 다음과 같이 지방자치단체의 단체장에게 이의신청할 수 있다(표 2-6 참조).

〈표 2-6〉 긴급복지지원법, 기초연금법, 장애인연금법의 권리구제

| 구 분 | 이의신청 |
|---|---|
| 긴급복지지원법 | 시장 · 군수 · 구청장을 거쳐 시 · 도지사 |
| 기초연금법 | 특별자치시장 · 특별자치도지사 · 시장 · 군수 · 구청장 |
| 장애인연금법 | 특별자치시장 · 특별자치도지사 · 시장 · 군수 · 구청장 |

### (3) 사회서비스의 권리구제

사회서비스란 국가와 지방자치단체 및 민간부문의 도움이 필요한 모든 국민에게 복지, 보건의료, 교육, 고용, 주거, 문화, 환경 등의 분야에서 인간다운 생활을 보장하고 상담, 재활, 돌봄, 정보의 제공, 관련 시설의 이용, 역량개발, 사회참여 지원 등을 통하여 국민의 삶의 질이 향상되도록 지원하는 제도를 말한다(사회보장기본법 제3조 참조). 이러한 사회서비스는 그 권리성에 있어서 일종의 반사적 이익 또는 반사적 수익권으로 국가의 행정적 · 재정적 능력에 의존한다(김기원, 2019). 따라서 사회서비스수급권은 법적인 권리가 아니라 국가의 재정능력에 따른 프로그램규정 또는 입법방침으로 규정되어야 한다. 사회서비스법에서의 권리구제는 각 법에 따른 복지조치에 대하여 이의가 있을 때에는 해당 복지실시기관에 이의를 신청할 수 있다.

### (4) 사회수당의 권리구제

사회수당제도는 데모그란트(demogrant)라고도 한다. 데모그란트는 보편적 프

로그램으로서 귀속적 욕구에 해당되는 할당으로 급여에 대한 권리성이 매우 강하다. 2018년 제정된 아동수당법이 2019년 1월 개정안부터 보편적 아동수당 제도가 실시되고 있다. 2019년부터 아동수당은 소득수준과 관계없이 지급되며, 대한민국 국적을 보유한 만 8세 미만의 아동에게 지급된다.

## 5. 사회복지와 국제규범(법규)

국가와 국가 간의 교류와 협력이 활성화되면서 국제법이 국내법에도 많은 영향을 준다. 헌법 제6조 제1항에 따르면 헌법에 의하여 체결·공포된 조약과 일반적으로 승인된 국제법규는 국내법과 같은 효력을 가진다고 규정하고 있다. 조약은 대통령에 의한 체결, 비준과 함께 국회의 비준 동의를 얻어야 한다. 그리고 일반적으로 승인된 국제법규란 국제사회의 보편적 규범으로서 대다수 국가가 승인하고 있는 법규를 말한다. 예를 들면, UN헌장, 국제인권규약 등이 이에 속하며 국회의 동의를 필요로 하지 않는다. 사회보장기본법 제8조에는 "국내에 거주하는 외국인에게 사회보장제도를 적용할 때에는 상호주의의 원칙에 따르되 관계법령에서 정하는 바에 따른다"라고 규정되어 있다. 이에 따른 상호주의원칙에 의거해 정부는 외국 정부와 상호보장협정을 맺는데, 이 내용은 협정을 맺는 국가마다 다르다.

최근 노동력의 국가 간 이동이 활발해짐에 따라 연금, 건강보험, 실업급여 등과 관련된 사회보험 영역에서 국가 간 상호보장협정의 중요성이 커지고 있다(김수정, 2017).

사회복지법은 다양한 원인으로 국제화되고 있다. 사회복지에 관한 국제법규는 세계화시대에 사회복지에 관한 법적 분석과 이해를 하는 데 필수적이다. 그리고 국제법규는 상징적인 각종 선언문에 의해 영향을 받지만, 주로 국제조약으로 구체화되고 있다. 국제조약은 국제법의 규율에 따라서 체결되는 국제적 합의이다. 조약은 협약, 협정, 규약, 헌장, 규정, 제정서 등으로 불린다. 따라서 사회보장협정은 국제법의 지위를 갖고 협약당사국의 사회보장에 관한 사항을 규제함으로써 국내 사회보장법상 권리가 비준당사국 간에 국제적으로 보호받을 수 있는 일종의 쌍무조약이다(김기원, 2019).

### 1) 사회복지법의 국제화 원인

사회복지와 관련하여 국제사회단체들의 국제적인 요구들이 증가하고 있는데 그 원인과 배경을 살펴보면 다음과 같다.

첫째, 인간다운 생활보장의 보편화를 위해 각 국가들이 노력하고 있다. 각 국가들이 제공하는 인간다운 생활보장의 기준과 수준은 국제사회에서 공유되고 수렴되어 공통성을 기초로 국제적인 기준과 발전방향이 설정되며 국제적인 사회복지기관들이 존재하게 된다.

둘째, 근로자의 국제적 이동이 활발해져 자국민과 동등한 사회복지 혜택과 근로조건 부여가 필요하게 되었다.

셋째, 노동자 대표의 국제기구 참여가 활발해져 각국의 노동조합은 타국의 노동조합과 국제적 연대를 형성하여 사회복지에 관한 다양한 요구를 하고 있다.

마지막으로 국제적 사회복지 기준을 설정하도록 권고하고 있다. 사회보장・노동・보건 등과 관련된 국제기구들은 전 세계적으로 적용할 수 있는 국제적인 사회복지 기준을 설정하여 각 국가들이 사회복지법을 제정・실시할 기준으로 삼도록 권고한다. 따라서 국제기구의 국제적 사회복지 기준 설정은 복지후진국들에게는 향후 사회복지 발전방향과 목표설정의 가이드라인 역할을 한다(김기원, 2019).

### 2) 사회복지법의 국제기구(표 2-7 참조)

#### (1) 국제연합 : 국제인권규약 A, B

국제연합은 1966년 12월 제21차 총회에서 세계인권선언(1948)을 구체화시킨 국제인권규약(International Covenants on Human Rights)을 제정했다. 인권규약은 A규약과 B규약으로 나뉜다. A는 경제적・사회적・문화적 권리에 관계되어 사회복지 · 사회보장에 관한 구체적 규정을 많이 포함하고 있고, B규약은 시민적 · 정치적 권리, 즉 자유권 보장에 관한 규정을 내포한다.

국제인권규약 제6조에서 제8조까지는 노동에 관한 권리를 정하고, 제9조의 사회보장수익권은 "이 규약의 체약국은 사회보험, 기타 사회보장에 대한 모든 사람의 권리를 인정한다"고 하여, 주로 소득보장과 의료보장 실시를 중심으로 하는 사회보장에 대하여 규정하고 있다.

특히 인권규약 제10조는 가정복지, 아동, 부인 및 근로여성 등의 복지서비스 보장에 대하여, 이 규약의 체약국은 다음의 것을 인정하도록 하고 있다.

- 가능한 한 광범위한 보호 및 원조가 사회의 자연적이고 기초적인 단위인 가족(가정)에 대해서 주어져야 하며, 특히 가족의 형성과 부양, 아동의 양육 및 교육에 대한 책임을 갖는 자에게 주어져야 한다.
- 산전 · 산후의 합리적인 기간에 특별한 보호가 산모에게 주어져야 한다. 일하는 산모에게는 그 기간에 유급휴가 또는 상당한 사회보장급여를 수반하는 휴가가 주어져야 한다.
- 보호 및 원조를 위한 특별한 조치는 출생, 기타의 사정에 관계없이 모든 아동 및 연소자를 위한 것이어야 한다. 아동 및 연소자를 그 정신 또는 건강에 유해하며 그 생명에 위험이 있거나, 또는 그의 정상적인 발육을 방해할 우려가 있는 노동에 종사시키는 것은 법률도 처벌해야 한다. 또한 국가는 연령에 제한을 두어 그 연령에 도달하지 않은 아동을 고용하는 것은 법률로 금지하고 동시에 처벌해야 한다.

우리나라의 경우 1990년 4월에 비준하였는데 결사의 자유, 상소권 보장, 일사부재리의 원칙 등은 유보하였다.

### (2) 국제노동기구(ILO)

국제사회복지조약은 국제노동기구(ILO)에 의해 주도되었다. ILO는 1944년 소득보장의 권고, 의료보장의 권고, 고용서비스의 권고를 3대 기본 요소로 하고 있다.

오늘날 사회복지 또는 사회보장에 의한 인권보장에 대해 ILO가 맡고 있는 역할은 대단히 크다. ILO는 제1차 세계대전 후의 창설을 거쳐서 오늘날에 이르기까지 국제연합의 협력전문기관으로서 근로자의 근로조건은 말할 것 없이 사회보험 등을 포함하여 사회보장 수준에 관해서 그 체계와 권리보장을 실현해 왔다.

ILO는 사회복지라는 용어는 사용하고 있지 않지만 사회보장(협의의 소득보장을 의미하고 있다)에 관한 각종 중요한 조약이나 권고를 채택하고 있다. 특히 1952년 '사회보장최저기준조약'은 비용부담의 공평성 등 생존권 보장에 획기적인 기준을 제시하였다. 이 조약은 전후 각국의 사회보장제도 발전의 일반적 추세에 부응한 것으로, 사회보장 자체를 전체로서 하나의 것으로 생각하면서도 내부적으로 각 급여와 사고부분 간의 균형을 취하였으며, 각 부분별로 비준을 허용하였다. 그리고 사회보장급여를 의료급여, 질병급여, 실업급여, 노령급여, 업무상재해급여, 가족급여, 출산급여, 폐질급여, 유족급여의 9개로 규정하였다.

이러한 조약이나 권고는 그 조약의 비준에 의한 국내법화를 거쳐서 비준국가의 사회보장법과 행정체계에 커다란 영향을 미치게 된다.

**〈표 2-7〉 국제기구**

| 관련 기구 | 내 용 |
|---|---|
| 국제연합(UN) | 국제연합은 총회에서 주요 선언이나 권고협약을 채택함으로써 사회복지 분야뿐 아니라 여러 분야에 국제적인 기준을 설정하고 있다(예 아동의 권리에 관한 협약). |
| 국제노동기구(ILO) | ILO는 근로조약이나 권고를 채택함으로써 근로조건의 국제적 기준을 설정하는 것이 본래의 의무였으나, 제2차 세계대전 후에는 UN의 경제사회이사회와 협력하여 근로조건뿐 아니라 사회복지에 대하여도 활발한 활동을 전개하고 있다. |
| 세계보건기구(WHO) | 전염병이나 기타 질병예방, 환경위생, 영양 등에 대하여 국제적인 조사·보급활동을 행하고 있고, 약품법의 통일이나 국제위생조약의 채택뿐 아니라 특히 장애인복지와 관련해 활동을 하고 있다. |
| 국제사회보장협회<br>(ISSA : International Social Security Association) | • 1927년 질병보험을 확대·강화하기 위해 창설된 국제사회보장협회는 각국의 사회보장 관계기관의 국제적 단체로서, 사회보장에 관하여 조사·연구를 행하고 국제적 경험교류의 기관으로서 활동하고 있다.<br>• ILO와 밀접한 관계를 갖고 협력하여 국제사회 보장의 발전을 시도하고 있다. |

| | |
|---|---|
| 유럽협의회<br>(Council of Europe) | • 1949년 설립된 유럽협의회는 회원국들의 사회보장제도를 발전시키기 위해 1961년 유럽사회헌장(European Social Charter)을 채택하고, 사회보장의 권리를 기본적인 사회적 권리로 규정하며, 최소한 ILO의 사회보장최저기준조약 수준으로 사회보장제도를 유지해야 한다고 선언하였다.<br>• 1964년 유럽사회보장법전(European Code on Social Security)을 제정하였다. |
| 유럽경제공동체(EEC) | 1958년 해외이주근로자의 사회보장(social security for migrant workers)에 관한 규칙의 제정을 들 수 있다. |
| 국제사회복지협의회<br>(ICSW : International Council of Social Welfare) | • 국제사회복지협의회는 사회복지에 관한 국제적 협의체이다.<br>• 이 협의회는 사회보장을 개인이 그 자신의 능력이나 예견만으로는 그 자신이나 그의 가족을 보호할 수 없는 사회의 모든 우발적 사고에 대처하여 사회에 의하여 마련된 모든 보호조치라고 정의하고 있다. |
| 경제협력개발기구<br>(OECD) | OECD는 GATT, ILO, IAEA, WHO 등 각종 국제기구와 밀접한 관계를 구축하면서 고용, 노동, 사회적 문제, 교육, 식품, 통상, 경제정책, 개발협력 등과 같은 경제·사회 분야 정책 전반에 걸쳐 수시 논의 및 협력을 추진하고 있다. |

### 3) 사회복지법의 국제선언 및 협약(표 2-8 참조)

#### (1) 세계인권선언

세계인권선언은 1948년 12월 제3차 국제연합총회에서 채택되었다. 사회보장과 관련된 조항은 두 조항이다. 세계인권선언 제22조에서는 "모든 인간은 사회의 일원으로 사회보장을 받을 권리를 가지고 있으며, 또한 국가적 노력과 국제적 협력을 통하여, 그리고 각국의 조직 및 자원에 맞추어 자신의 존엄과 자유로운 인격의 발전을 실현시킬 수 있는 경제적·사회적·문화적 권리를 향유한다"고 선언한다. 또 제25조는 "모든 인간은 의식주, 의료 및 필요한 사회복지시설을 포함하여 자신 및 가족의 건강과 복지를 유지함에 충분한 생활수준을 향유할 권리를 가지며, 실업, 장애, 질병, 배우자 상실, 노령 또는 불가항력적 생활불능의 경우에 생활을 보장받을 권리를 가진다"고 선언한다.

#### (2) 권리협약 : 아동 및 장애인

① 아동권리협약

아동권리협약은 1924년 국제연맹총회에서 선언된 '아동의 권리에 관한 제네바 선언'이 시초이다. 그 후 1959년 UN이 '아동권리선언'을 채택하였고, 1989

년 역시 UN 총회에서 '아동권리에 관한 국제협약'이 선언되었다. 우리나라의 경우 1991년 11월 20일 비준하였고, 그해 12월 20일 발효하였다. 이 협약은 국제법의 효력을 갖는데, 주요 내용을 보면 아동을 보호의 대상으로만 보는 것이 아니라 적극적인 권리의 주체로 인식하였다. 이 협약이 선언한 아동의 4대 권리는 생존의 권리, 발달의 권리, 보호의 권리, 참여의 권리이다.

② 장애인 권리협약

한편 장애인 권리협약은 1975년 UN 총회에서 채택된 '장애인권리선언'에 바탕을 두고 있는데, 2006년 UN에서 채택되었다. 우리나라의 경우 2008년 12월 비준하여 2009년 1월 10일 발효하였다.

'장애인 권리협약'은 장애인이 인권과 기본적인 자유를 완전하고 동등하게 누릴 수 있도록 보호하고, 장애인의 천부적인 존엄성에 대한 존중을 촉진하기 위한 목적으로 채택되었다. 주요 내용은 차별금지(평등), 여성장애인과 장애아동에 대한 특별한 보호, 시설과 서비스의 접근성 제고, 사법적 접근성(법적 권리의 행사), 자립생활 지원 등이다.

**〈표 2-8〉 국제선언**

| 선언문의 종류 | 내 용 |
|---|---|
| 인권선언문 | 1793년 인권선언문의 공적 구조는 국가의 신성한 책무이고 그 범위와 적용범위는 법률로 정한다고 선언하였다. |
| 대서양헌장 | 1941년 미국의 루스벨트 대통령과 영국의 처칠 수상이 '대서양헌장'을 선언하고 '공포와 결핍으로부터의 자유(freedom from fear and want)'라는 슬로건을 제시하고, 서방국가들로 하여금 사회보장에 관한 권리를 국민의 기본권으로 인정하였다. |
| 필라델피아선언 | • 1944년 필라델피아선언은 국제노동기구(ILO) 필라델피아 총회에서 채택된 ILO의 목적에 관한 선언이다.<br>• 필라델피아선언은 사회보장 원칙 및 전쟁에서 생기는 제 문제를 심의하여 결과적으로 소득보장에 관한 권고, 의료보호에 관한 권고, 군대 및 전시고용으로부터 풀려난 자에 대한 소득보장 및 의료에 관한 권고를 채택하였다. |
| 세계인권선언 | • 1948년 세계인권선언은 1948년 12월 제3차 국제연합총회에서 채택되었다. 이 선언은 보편적으로 사회보장을 받을 권리를 선언하였고, 보충급여로서의 사회보장 방법을 제시하였다.<br>• 또한 자신 및 그 가족의 건강과 안녕을 유지함에 충분한 생활수준을 보유할 권리를 가지고, 생활의 곤궁을 받을 때에 생활보장을 받을 권리를 가지며, 모성과 아동은 특별한 보호와 원조를 받을 권리가 있다고 천명하였다. |

| | |
|---|---|
| 사회보장헌장 | • 1961년 세계노동조합연맹(WFTD : World Federation of Trade Unions)이 채택한 '사회보장헌장'은 전문에서 "사회보장은 모든 노동자의 기본적 권리를 구성하고 있다"고 천명하였다. 또한 사회적 보호는 법률에 의해 보장되는 정치적·경제적 차원의 인권의 표현이라고 하였다.<br>• 사회보장에 관해 근로자 무기여 원칙, 의료의 사회화 원칙, 완결성의 원칙, 포괄성의 원칙, 무차별 보장의 원칙 등 사회보장에 관한 기본 원칙을 선언하였다. |
| 유럽사회보장법전 | 1964년 서유럽의 17개국으로 구성된 유럽협의회(CE)에서 사회보장에 관한 최고기준에 해당하는 유럽적 수준의 사회보장조약을 성립시키고, 각국의 비준을 거친 후 일반적으로 '유럽사회보장법전'이라 부른다. |

### 4) 국가 간 사회보장협정

사회보장협정은 협정 당사국 간에 연금제도의 서로 다른 점을 상호 조정(상호주의)하여 당사국 국민에게 서로 혜택을 부여하기 위한 것이다. 일반적으로 그 내용은 이중가입 배제, 가입기간 합산, 동등 대우, 급여송금 보장 등이다. 우리나라의 경우 협정은 주로 연금보험료의 이중부담 면제를 포함하여 연금제도와 관련된 국가 간 협조를 위하여 맺는 조약의 일종이다. 사회보장협정의 적용을 받는 법령은 협정 당사국의 법령체계에 따라 차이가 있지만, 우리나라는 국민연금법을 대상으로 하고 있고 다른 나라의 경우는 산재보험(미국) 또는 고용보험(독일)도 포함한다.

우리나라의 경우 1997년 캐나다와 협정을 체결한 이후 40여개국의 나라와 협정을 체결하거나 체결을 위한 행정약정에 성명하였다. 협정은 적용범위에 따라 '가입기간 합산협정'과 '보험료 면제협정'으로 구분한다.

가입기간 합산협정은 양국의 분산된 연금기간을 합산하여 연금수급권을 신장하게 하는 것을 말하고, 보험료 면제협정은 양국 가입기간 합산규정은 제외하고 사회보험료 이중적용 방지만을 규정한 유형을 의미한다.

# 제3장 사회복지법의 체계

## 1. 사회복지법의 법원[法源 : Source of Law(존재형식)]

법원이라 함은 법의 근원 또는 모법(母法)을 말할 때도 있고 법의 인식근거 내지 존재형식을 뜻하기도 한다. 일반적으로 법의 인식근거 또는 존재형식으로서의 법원은 보통 법관이 재판의 근거로 삼기 위한 재판규범으로서 성문법과 불문법으로 구분한다. 성문법으로는 헌법, 법률, 명령, 자치법규(조례·규칙), 국제조약과 국제법규 등이 있고, 불문법으로는 관습법, 판례법, 조리 등이 있다.

### 1) 성문법원

성문법(written law)은 글자 그대로 문서화된 법(일정한 형식과 절차를 거쳐서 공포되는 법)이며, 국가기관에 의해 제정되는 제정법이고 실정법이라고도 한다. 성문법에 속하는 것은 헌법, 법률, 명령, 자치법규 등과 국제조약 및 국제법규로 되어있다. 이러한 성문법은 일정한 위계를 형성하고 있다. 하위법은 상위법에 저촉되는 내용을 법으로 제정할 수 없다는 것이다. 이는 '상위법 우선의 원칙'이 적용된다.

#### (1) 헌법

헌법(constitution)은 국가와 국민 간의 권리·의무에 관한 기본법이다. 그리고 헌법은 국민의 기본권을 보장하는 규범으로 국가의 최상위의 법이다. 헌법은 국가의 최상위 법이기 때문에 하위 법인 법률이나 명령, 규칙 등은 헌법에 저촉되어서는 안 된다.

오늘날 사회복지급여가 복지국가행정, 사회국가행정을 표방하고 있고, 국가나 지방자치단체의 국민에 대한 의무로서, 특히 행정에 의해서 서비스가 행해지는 시대에 그러한 의무를 규정해 놓은 헌법 관계 조항의 전체 의미는 지극히 광범위하다.

헌법 제31~36조, 헌법 제10조(행복추구권), 제11조(평등권) 등은 현대사회를 살아가고 있는 인간의 권리로서의 생활보장에 대한 국가의 행정이라든가 재판을 위한 규범으로서 중요한 역할을 하고 있다.

이와 같이 오늘날 사회복지를 국민의 권리라는 입장에서 볼 때 헌법이 매우 중요한 위치를 갖게 된다. 헌법은 그 자체로서 국가의 복지이념을 선언할 뿐 아니라 사회복지 관계 법규들의 존립근거로서의 의미를 가지고 있다.

⇨ 사회복지에 대한 국가의 의무, 즉 생존권 조항을 최초로 규정한 헌법은 1919년 독일의 바이마르(Weimar) 헌법이다.

### (2) 법률

법률(law)은 국회에서 제정된다. 그리고 대통령이 서명·공포한 법을 말한다. 헌법의 규정에 저촉되는 법률은 제정할 수 없고, 법률은 명령이나 자치법규에 대하여는 상위 법에 속한다. 법률안은 국회의원과 정부가 국회에 제출할 수 있다(헌법 제52조). 일반적으로 권력분립주의 원칙에 따라 정부의 법률안 제출은 부정되고 있는데, 우리나라 헌법은 정부의 법률안 제출을 전면적으로 인정하여 정부가 입법에 관하여 강력한 영향을 미치게 하고 있는 것이 특징이다.

사회복지와 관련하여 사회복지사업법, 국민기초생활 보장법, 아동복지법 등의 실정법들이 여기에 속한다.

### (3) 명령

명령(ordinance)이란 국회의 의결을 거치지 않고 대통령 이하의 행정기관이 제정한 법규를 의미한다. 즉, 행정부에서 정하는 법을 말한다. 명령은 그 성질과 효력에 따라 행정명령과 법규명령으로 나눌 수 있다. 행정명령은 행정부가 행정권을 담당하는 기관으로서의 헌법이나 법률에 특별한 규정이 없어도 제정할 수 있으나, 행정기관 내부에서만 효력을 가질 뿐 일반국민의 권리의무에 관한 사항을 규정할 수는 없다.

그러나 법규명령은 반드시 헌법 또는 법률에 근거하여 제정되는 것으로서 국민의 권리·의무에 관한 사항을 규정할 수 있고 대외적·일반적 구속력을 가진다. 법규명령에는 시행령과 시행규칙 등이 있는데 대통령이 발하는 명령을 시행령이라 하고 총리나 각부 장관이 발하는 명령을 시행규칙이라 한다.

사회복지사업법과 관련된 명령으로는 주로 대통령령과 부령이 해당된다. 대통령령은 일반적으로 시행령이라고 하고 부령은 시행규칙이라 한다. 사회복지사업법 시행령 또는 사회복지사업법 시행규칙과 같은 것이다.

### (4) 자치법규(조례와 규칙)

자치법규란 지방자치단체의 기관이 지방자치에 관하여 정하는 법규를 말한다. 자치법규는 해당 지역 안에서만 효력을 가진다.

자치법규에는 지방의회가 정하는 조례와 지방자치단체의 장이 정하는 규칙이 있다. 헌법, 법률, 시행령, 시행규칙 등이 중앙정부가 제정하는 법규범이라면, 조례와 규칙(행정규칙이라고도 함)은 지방자치단체가 정하는 법규범이라는 차이가 있다.

조례는 법령의 범위 내에서만 유효하다. 그리고 법률을 위반한 조례는 무효이며, 법률의 위임 없이는 제정될 수 없다.

규칙은 행정기관이 헌법상의 근거를 요하지 않는 고유권한으로 일반국민의 권리, 의무와 직접 관계가 없는 비법규 사항을 규정한 규범으로 행정조직 내에서만 효력을 가지고 대외적 구속력을 가지지 않는다. 규칙의 예로 훈령, 예규, 지침, 고시, 기준 등이 있다.

### (5) 국제조약과 국제법규

조약(treaty)은 국가 간의 합의로서 국제법의 일종인데, 국제사회에 의하여 그 규범성이 일반적으로 승인된 것을 말한다. 그리고 조약은 협정, 협약, 의정서, 헌장 등 다양한 명칭으로 사용되며 국내법의 효력을 지닌다.

헌법 제6조 제1항에 "헌법에 의하여 체결·공포된 조약과 일반적으로 승인된 국제법규는 국내법과 동일한 효력을 갖는다"라고 규정하고 있다. 따라서 국제법규 중 사회복지에 관련된 규정이 있으면 그것은 사회복지사업법의 법원이 된다. 예컨대 '국제연합아동헌장'이나 'ILO규정' 같은 것이다.

### 2) 불문법원

불문법(unwritten law)은 성문법 이외의 모든 문서화되지 않은 법원을 말하며, 성문법을 보충하는 기능을 가지고 있다. 불문법은 현행 민법과 상법에서 적용하며, 종류는 관습법, 판례법, 조리 등이 있다.

#### (1) 관습법

관습법이란 입법기관에 의해 제정된 것이 아니고 사회의 관행에 의하여 발생하는 사회생활의 규범을 말한다. 관습법이란 관습이 재판에 의하여 채택될 때 비로소 관습법이 된다. 재판의 근거로 채택되기 전에는 단순히 관습으로만 남게 된다. 관습법을 규정한 사례를 들어보면, 민법 제106조 "선량한 풍속, 기타 사회질서에 관계없는 규정과 다른 관습이 있는 경우에 당사자의 의사가 명확하지 아니한 때에는 그 관습에 의한다"와 상법 제1조 "상사에 관하여 본법에 규정이 없으면 상관습법에 의하고, 상관습법에 없으면 민법에 의한다" 등이 있다. 사회복지에 관해서는 우리나라의 경우 그 역사가 매우 짧아서 재판의 근거가 될 만한 관습이 아직은 없다고 보아야 할 것이다.

#### (2) 판례법

판례법이란 판례의 형태로 존재하는 법을 말한다. 판례법은 법원이 내리는 판결을 법으로 보는 경우로 일정한 법률문제에 대하여 동일취지의 판결이 반복되어 판례의 방향이 대체로 확정된 경우 그것을 성문화하지 않고 그대로 법적 효력이 발생한 것으로 보는 것이다. 형사재판에서는 죄형법정주의에 의해서 법에 없으면 무죄이지만, 민사재판 등 다른 재판에서 성문법도 없고 관습법도 없을 경우에는 선판례 또는 상급심의 판례를 살피게 된다. 이럴 경우에 재판의 근거로 채택되는 판례는 판례법이 된다. 재판의 근거로 채택되기 전까지는 단순히 판례로만 남게 된다. 몇 가지 특징은 공익소송적 의미를 지니며, 내용상 위헌심판, 헌법소원, 권한쟁의심판의 결과로 형성된다는 것이다.

#### (3) 조리(條理)

조리는 사물의 도리, 합리성, 본질적 법칙, 건전한 이성과 양심을 말한다. 조리는 성문법 법규도 없고, 관습 또는 판례도 없을 경우에 최종적으로 적용되는 보충적 법원이다. 예컨대 솔로몬의 명판결과 같은 경우이다.

## 2. 사회복지법의 법적 체계구조

### 1) 사회복지법의 일반적 체계

일반적으로 법은 몇 가지 측면에서 상호 관련성을 가지고 분류하고 있다. 사회복지법이 법의 분류방법에서 어디에 속하는지는 다음과 같다.

#### (1) 자연법과 실정법

자연법은 법의 근원으로 시·공간을 초월하는 영구불변의 이상적인 법이며 우주의 존재질서를 규율하는 보편타당한 원칙이다. 실정법은 인간에 의하여 제정된 법으로서 시대상황과 국가에 따라 그 내용이 다르며, 역사와 더불어 변화한다. ⇨ 사회복지법은 '실정법'이다.

#### (2) 실정법으로서의 국내법과 국제법

국내법은 한 국가에 의하여 인정되어 국가의 주권이 미치는 범위 안에서만 시행되는 법을 말하고, 국제법이란 국가 사이의 합의에 의거하여 국가 상호 간의 권리와 의무를 규율하는 법을 말한다(국제조약과 국제법규). ⇨ 사회복지법은 '국내법'이다.

### (3) 공법과 사법 그리고 사회법

#### ① 공법과 사법

공법과 사법에는 서로 다른 법 원칙[1)]이 적용되고, 분쟁이 발생했을 경우에 해결방법[2)]이 다르므로 양자는 구별할 필요가 있다.

공법과 사법을 구별하는 것은 용이하지 않기 때문에 양자를 구별하는 학설이 다양하게 존재한다.[3)]

일반적으로 특정 법률이 공법적 규정과 사법적 규정이 혼합되어 있는 경우가 많으나, 주로 공법적 규정으로 되어 있는 법은 공법이고, 사법적 규정으로 되어 있는 법은 사법이라고 할 수 있다.

공법에서는 개인이 법률관계를 자유롭게 창설할 수 없지만, 사법에서는 개인이 법률관계를 자유롭게 창설할 수 있다. 예를 들어, 국민건강보험에 가입할 것인지, 보험료를 얼마를 납부할 것인지는 법으로 정해지며, 개인의 의사로 자유롭게 이를 결정할 수 없다.

따라서 공법은 국가 또는 공공단체가 법률관계를 규율하며 국민의 공익을 보호하기 위한 것이다. 사법은 국민 간의 법률관계를 규율한다.

#### ② 사회법

사회법은 법 영역상 공법과 사법이 혼합되어 있어서 공법과 사법 어느 하나에

---

1) 공법에는 사적 자치의 배제, 권력적 작용이 적용되고, 사법에는 계약의 자유가 적용된다.

2) 공법은 헌법소송, 행정소송 내지 형사소송의 대상이고, 사법에는 민사소송으로 분쟁을 해결한다.

3) 공법과 사법을 구별하는 일반적인 학설로는 다음과 같이 네 가지가 있다. 첫째, 이익설은 목적설이라고도 한다. 법이 보호하는 이익이 공익인가 아니면 사익인가에 의하여 공법과 사법으로 구별한다. 공익을 보호하는 법이 공법이고, 사익을 보호하는 법이 사법이라는 견해이다. 둘째, 주체설은 법률관계의 주체가 누구인가를 기준으로 공법과 사법으로 구분한다. 국가 또는 공공단체가 법률관계의 주체가 되어 국가 또는 공공단체 상호 간 또는 이들과 사인(私人)과의 법률관계를 규율하는 법은 공법이고, 사인이 법률관계의 주체로서 사인 간의 법률관계를 규율하는 법을 사법이라 한다. 셋째, 법률관계설은 공법과 사법을 법이 규율하는 법률관계의 성질에 따라 구별한다. 공법은 권력복종의 관계, 즉 수직적인 불평등 관계를 규율하는 법이고, 사법은 대등의 관계, 즉 수평적인 평등관계를 규율하는 법이다. 법률주체 간의 관계를 중심으로 하여 국가가 국민에게, 국가가 지방자치단체에게, 지방자치단체가 그 국민에게, 광역자치단체가 기초자치단체에게 하는 것과 같이 명령복종을 내용으로 하는 수직적 권력관계를 공법관계라 하고, 사인과 사인 간의 대등 내지 평등한 수평적 관계를 사법관계라고 한다. 넷째, 생활관계설은 법이 규율하는 생활관계가 공적인 생활관계나 또는 사적인 생활관계냐에 따라 공법과 사법을 구별한다. 법률관계의 주체자격을 문제 삼아, 국가 내지 국민으로서의 지위에서 생활관계가 형성되면 공법관계, 국가와 무관하게 인간으로서의 지위에서 생활관계가 형성되면 사법관계라고 한다. 그러나 무엇이 국민으로서의 지위에 기한 것인지, 인간으로서의 지위에 기한 것인지 분명하지 않다.

배타적으로 속하지 않는 제3의 법 영역이다. 사회법은 독점자본주의의 폐해를 시정하기 위하여 사법관계를 공법적으로 수정하기 위하여 대두된 새로운 법체계이다. 경제적 강자의 법적 지위를 제한하여 경제적 약자를 보호하고, 국민을 보호의 대상으로 보는 점이 기존의 사법체계와는 다른 점이다. 이러한 점에서 기존의 법질서에 의해 야기된 문제점을 해결하게 된다. 그리고 사회법의 종류로는 노동법, 경제법 그리고 사회보장법이 있다. ⇨ 사회복지법은 '사회법'이다.

### (4) 일반법과 특별법

법은 그 효력이 미치는 범위를 표준으로 하여 일반법과 특별법으로 나눌 수 있다. 사람 · 장소 · 사항 등에 특별한 제한이 없이 일반적으로 적용되는 법을 일반법이라고 하고, 일정하게 한정된 사람 · 장소 · 사항 등에 관해서만 적용되는 법을 특별법이라고 한다. 특별법은 일반법에 우선하는 것이 원칙이며, 일반법은 특별법에 규정이 없는 경우에만 보충적으로 적용된다. 일반법과 특별법을 구별하는 실익은 법의 효력 및 적용의 순서를 명확히 하는 데에 있는데, 이 구별은 구체적으로 다음의 세 가지 경우에 관하여 고찰하여야 할 것이다.

첫째, 지역범위이다. 전국에 일반적으로 적용되는 법은 일반법이고 한 지역에만 적용되는 법은 특별법이다. 예를 들면, 헌법 · 지방자치법은 전국에 효력을 미치는 일반법이고, 시 · 군 · 구 조례는 특정 시 · 군 · 구에 국한된 지역에만 효력을 미치는 특별법이다.

둘째, 인적 범위이다. 일반법은 일반국민에게 적용되는 법으로 민법, 형법 등이 있다. 예를 들면, 사회복지사업법은 일반법이고, 국민기초생활 보장법, 노인복지법, 장애인복지법, 아동복지법 등은 특별법이 된다.

셋째, 적용사항이다. 일반적인 사항에 적용되는 법은 일반법이고, 특수한 사항에 한하여 적용되는 법은 특별법이다. 예를 들면, 민법은 민사에 관한 일반법이고, 상법은 민사 중 특히 상사에 관한 특별법이다. ⇨ 특별법 우선의 원칙 적용

### (5) 상위법과 하위법

법규범은 수직적으로 체계화되어 있는데 순서상 최상위의 헌법 → 법률 →

명령(시행령, 시행규칙) → 조례 → 규칙 순으로 되어있다. 하위의 법규범이 상위의 법규범을 위반하면 위헌으로 그 효력을 상실한다. 또한 하위법은 법 규정, 제정과 해석에 있어 상위법을 위반하여 제정해서는 안 된다. ⇨ 상위법 우선의 원칙 적용

### (6) 강행법과 임의법

법의 효력이 그 적용에 있어서 절대적인가 아닌가를 기준으로 하여 강행법과 임의법으로 구별한다. 강행법이란 당사자의 의사와는 상관없이 적용이 강제되는 법이고, 임의법이란 법의 적용이 강제되지 않고 특정한 자의 의사에 따라 적용 여부가 결정되는 법을 말한다.

강행법은 대체로 공법들이 이에 속하는데, 즉 헌법과 형법 및 행정법과 민사소송법 그리고 형사소송법 등이 강행법이다. 임의법은 법 적용을 함에 있어서 당사자의 의사표시 유무들에 따라서 적용이 되는 법으로 임의법에는 사법, 즉 민법과 상법들이 이에 속한다. ⇨ 사회복지법은 강행법과 임의법이 혼재되어 있다.

### (7) 실체법과 절차법

법의 규정내용에 따른 분류인데, 실체법은 권리와 의무를 규정하는 법을 말한다(헌법, 형법, 민법, 상법 등). 절차법은 권리와 의무의 실현절차를 규정하는 법을 말한다(형사소송법, 민사소송법, 부동산등기법 등). ⇨ 사회복지법은 실체법이고 소송법은 따로 없다.

### (8) 원칙법과 예외법

일정한 사항에 관하여 일반적으로 적용되는가 그렇지 않은가 여부를 기준으로 구분한다. 일정한 사항에 관하여 일반적으로 적용되는 법을 원칙법이라 하고, 그 일정한 사항에 관하여 특별한 사항이 있는 경우에는 예외법을 규정한다. 통상적으로 예외법은 '다만'이라는 단서를 사용하는 경우가 많다.

### 2) 사회복지법의 상호적 관계

사회복지법은 사회법의 일환으로 발전되었다. 복지국가는 모든 국민의 인간다운 생활을 보장하기 위하여 사회보장제도를 수립하였다. 국가는 사회보장제도의 체계를 구성하고, 국민의 권리와 의무에 관한 사항 그리고 중요한 사항을 규정하기 위하여 사회복지법을 제정·공포한다. 우리나라의 사회복지법은 필요에 따라 개별적으로 입법화되어 왔다. 독일의 경우처럼 독립된 사회법전이 존재하면 명시적으로 알 수 있으나, 우리나라는 독립된 사회법전이 없으므로 사회보장기본법상에 명시되어 있는 법을 말한다. 사회보장기본법은 법의 성격상 일반법에 해당하는 반면 개별적인 사회복지법은 특별법에 해당한다. 일반법과 특별법과의 관계는 '특별법 우선의 원칙'이 적용된다.

사회보장기본법에 의하면, '사회보장'이란 출산, 양육, 실업, 노령, 장애, 질병, 빈곤 및 사망 등의 사회적 위험으로부터 모든 국민을 보호하고, 국민 삶의 질을 향상시키는 데 필요한 소득·서비스를 보장하는 사회보험, 공공부조, 사회서비스라고 규정하여 사회보장의 범위를 사회보험과 공공부조 그리고 사회서비스라고 명확히 규정하고 있다. 따라서 이런 의미에서 사회보장기본법상의 규정한 영역에 따라 사회복지 관련 법률들을 분류해 보면 <표 3-1>과 같다.

**〈표 3-1〉 사회복지법의 체계**

| 기준법 | 영 역 | 관련 법 |
|---|---|---|
| 사회보장기본법<br>(사회보장급여의 이용·제공 및 수급권자 발굴에 관한 법률) | 사회보험법 | 산업재해보상보험법/ 국민건강보험법/ 국민연금법/ 고용보험법/ 노인장기요양보험법 |
| | 공공부조법 | 국민기초생활 보장법/ 의료급여법/ 주거급여법/ 긴급복지지원법/ 기초연금법/ 장애인연금법 |
| | 사회<br>서비스법 | 국민기초생활 보장법/ 아동복지법/ 노인복지법/ 장애인복지법/ 한부모가족지원법/ 영유아보육법/ 성매매방지 및 피해자보호 등에 관한 법률/ 정신건강증진 및 정신질환자 복지서비스 지원에 관한 법률/ 성폭력방지 및 피해자보호 등에 관한 법률/ 입양특례법/ 일제하 일본군위안부 피해자에 대한 생활안정지원 및 기념사업 등에 관한 법률/ 사회복지공동모금회법/ 장애인·노인·임산부 등의 편의증진보장에 관한 법률/ 가정폭력방지 및 피해자보호 등에 관한 법률/ 농어촌주민의 보건복지증진을 위한 특별법/ 식품기부활성화에 관한 법률/ 의료급여법/ 기초노령연금법/ 긴급복지지원법/ 다문화가족지원법/ 장애인연금법/ 장애인활동 지원에 관한 법률/ 노숙인 등의 복지 및 자립지원에 관한 법률/ 보호관찰 |

| | |
|---|---|
| | 등에 관한 법률/ 장애아동복지지원법/ 발달장애인 권리보장 및 지원에 관한 법률/ 청소년복지지원법/ 북한이탈주민의 보호 및 정착지원에 관한 법률 |
| 사회수당법 | 아동수당법 |

이상의 사회복지 관련 법률로는 <표 3-1>에서와 같이 사회보장기본법, 사회보험법, 공공부조법, 사회서비스법, 사회수당법 등으로 살펴볼 수 있다.

### (1) 사회보장기본법

사회보장에 관한 국민의 권리와 국가 및 지방자치단체의 책임을 정하고 사회보장정책의 수립 및 추진과 관련 제도에 관한 기본적인 사항을 규정함으로써 국민의 복지증진에 이바지하는 것을 목적으로 한다(제1조). '사회보장'이란 출산, 양육, 실업, 노령, 장애, 질병, 빈곤 및 사망 등의 사회적 위험으로부터 모든 국민을 보호하고 국민 삶의 질을 향상시키는 데 필요한 소득·서비스를 보장하는 사회보험, 공공부조, 사회서비스를 말한다(제3조). 또한 사회보장기본법 제3조에서 정의하는 '평생사회안전망'이란 생애주기에 걸쳐 보편적으로 충족되어야 하는 기본 욕구와 특정한 사회위험에 의하여 발생하는 특수욕구를 동시에 고려하여 소득·서비스를 보장하는 맞춤형 사회보장제도를 말한다.

그리고 사회보장에 관한 다른 법률을 제정하거나 개정하는 경우에는 이 법에 부합하도록 명시하고 있다(제4조).

### (2) 사회보험법

사회보험법은 국민에게 발생하는 사회적 위험을 보험방식에 의하여 대처함으로써 국민의 건강과 소득을 보장하는 제도를 말한다. 관련 법률에는 국민연금법, 국민건강보험법, 산업재해보상보험법, 고용보험법, 노인장기요양보험법 등이 있다.

### (3) 공공부조법

공공부조법은 국가 및 지방자치단체의 책임하에 생활유지능력이 없거나 생활이 어려운 국민의 최저생활을 보장하고 자립을 지원하는 제도를 말한다. 관련 법률에는 국민기초생활 보장법, 의료급여법, 기초노령연금법, 긴급복지지원법, 장애인연금법 등이 있다.

### (4) 사회서비스법

사회서비스법은 국가, 지방자치단체 및 민간 부문의 도움을 필요로 하는 모든 국민에게 상담·재활·직업 소개 및 지도·사회복지시설 이용 등을 제공하여 정상적인 사회생활이 가능하도록 지원하는 제도를 말한다. 관련 법률에는 사회복지사업법상 사회복지사업에 속하는 여러 법률이 있다.

### (5) 사회수당법

2018년 3월 27일에 제정되었다. 이 법은 2019년 7월부터 7세 미만의 모든 아동에게 지급하는 사회수당식 아동수당제도이다. 이 제도로 우리나라에서 사회수당법이 처음으로 탄생하게 되었다.

# 제4장 사회복지법의 입법 형성 과정

입법이란 실질적으로는 강제규범의 정립이며, 형식적으로는 국민 모두를 구속하는 법률을 제정하는 것을 말한다. 다시 말해서 입법은 성문의 실정법을 제정하는 것이다.

사회복지법의 입법과정은 통상적인 법률의 입법과정과 동일하다. 일반적으로 입법과정은 법령안의 입안부터 공포까지 일련의 절차로 법률로서 효력이 발생되기까지의 모든 과정을 의미한다(헌법 제53조 참조).

## 1. 입법권의 개념

대한민국 헌법 제40조는 "입법권은 국회에 속한다"라고 규정함으로써 입법권을 국회의 권한으로 명시하고 있다. 입법 작용은 '국가기관에 의한 일반적이고 추상적인 성문법 규범의 정립작용'으로서, 헌법 제40조의 입법권은 일반적이고 추상적인 법규범을 정립하는 권한이며, 이는 특별한 규정이 없으면 입법권은 국회의 권한에 속한다는 국회중심주의의 원칙을 규정한 것이다.

## 2. 입법권의 범위

입법권은 국회중심주의에 의거하여 국회가 가지고 있지만 국회만 입법을 할 수 있는 것은 아니다. 국회를 포함한 국가기관의 입법권의 범위는 다음과 같다.

- 행정입법은 대통령, 국무총리, 행정각부의 장에게 부여
- 자치입법은 지방자치단체에 부여

- 사법입법은 대법원과 헌법재판소에 부여
- 국회가 단독으로 행사할 수 있는 입법권은 헌법 개정 심의 · 의결권, 법률안 심의 · 의결권, 조약의 체결 · 비준에 대한 동의권, 국회규칙의 제정권 등

헌법에 따르면, 법률의 입법권은 국회에 속하나, 법률안 제출권은 국회의원과 정부에 있다. 그러나 법률로부터 위임받은 사항에 관한 하위법령(위임명령 : 대통령령, 총리령, 부령)과 법률의 집행에 필요한 사항을 정하는 하위법령(집행명령)에 관한 입법권은 행정부나 사법부 등이 입법권을 갖도록 하고 있다. 따라서 사회복지법에서 시행령은 대통령령이고, 시행규칙은 대부분 부령이다. 이러한 시행령과 시행규칙은 법률의 위임에 의해 제정되는 위임명령에 속한다(김기원, 2019).

## 3. 입법기관인 국회

국회는 의장과 부의장, 위원회로 구성되어 있다. 국회의 위원회라 함은 본회의에서 의안심사를 원활하게 할 목적으로 일정한 사항에 관하여 전문적 지식을 가진 일단의 소수위원들로 하여금 의안을 예비적으로 심사 · 검토하게 하는 위원회를 말한다. 현대국가의 과제와 기능이 확대됨에 따라 입법에도 고도의 전문성과 기술성이 요구되고 있고, 이러한 사정으로 산적한 입법과 의안을 처음부터 모두 본회의에서 심의 · 처리하는 것은 부적절하기 때문이다. 그래서 대안으로 고안된 것이 위원회제도이다. 국회의 위원회는 크게 상임위원회와 특별위원회로 구분된다. 각 위원회의 구성을 살펴보면 다음과 같다.

### (1) 상임위원회

- 소관사항에 관한 입법 기타의 의안을 예비적으로 심의하기 위하여 상설적으로 설치된 위원회
- 현재 대한민국 국회에는 총 18개의 상임위원회가 있으며, 각 상임위원회는 해당분야의 법안과 청원을 심사하는 역할을 함. 국회운영위원회, 법제사법

위원회, 정무위원회, 기획재정위원회, 국방위원회, 교육위원회, 과학기술정보방송통신위원회, 행정안전위원회, 문화체육관광위원회, 농림축산식품해양수산위원회, 산업통상자원중소벤처기업위원회, 보건복지위원회, 환경노동위원회, 국토교통위원회, 정보위원회, 여성가족위원회, 외교통일위원회, 예산결산특별위원회 등으로 구성되어 있음

- 사회복지법과 직접적인 관련이 있는 상임위원회는 보건복지위원회, 환경노동위원회, 여성가족위원회 등이 있음

### (2) 특별위원회

- **상설특별위원회** : 예산결산특별위원회
- **비상설특별위원회** : 수 개의 상임위원회 소관과 관련되거나 특히 필요하다고 인정한 안건을 심사
- 비상설특별위원회는 활동기한 종료 시까지 존속하며, 심사한 안건이 본회의에서 의결될 때까지 존속하는 것으로 봄

국회의 운영은 위원회중심주의이므로 거의 모든 의안이 위원회의 심사를 거치게 된다. 위원회는 의안을 자유로이 수정할 수 있고, 위원회 내에서 대안의 제시는 원칙적으로 위원회에서 원안을 심사하는 동안에만 인정된다.

상임위원회는 본회의의 의결이 있거나 의장 또는 위원장이 필요하다고 인정할 때, 재적의원 4분의 1 이상의 요구가 있을 때, 개회할 수 있다. 이때 재적의원 과반수의 출석과 출석의원 과반수의 찬성으로 의결된다.

## 4. 사회복지법의 입법절차

사회복지법령은 기본적으로 제명, 본칙, 부칙으로 구성된다. 이러한 법령의 입법은 강제규범의 정립으로써 실정법을 의미한다. 사회복지법의 입법절차는 통상적인 법률의 입법절차와 동일하다(헌법 제40조, 제51~53조 참조).

### 1) 입법의 헌법규정

사회복지법의 법원에서도 밝혔듯이 우리나라는 성문법을 중심으로 하며 불문법을 보충적 기능으로 하고 있다. 그리고 헌법규정 내용에서와 같이 각 법률 형식을 헌법에서 규정하고 있다.

입법에 대한 헌법규정으로는 헌법 제75조(대통령의 법률 집행 : 대통령령 또는 시행령)와 헌법 제95조(국무총리와 각 부처 장관의 소관 사무에 대한 법률이나 대통령 위임 : 총리령 또는 부령)에 명시되어 있다. 따라서 대통령령은 총리령 및 부령보다 상위에 있다.

### 2) 입법의 유형

입법에는 긴급명령, 집행명령, 위임명령, 규칙 등이 있다.

첫째, 긴급명령은 긴급한 조치를 취할 필요가 있을 경우에 법률을 대신한 대통령령이 발하는 명령이다. 여기에는 긴급재정경제명령과 국가보위상의 명령이 있다. 이러한 경우에는 국회의 보고 및 승인을 얻어야 한다.

둘째, 집행명령은 국회에서 법률을 제정하는 경우 그 법률을 실제로 집행하는 데 필요한 사항을 행정기관이 제정하는 명령이다.

셋째, 위임명령은 구체적으로 법률에서 명시하는 범위를 정하여 위임받은 사항에 대한 명령이다.

넷째, 규칙은 총리 또는 각 부처가 소관 사무에 관해 제정한 규범인데 헌법이나 법률에 입각하여 행하는 것이다. 사회복지법과 관련해서는 '시행규칙(부령)'이라 한다.

### 3) 입법절차

입법절차는 법령(법률과 명령)안의 입안부터 공포까지의 절차를 가리킨다. 헌법상 법률의 입법권은 국회에 속하나, 법률안 제출권은 국회의원과 정부에 있다. 따라서 입법절차는 행정부 내 절차와 국회 내 절차로 구분하고 있다. 이러한 구분과 법률의 성립과정을 보면 다음과 같다.

첫째, 행정부 내 절차는 총 8단계 과정으로 되어 있다.

입법정책(1단계) → 입법계획(2단계) → 법령안 작성(3단계) → 기관 간 협의(4단계) → 국민의견 수렴(5단계) → 법령안 심의(6단계) → 법령안 공포1(7단계) → 법령안 공포2(8단계)의 과정이다. 이와 같이 1단계에서 5단계는 '성안(成案 : 안건)'이며, 6단계는 '심의(審議)'이며, 7단계와 8단계는 '공포(公布)'로 구분되어 있다.

둘째, 국회 내 절차는 총 4단계로 구분된다.

법률안 제안(1단계) → 심사(2단계) → 의결(3단계) → 종결(4단계)의 과정으로 되어있다.

셋째, 법률 성립과정은 법률안 제안 → 심의·의결 → 이송 → 공포의 과정을 거쳐 성립되고 시행된다. 그 과정의 내용을 보면 다음과 같다.

① **법률안 제안** : 법률안 제안권은 국회의원과 정부에 있다. 특히 정부가 법률안을 제출하고자 하면, 국무회의의 심의를 거쳐 국무총리와 관계 국무위원의 부서를 받은 후 대통령이 국회의장에게 제출한다.

② **심의** : 법률안 심의방법에는 위원회주의와 독회제(讀會制)가 있다.

- **위원회주의** : 미국에서 유래. 심의와 의결을 다르게 하는 방법
- **독회제** : 영국에서 유래. 법률안의 심의와 의결을 모두 본회의에서 하는 방법

우리나라는 위원회주의이다. 법률안이 제출되면 국회의장은 이를 인쇄하여 의원들에게 배부하고 본회의에 보고한다. 법률안의 내용과 성질에 따라 소관상임위원회에 회부·심의한다. 상임위원회에서는 의원들에게 충분한 검토시간을 주기 위해 법률안이 의원에게 배부된 후 원칙적으로 15일 또는 20일이 지난 후에야 이를 상정할 수 있다. 상임위원회에서 심의·채택된 법률안은 법제사법위원회에 넘겨 체계와 자구수정을 거쳐 본회의에 부의한다.

③ **의결** : 본회의에서는 소관상임위원장의 심사보고를 듣고 질의와 토론을

거쳐 표결처리한다. 법률안이 본회의를 통과하려면 재적의원 과반수의 출석과 출석의원 과반수의 찬성이 있어야 한다.

④ **공포** : 국회에서 의결된 법률안은 정부에 이송되어 15일 이내에 대통령이 서명·공포한다. 대통령의 서명·공포에는 국무회의의 심의와 국무총리 및 관계 국무위원의 부서가 있어야 한다. 또한 15일 이내에 공포나 재의의 요구를 하지 아니한 때에도 법률로 확정된다.

※ **대통령의 법률안거부권** : 대통령은 이송된 법률안에 이의가 있을 경우 거부권을 행사할 수 있음(이송된 날로부터 15일 이내에 이의서를 붙여 국회로 환부하고 그 재의를 요구). 공포된 법률은 특별한 규정이 없는 한 공포한 날로부터 20일을 경과함으로써 효력 발생

# 제5장 사회복지법의 역사 : 한국을 중심으로

우리나라 사회복지법의 현재를 이해하기 위해서는 사회복지법이 형성되어 온 역사적 과정을 이해하여야 한다. 사회적 욕구를 충족시키거나 사회문제를 해결하기 위한 제도적 장치인 사회복지법도 역사적 연속선상에서 이해되고 분석되어야 한다.

대부분의 사회복지입법 과정을 살펴보면, 이해관계가 있는 사회집단 상호 간의 역동적인 변천과정을 거쳐 발전되어 왔음을 알 수 있다. 다시 말하면, 사회복지법의 입법화 과정에 직간접적으로 이해관계가 있는 사회집단들이 자신들에게 유리한 법률이 제정되도록 집단적 노력을 행하거나 또는 불리한 법률이 제정되지 않도록 하기 위한 온갖 노력을 기울이기도 한다. 한편으로는 시민사회단체와 같은 공익집단들도 공공의 이익을 위해 다양한 노력을 전개한다. 이러한 집단들의 노력과정을 통해서 그 시대의 사회적 욕구와 사회문제는 이슈화·제도화되어 사회복지법의 탄생에 기여하게 된다.

우리나라의 사회복지입법은 공공부조와 관련된 입법에서 시작된다. 우리나라의 사회복지법은 궁핍한 백성을 국가가 돌보아 주는 궁민진휼(窮民賑恤)의 구빈사업과 풍수재해 등으로 인해 일시적으로 빈곤해진 이재민들을 구제하는 사업과 깊은 관련이 많다.

그 후 현대적인 사회복지 개념이 도입된 1960년 이후부터 공공부조에 관한 기본법 그리고 사회복지사업에 관한 법률, 사회보험에 관한 법률 등이 본격적으로 제정되었다. 따라서 사회복지법의 발달연구의 장점을 정리해 보면, 먼저 현대사회에 이르러 정착된 사회복지의 생성 및 발달 과정 그리고 역사적 특성을 이해할 수 있다. 그리고 과거의 사회문제 및 사회적 욕구 그리고 이에 대응했던 사회복지 제도 및 프로그램의 등장과 변천과정에서 나타난 조건, 배경 등 여러 가지 부분에 대한 지식을 확보함으로써 시행착오를 줄일 수 있고 현재의 사회복지 정책과 제도 등에 활용할 수 있다.

사회복지법은 산업화의 발전과 자본주의 사회의 발달과정을 거치면서 정치·경제·사회체제의 변동에 따른 사회 및 정치적 모순을 해결하기 위하여 탄생하였지만, 인간의 생존을 보장하기 위한 법리로서 생존권적 기본권 보장을 목적으로 발전하여 왔다. 사회복지법의 발달과정을 설명하기 위해서는 다양한 연구방법과 접근방법이 있을 수 있겠지만, 그중에서 역사주의 접근방법은 한 국가나 사회의 일정한 역사적 사실 속에서 제정되고 발전되며 소멸되기도 하는 역사적 산물이라는 관점에서 더욱 잘 이해되고 설명될 수 있다(박차상 외, 2007).

## 1. 일제강점기의 입법배경과 내용

### 1) 입법배경

일제강점기의 사회복지입법은 매우 단편적이고 사후적인 특성을 지닌다. 일제강점기 빈민의 형성은 식민지 농업정책에 의한 식민지 재편과정과 일제의 식민통치의 산물이었다.

일제강점기는 일제가 주권을 침탈한 1910년 8월 29일부터 우리 민족이 광복을 맞이한 1945년 8월 15일까지의 35년간의 식민통치 기간을 말한다.

일제강점기의 사회복지법은 공공부조제도와 관련이 있다. 노동능력 유무를 기준으로 구분처우를 하고 있다. 노동능력이 없는 빈민 또는 일시적으로 각종 재해를 당한 사람을 위한 구호사업과 농촌빈민, 화전민, 토막민, 도시세궁민 등 노동능력이 있는 빈민을 대상으로 하는 복지사업으로 구분된다. 일제하의 우리나라 사회복지행정기구는 1912년 내무부 지방부 제2과에서 사회복지에 관한 사무를 관장하다가 1921년 제2과를 사회과라 개칭하여 사회복지행정이 독립된 과에서 수행되었다.

### 2) 사회복지입법

일본은 1847년 일본에서 제정된 '휼구규칙(恤救規則)'에 따라 구빈행정을 해 왔다. 1929년 새로이 '구호법(救護法)'을 제정하여 실시하였으나, 한국에서는 새 구호법을 실시하지 않고 생업부조나 현물급여 등 제한된 구호를 행하였다.

전시재해로 피해를 당한 사람이나 가족에게 구조, 부조 및 급여금의 지급을 규정한 1942년의 '전시재해구호법' 그리고 일본에서 1929년 제정되어 1932년부터 실시하던 '구호법'을 원용하여 1944년 3월에 '조선구호령'을 실시하였다. '조선구호령'은 일본의 '구호법'을 주로 하고, '모자보호법'과 '의료보호법'을 부분적으로 부가해서 종합시킨 법이다.

'조선구호령'은 형식만으로는 근대적 의미의 공공부조가 우리나라에 최초로 제도화된 것이다. '조선구호령'은 국민기초생활 보장법의 전신인 생활보호법의 모태가 되었다. 조선구호령의 적용대상은 ① 65세 이상의 노쇠자, ② 13세 이하의 유아, ③ 임산부, ④ 불구, 폐질, 질병, 상이, 기타 정신 또는 신체의 장애로 인하여 노동을 하기에 지장이 있는 자이다. 급여내용은 생활부조, 의료, 조산, 생업부조, 장제부조 등이 있다. 구호는 신청주의에 의해 실시되고, 이를 심사하기 위해 자산조사를 거치도록 규정하고 있으며, 구호는 거택보호를 원칙으로 하고 예외적으로 구호시설수용, 위탁수용을 할 수 있도록 규정하고 있다.

## 2. 미군정기의 입법배경과 내용

### 1) 입법배경

미군정기(1945. 9. 8.~1948. 8. 15)는 8·15 해방 후 3년간에 걸친 기간으로 일제강점기와 대한민국이라는 독립국가 형성 사이의 과도기적 단계이다. 이 시기는 열악한 경제적 상황 속에서 수많은 월남·귀환민들을 중심으로 광범위한 빈곤이 형성되었던 시기였다. 또한 노동운동을 중심으로 한 파업과 소요 및 폭동 등의 투쟁양상은 미군정 전 기간에 걸쳐 끊임없이 이어져 갔다.

미군정하의 구호행정의 법적·제도적 근거는 형식상으로는 일제강점기의 관계법을 계승하고 있으나, 그것보다는 군정법령 및 몇 가지 업무처리준칙에 의해 이루어졌다. 당시의 빈곤정책은 광범한 요구호자들이 긴박한 필요에 대응하는 임시적인 구호사업 중심으로 전개되었다. 구호사업은 월남한 피난민과 국내거주의 요구호빈민에 대한 식량, 의료 및 주택 공급에 치중되었다. 미군정기 보건후생정책은 기아의 방지, 최소한의 서민생계 유지, 보건위생 및 치료, 응급주택 공급 등에 중점을 두었으나 획기적인 사업추진이나 장기계획은 실시하지 않았다.

### 2) 사회복지입법

1946년 미군정은 구호준칙으로서 후생국보 3호, 후생국보 3A호, 후생국보 3C호를 제정하였다.

후생국보 3호의 C항은 공공구호를 규정하고 있는데, 이는 조선구호령과 유사하게 구호의 대상으로 ① 65세 이상된 자, ② 6세 이하의 부양할 소아를 가진 모, ③ 13세 미만의 소아, ④ 불치의 병자, ⑤ 분만 시 도움을 요하는 자, ⑥ 정신적·육체적 결함이 있는 자로 구호시설에 수용되지 않고 가족이나 친척의 보호가 없고 노동할 수 없는 자로 규정하였다. 구호내용으로는 식량, 주택, 연료, 의류, 의료, 매장으로 분류된다.

후생국보 3A호는 이재민과 피난민에 대한 구호를 규정하였다. 구호내용으로는 식량, 의류, 숙사, 연료, 주택부조, 긴급의료, 매장, 차표제공 등을 들 수 있다.

후생국보 3C호는 국민과 실업자에 대한 구호규칙으로서 거택구호 시 세대인원에 대한 지급한도액을 규정하고 있다.

구호행정은 보건후생부를 중심으로 이루어졌다. 1945년 9월 24일 미군정법령 1호에 의해 경무국 산하의 위행과가 위생국으로 독립하였고, 동년 10월 27일 보건후생국이 설치되었으며, 1946년 미군정법령 64호에 의해 보건후생부로 승격되었고, 1947년 각 부에 보건후생국을 설치하였다.

# 3. 1950년대의 입법배경과 내용

## 1) 입법배경

1945년 8월 15일 우리 민족은 일제로부터 해방되었다. 그로부터 3년 동안의 미군정기를 거쳐 1948년에야 비로소 우리의 헌법을 제정하였다.

1948년 5월 10일 제헌국회 구성을 위한 국회의원 선거를 실시하여 5월 31일 198명의 국회의원으로 구성된 역사적인 제헌국회가 개회되었다. 제헌국회는 헌법기초위원회를 조직하여 곧바로 헌법제정 작업에 착수하여 대통령제와 단원제국회 및 국무총리제를 채택한 제헌헌법[1]을 완성하여 7월 17일 공포하였다.

1948년 정부수립 후 보건후생부와 노동부를 합쳐 사회부로 개칭하여 보건부와 사회부가 각각 독립되어 업무를 실시하다가, 1955년에는 보건사회부로 개칭하였다. 이 시기 복지정책의 특징은 외국 민간원조단체가 주축이 되어 고아원, 양로원 등 수용보호시설을 중심으로 한 미국식 사회사업 개념이 도입되었으며, 새로운 복지제도가 조성되지는 않았으나 복지제도의 방향설정에 중요한 계기가 되었다는 것이다.

## 2) 사회복지입법

- 군사원호법 : 6·25전쟁으로 인해 상이군경과 전몰군경 그리고 그 유가족의 생활문제에 대처하고, 군경의 사기진작을 위해 1950년 군사원호법이 제정되었으며, 1951년에는 경찰원호법이 제정되었다. 이들 두 법은 1961년 군사원호보상법에 의해 대체되었다.
- 후생시설설치기준령·법인 설립허가신청에 관한 규칙·후생시설운영요강 : '후생시설설치기준령'이 1950년 제정되었다. 6·25전쟁으로 인한 전

1) 제헌헌법은 전문에서 민주독립국가를 재건함에 있어서 정의, 인도와 동포애로 민족의 단결을 공고하게 하며, 모든 사회적 폐습을 타파하고 민주주의 제도를 수립하여 각인의 책임과 의무를 완수하게 하여 안으로는 국민생활의 균등한 향상을 가하고 밖으로는 항구적인 국제평화의 유지에 노력하여 우리들과 우리들의 자손의 안전과 자유와 행복을 영원히 확보할 것을 천명하고 있다.

쟁고아와 월남피난민의 급증 등 요구호대상자의 급증은 기존의 구호령으로는 대처할 수 없는 상황이 발생하여 외국 원조기관들에 의한 수용·보호를 피할 수 없게 되었다. 따라서 국가와 민간단체의 난립과 외원기관의 중복구호 등으로 많은 혼란을 가져오게 되었다. 복지시설의 무분별한 운영, 피수용자의 인권유린 등을 방지하고 수용아동의 양호를 기하기 위하여 후생시설로서 갖추어야 할 최소한의 요건을 규정한 '후생시설설치기준령'을 제정하였다.

- **근로기준법** : 1953년 근로자의 기본적 생활을 보장, 향상시키며 균형 있는 국민경제의 발전을 도모하기 위하여 근로기준법을 제정하였다. 근로조건, 근로계약, 퇴직금제도를 명시하고 고용주 책임제의 근로복지 대책을 마련하였다.

## 4. 1960년대의 입법배경과 내용

### 1) 입법배경

1960년대에는 시기적으로 5·16군사정변과 제3공화국에 해당하는 시기이다. 산업화로 급속한 경제성장을 추구하면서 농촌인구가 산업현장으로 이주하고 가족구조는 핵가족화되었다. 핵가족화로 인해 확대가족하에서 가족구성원 간 또는 친족 간의 생활보장은 점차 약화되고 도시화로 인해 대도시지역에서는 인구집중으로 과밀혼잡의 문제뿐만 아니라 새로운 사회문제를 야기하게 되었다.

군사정권이 사회복지에 대한 관심을 가지고 이를 공식적으로 표명한 것은 1962년도에 들어오면서였다. 박정희 의장은 1962년 시정연설에서 의료균점시책을 수립하고, 부조와 보험을 근간으로 하는 사회보장제도의 기틀을 마련하여 국민생활 향상과 복지사회 건설을 기할 것이라고 사회복지에 대해 처음으로 언급하였다. 당시 박정희 의장의 이와 같은 사회복지정책에 관한 성명은 바로 국가재건최고회의 기본 정책에 반영되었다. 국가재건최고회의는 기본 정책의 방향으로 부조와 보험을 근간으로 하는 사회보장제도의 기틀을 마련하여 국민생활 향상과 사회복지 건설을 한다고 천명하였다. 그러나 실질적으로 군사정권은 사회복지에 별 관심이 없었고 사회복지를 실현할 의도도 없었다. 군사정권은 근본적으로 사회복지를 소홀히 할 수밖에 없었다. 정권의 정통성을 확보하기 위한 수단을 경제성장 일변도의 산업화에서 찾고 있었기 때문에 사회복지를 위한 투자는 비생산적이고 경제성장을 저해하는 요인으로 간주하였다.

### 2) 사회복지입법

- 공무원연금법 : 공무원연금법은 1960년에 제정되었다. 공무원연금제도는 공무원의 퇴직 또는 사망과 공무로 인한 부상 · 질병 · 폐질에 대하여 적절한 급여를 실시함으로써 공무원 및 그 유족의 생활안정과 복리향상에 기여함을 그 목적으로 하고 있다. 1960년 1월 1일 공포 · 시행함으로써 공무원이라는 특수직역을 대상으로 하고, 국가의 책임하에 운영하는 공적연금제도인 공무원연금제도가 설립되었다.
- 생활보호법 : 생활보호법은 1961년 12월 30일에 제정되었다. 이 법은 생활유지능력이 없거나 생활이 어려운 자에게 필요한 보호를 행하여 이들의 최저생활을 보장하고 자활을 조성함으로써 사회복지의 향상에 기여함을 목적으로 하고 있다. 이 법의 제정으로 우리나라 빈곤구제정책이 정착되고 공공부조사업이 본격적으로 실시되기 시작하였다. 그러나 이 법은 1944년 일제강점기에 제정된 '조선구호령'과 유사한 측면이 있다.
- 아동복리법 : 아동복리법은 1961년에 제정되었다. 이 법은 아동이 건강하게 출생하여 행복하고 안전하게 자라나도록 그 복지를 보장함을 목적으로 한다. 아동복리법의 제정으로 우리나라에 보육사업이 본격적으로 실시되게 되었다.
- 재해구호법 : 재해구호법은 1962년 국가와 지방자치단체가 한해 · 풍해 · 수해 · 화재 등 비상재해가 발생하였을 때 공적자금을 활용하여 응급적인 구호를 행함으로써 피해지역의 재해를 복구하고 재난을 입은 이재민의 생

존을 보호하며, 사회질서를 유지하기 위해 제정되었다.

- **군인연금법** : 군인연금법은 1963년 군인이 상당한 연한에 성실히 복무하고 퇴직하거나 심신의 장애로 인하여 퇴직 또는 사망한 때 또는 공무상의 질병·부상으로 요양하는 때에 본인이나 그 유족에게 적절한 급여를 지급함으로써 본인 및 그 유족의 생활안정과 복리향상에 기여하기 위해 제정되었다.
- **산업재해보상보험법** : 산업재해보상보험법은 1963년 11월 법률 제1438호로 제정되었다. 산업재해보상보험이 등장하기 이전에 근로자의 업무상 재해에 대한 보상은 근로기준법에 근거하여 이루어졌다. 그러나 사용자의 책임하에 근로자에 대한 업무상의 재해를 보상하도록 되어있는 근로기준법은 별 효력이 없어서 이를 대신하여 실질적으로 근로자를 보호할 수 있는 대책이 수립될 필요가 있었다.
  우리나라 근로기준법 제8장에서는 사용자에게 근로자들의 업무상 재해에 대한 보상책임을 규정함으로써 무과실책임제도를 확립하여 직접보상 방식을 채택하고 있다. 따라서 업무상 재해를 당한 피재근로자 등에게 신속하고 공정한 보상을 해주는 반면에 사업주의 위험을 분산하여 경감시켜 줄 수 있는 사회보험제도인 산업재해보상보험법이 제정된 것이다.
- **사회보장에 관한 법률** : 「사회보장에 관한 법률」은 1963년 11월 5일 법률 제1437호로 제정되었다. 이 법률은 국민의 인간다운 생활을 도모하기 위한 사회보장제도의 확립과 그 효율적인 발전을 기하기 위하여 제정되었다. 그러나 이 법은 7조로 구성되어 사회보장에 관한 전반적인 기본법으로서 실제적인 의미를 갖기에는 매우 미비하였다. 따라서 이 법은 1995년 12월 30일 법률 제5134호에 의해 사회보장기본법이 제정되면서 폐지되었다.
- **의료보험법** : 의료보험법은 1963년 12월 국민의 질병, 부상, 분만 또는 사망 등에 대하여 보험급여를 실시함으로써 국민보건을 향상시키고 사회보장의 증진을 도모함을 목적으로 제정되었다.
  의료보험제도에 대한 필요성 주장과 연구 및 기초 조사는 산업재해보상보험제도보다 시기적으로 앞서 있었다.

이 의료보험법이 1976년 12월 전부 개정되어 공무원, 교직원, 군인을 제외한 500인 이상 사업장 근로자에게 강제 적용됨으로써 실질적인 의료보험이 실시되었다. 이에 따라 1977년 1월 1일 500인 이상 사업장 근로자를 대상으로 최초로 강제적용 방식을 도입한 직장의료보험을 실시하였다. 사실상 사회보험으로서의 의료보험제도가 도입되었다.

## 5. 1970년대의 입법배경과 내용

### 1) 입법배경

1970년대는 국제적으로는 월남전쟁에서 미국이 패배하고 월남이 공산화되면서 인접국이 사회주의화되는 도미노 현상이 발생하였으며, 국내적으로는 민주화와 산업화가 충돌하는 혼란의 시기였다.

3선 개헌안이 통과되고 뒤이어 박정희 대통령이 제7대 대통령으로 취임하였으며, 1972년 10월 17일 국회를 해산하고 비상계엄령을 선포하면서 소위 한국적 민주주의라는 이름으로 10월 유신을 단행하였다.

반면 경제분야에 있어서는 1962년부터 실시된 경제개발 5개년 계획이 1970년대에 와서도 계속되었다. 경제성장 과정에서 소득분배가 왜곡되고, 부익부빈익빈 현상은 가중되었으며, 농촌이 공동화되고, 심각한 환경오염문제 등과 같은 많은 부작용을 불러왔다.

### 2) 사회복지입법

- 사회복지사업법 : 사회복지사업법은 1970년 1월 1일 제정되었다. 이 법은 사회복지사업에 관한 기본적 사항을 규정하고 그 공정한 운영을 기함으로써 사회복지를 필요로 하는 사람의 인간다운 생활을 할 권리를 보장하고 사회복지의 전문성을 높이며, 사회복지사업의 공정·투명·적정을 기함으로써 사회복지의 증진에 기여하기 위해 재정되었다. 이 법에서는 사회복지

사업을 생활보호법, 아동복리법, 윤락행위 등 방지법 등에 의한 보호사업·복지사업·선도사업·복지시설의 운영 등을 목적으로 하는 사업으로 정의하였다.

- **국민복지연금법** : 국민복지연금법은 1973년 12월 24일 법률 제2655호로 제정되었다. 이 법은 국민의 노령, 폐질, 사망 등 사회적 위험이 발생한 경우를 대비하여 가입자의 갹출금을 주된 재원으로 하는 연금급여를 실시하여 국민의 생활안정과 복지증진에 기여함을 목적으로 하고 있다. 그러나 국민복지연금법은 경제적 불황과 사회현실의 여건 부족을 이유로 그 시행을 10여 년 동안 보류하여 사실상 유명무실화되었지만, 형식상으로는 1988년에 시행된 국민연금법의 기초가 되었다.
- **의료보호법** : 의료보호법이 1977년 12월 31일 법률 제3076호로 제정되었다. 이 법을 통해 생활유지능력이 없거나 일정 수준 이하의 저소득층을 대상으로 국가재정에 의하여 기본적인 의료혜택을 제공하여 국민보건의 향상과 사회복지 증진에 이바지하는 의료부조사업을 실시하였다.
- **공무원 및 사립학교교직원 의료보험법** : 공무원 및 사립학교교직원 의료보험법은 1977년 12월 31일 법률 제3081호로 제정되었다. 의료보험법은 공무원, 사립학교교직원 및 그 부양가족의 질병, 부상, 분만, 사망 등에 대하여 보험급여를 실시함으로써 그들의 건강을 향상시키고 사회복지의 증진을 도모하는 것을 목적으로 하고 있다.

## 6. 1980년대의 입법배경과 내용

### 1) 입법배경

1980년대의 상황은 국제적으로는 동서 간의 냉전이 종식되기 시작한 시기였으며, 국내적으로는 소위 신군부시대가 전개되었다. 10·26사태 후 전국에는 비상계엄령이 선포되었고, 학원자율화, 민주화 등을 요구하는 시위가 격렬하게 이루어졌던 시기였다.

정부는 정국안정을 위해 긴급조치로 대응하였으나 결국 광주민주화운동으로 폭발하였다. 대통령 선거인단에 의한 간접선거에서 제12대 대통령으로 당선된 전두환은 정부수립 이후 초대의 정부기구 축소작업을 단행하였으며, 야간통행금지 해제, 중·고생 두발 및 교복자율화 등의 개방화정책을 실시하였다. 한편으로는 남북 간의 이산가족찾기 운동이 전개되었으며, 남북고향방문단이 상호 교환되기도 하였다.

### 2) 사회복지입법

- 아동복지법 : 아동복지법은 1981년 4월 13일에 법률 제3438호로 제정되었다. 사회경제적 변화로 인해 절대빈곤 가정이 증가하고, 알코올이나 마약중독과 같은 약물중독 사례가 증가하며, 사고·재해·기타 질병으로 세대주가 노동능력을 상실한 경우가 증가하고, 개방된 성문화로 미혼모가 증가하며, 이혼이나 별거 등으로 가족해체 현상이 심화되고, 결손가정이 증가함에 따라 요보호아동·불우아동의 보호 및 유아보육과 건강한 아동의 출생을 위한 임산부 보호의 취지에서 1961년에 제정되었던 아동복리법을 대체하는 법으로서 아동복지법이 제정되었다.
  아동복지법으로 전부 개정됨에 따라 무료 탁아시설은 법인 이외의 자도 신고만으로 시설을 설치·운영할 수 있게 되었다.
- 심신장애자복지법 : 심신장애자복지법은 1981년에 제정되었다. 1981년 유엔이 '세계장애인의 해'를 선포하자 우리나라에서는 심신장애자복지법이 제정되어 장애인문제 해결을 위한 국가적 노력이 시작되었으며, 1988년 서울장애인올림픽 개최를 계기로 장애인에 대한 사회적 관심이 높아짐에 따라 심신장애자복지법은 1989년 장애인복지법으로 전면적 개정이 이루어졌다.
- 노인복지법 : 노인복지법은 1981년 6월 5일 법률 제3453호로 제정·공포되었다. 노인인구가 점차 증대하고, 조기퇴직이나 명예퇴직과 같이 노령인구에 대한 사회적 배제현상이 일부에서 나타나며, 노인들은 사회에서 자신들의 전통적인 역할을 상실해 가고, 경로효친사상에 바탕을 둔 확대가족

위주의 전통적 유교문화에 바탕을 둔 농경사회에서 핵가족화된 현대적 산업사회로 변화됨에 따라 노인들의 삶의 문제가 심각한 사회문제가 되었다.

- 국민연금법 : 국민연금법은 1986년 12월 31일 법률 제3902호로 제정되었다. 국민연금법은 국민의 노령, 폐질 또는 사망에 대하여 연금급여를 실시함으로써 국민의 생활안정과 복지증진에 기여함을 목적으로, 기존의 국민복지연금법을 전부 개정하여 14년간의 휴면기를 끝내고 1988년부터 본격 실시되었다.
- 최저임금법 : 최저임금법은 1986년 12월 31일 법률 제3927호로 제정되었다. 이 법은 노동자에 대하여 임금의 최저수준을 보장함으로써 근로자의 생활안정과 노동력의 질적 향상을 통한 국민경제의 건전한 발전에 이바지함을 목적으로 하고 있다.
- 모자복지법 : 모자복지법은 1989년 4월 1일 법률 제4121호로 제정되었다. 이 법은 모자가정이 건강하고 문화적인 생활을 영위할 수 있게 함으로써 모자가정의 생활안정과 복지증진에 기여하기 위하여 제정되었다.
- 장애인복지법 : 장애인복지법은 1989년 12월 30일 법률 제4179호로 제정되었다. 장애인 대책에 관한 국가, 지방자치단체 등의 책무를 명백히 하고, 장애발생의 예방과 장애인의 의료·훈련·보호·교육·고용의 증진, 수당의 지급 등 장애인 복지대책의 기본이 되는 사업을 정함으로써 장애인 복지대책의 종합적 추진을 도모하며, 장애인의 자립 및 보호에 관하여 필요한 사항을 정함으로써 장애인의 생활안정에 기여하는 장애인의 복지증진에 기여하기 위하여, 1981년 제정된 심신장애자복지법을 개정하여 장애인복지법을 제정하였다.

## 7. 1990년대의 입법배경과 내용

### 1) 입법배경

1990년대는 국제적으로 미국을 중심으로 한 신세계 질서가 확립되고 유럽, 일본, 중국 등이 나름대로의 국제질서의 한 중심을 잡아가는 평화공존 시대였다.

국내적으로는 민정·민주·공화의 3당이 합당하여 민자당이 창당되었고, 남북관계는 호전되어 분단 이후 처음으로 남북고위급회담이 서울과 평양에서 각각 개최되었다.

1993년 출범한 문민정부는 신경제 5개년 계획, 1994년 21세기 위원회, 1995년 김영삼 대통령이 코펜하겐에서 열린 사회개발정상회의에 참석한 후 제시한 삶의 질의 세계화를 위한 기본 구상 등 새로운 사회복지개혁안을 국민들에게 제시하였다(이영희, 2001). 그러나 1997년 11월 외환위기로 인해 실업 등 경제적인 고통을 겪게 되었는데, 대량실업과 대량빈곤 현상에 대처할 사회안전망은 마련되어 있지 않아 한시적이고 즉흥적인 사회안전망제도가 탄생하게 되었다. 이러한 문제를 해결하기 위한 하나의 방안으로 1999년 9월 7일 기존의 생활보호법을 대체하는 국민기초생활 보장법이 탄생하게 되었다.

### 2) 사회복지입법

- 영유아보육법 : 영유아보육법이 1991년 1월 14일 제정되었다. 이 법은 그 당시 야당의 탁아복지법안과 각 계층의 의견을 수렴하여 1990년 11월 20일 국회에 제출되었으며, 법의 명칭을 「영유아의 보호·교육에 관한 법률」에서 영유아보육법으로 하고, 보육교사의 자격을 직접 법률에서 규정하는 등 몇 가지 수정을 거쳐 확정되었다.
  특히 국가와 지방자치단체뿐 아니라 모든 국민이 영유아를 건전하게 보육할 책임이 있다고 규정함으로써 영유아보육의 중요성을 부각시키고 있다.
- 고용보험법 : 고용보험법은 1993년 12월 27일 제정되었다. 이 법은 고용보험의 시행을 통하여 실업의 예방, 고용의 촉진 및 근로자의 직업능력의 향상을 도모하고, 국가의 직업지도·직업소개기능을 강화하며, 근로자가 실업한 경우에 생활에 필요한 급여를 실시함으로써 근로자의 생활의 안정과 구직활동을 촉진하여 경제·사회 발전에 이바지함을 목적으로 제정되었다.
- 성폭력범죄의 처벌 및 피해자 보호 등에 관한 법률 : 「성폭력범죄의 처벌 및 피해자 보호 등에 관한 법률」이 1994년 1월 5일 제정되었다. 성폭력범죄를 예방하고 그 피해자를 보호하며, 성폭력범죄의 처벌 및 그 절차에 관

한 특례를 규정함으로써 국민의 인권신장과 건강한 사회질서의 확립에 이바지함을 목적으로 하고 있다.

- **사회보장기본법** : 사회보장기본법이 1995년 12월 30일 제정되었다. 이 법은 사회보장에 관한 국민의 권리와 국가 및 지방자치단체의 책임을 정하고, 사회보장제도에 관한 기본적인 사항을 규정함으로써 국민의 복지증진에 이바지하기 위하여 제정되었다. 이 법은 사회보장이 모든 국민이 인간다운 생활을 할 수 있도록 최저생활을 보장하고, 국민 개개인이 생활수준을 향상시킬 수 있도록 제도와 여건을 조성하여 그 시행에 있어 형평과 효율의 조화를 기함으로써 복지사회를 실현하는 것을 기본 이념으로 한다고 규정하고 있다. 이 법은 1963년에 제정된 「사회보장에 관한 법률」을 확대 개편한 사회복지 전반의 기초가 되는 기본법이다.
- **정신보건법** : 정신보건법은 1995년 12월 30일 제정되었다. 사회가 발달하면서 정신건강의 중요성이 대두되고 정신질환자의 인권 및 삶의 질 향상이 중요한 문제로 떠오르면서 지역사회 내에서의 환자의 치료 및 재활뿐만 아니라 국가적인 차원에서의 지역사회 정신보건사업의 필요성이 증대되고 있다. 이러한 필요성에 부응하여 정신보건법은 정신질환의 예방과 정신질환자의 의료 및 사회복귀에 관하여 필요한 사항을 규정함으로써 국민의 정신건강 증진에 이바지함을 목적으로 한다.
- **사회복지공동모금회법** : 사회복지공동모금법이 1997년 3월 27일 제정되었다. 이 법은 사회복지사업을 지원하기 위하여 국민의 자발적인 성금으로 공동모금된 재원을 효율적으로 관리·운용하고, 사회복지의 증진에 이바지하기 위하여 제정되었다. 1999년 3월 31일 사회복지공동모금회법으로 개정되었다.
- **가정폭력방지 및 피해자보호 등에 관한 법률** : 「가정폭력방지 및 피해자보호 등에 관한 법률」은 1997년 12월 31일 제정되었다. 이 법은 가정폭력을 예방하고 가정폭력의 피해자를 보호함으로써 건전한 가정을 육성하기 위하여 국가와 지방자치단체는 모든 개인이 가정에서 안전하고 건강한 삶을 누릴 수 있도록 건전한 가정과 가족제도를 유지·보호하기 위하여 노력하여야 한다고 규정하고 있다.

- 국민의료보험법 : 국민의료보험법은 1997년 12월 31일 제정되었다. 국민의료보험법의 제정배경으로는 지금까지 조합주의하에서 추진해 온 의료보험 시행상의 문제점을 개선하기 위한 것으로 같은 소득과 재산을 가지고도 지역조합마다 보험료가 다르고 보험급여 혜택이 충분하지 못하며, 민원사항 처리를 위해 소속조합으로 찾아가야 하는 등의 불편함을 해소하기 위함이다. 종전까지는 동일 소득과 재산을 가지고도 지역조합마다 보험료가 달랐으나 국민의료보험에서는 같은 소득과 재산을 가지고 있으면 전국 어디서나 보험료가 동일하다. 종전까지는 진료지역에 제한을 받았으나, 국민의료보험에서는 전국 어디서나 직접 진료를 받을 수 있다. 다만, 대형 종합병원은 제외된다.
- 국민건강보험법 : 국민의 질병 · 부상에 대한 예방 · 진단 · 치료 · 재활과 출산 · 사망 및 건강증진에 대하여 보험급여를 실시함으로써 국민보건을 향상시키고, 사회보장을 증진시키기 위하여 국민건강보험법을 1999년 2월 8일 제정하고, 공포하였다.

  다보험자 방식으로 운용되고 있는 의료보험 관리체계를 단일보험자로 통합 · 운영함으로써 관리운영의 효율성과 보험료 부담의 형평성을 높이고, 질병의 치료 외에 예방, 건강증진 등을 포함하는 포괄적인 의료서비스를 제공하여 국민건강의 향상을 도모하고자 국민건강보험법을 제정하였다.
- 국민기초생활 보장법 : 국민기초생활 보장법은 1999년 9월 7일 제정되어 2000년 10월부터 실시하게 되었다.

  IMF사태 이후 초유의 대량실업으로 절대빈곤 계층이 대량 발생되어 사회 전체적으로 위기에 처하였다. 이러한 때에 자본주의 사회의 최후의 안전벽이라는 공공부조, 특히 생활보호제도가 사회적 안전망(social safety net)의 기능을 제대로 수행하지 못하고 구멍 뚫린 안전망으로 전락하였다. 이와 같은 문제는 기존의 생활보호제도가 연령이 18세 미만~65세 이상이거나 폐질자나 임산부와 같은 근로무능력자로서 부양의무자가 없는 제한된 인구계층에 한하여 실시되었기 때문에, 대량실업 발생에 따른 18세 이상 64세 미만의 근로능력 빈민들의 생존의 문제를 방치할 수밖에 없었다. 이러한 문제해결을 위해 임시변통적인 한시적 생활보호제도가 실시되기도 하였으나 일시적인 대안에 불과하였다.

## 8. 2000년대의 입법배경과 내용

### 1) 입법배경

2000년대에도 국제적으로 정보화사회, 디지털사회, 세계화 등이 본격적으로 전개되고, 지구공동화가 더욱 촉진되었으며, 사회적으로는 '제3의 길'이 사회적 관심을 불러일으키기도 하였다. 국내적으로는 외환위기를 탈출하였으며, 생산적 복지, 적극적 노동시장정책 등이 국가의 주요 정책방향으로 제시되었다. 고령화가 급속히 촉진되어 사회문제로 대두되었으며, 장애인 고용문제에 대한 이슈가 지속적으로 제기되었고, 남녀평등 및 모성보호에 대한 관심이 고조된 시기이다. 의료급여법이 제정되어 기존의 의료보호법을 대체하였으며, 국민건강보험 재정을 건전화시키기 위한 특별법이 제정되었다. 이 시대는 노무현 대통령의 참여정부 시기인데, 제도적인 측면에서 분배를 강조하였다. 그리고 노인장기요양보험의 도입으로 5대 사회보험시대를 열었고 기초노령연금으로 노인에 대한 소득보장정책을 펼쳤다.

### 2) 사회복지입법

- 장애인고용촉진 및 직업재활법 : 「장애인고용촉진 및 직업재활법」은 2000년 1월 12일 제정되었다. 이 법은 장애인이 그 능력에 맞는 직업생활을 통하여 인간다운 생활을 할 수 있도록 장애인의 고용촉진과 직업재활 및 직업안정을 도모하기 위하여 제정되었다.
- 의료급여법 : 생활이 어려운 저소득 국민의 건강을 증진하기 위하여, 의료급여 수급기간의 제한을 폐지하여 연중 기간제한 없이 의료급여를 받을 수 있도록 하였다. 예방 · 재활 등에 대하여도 의료급여를 받을 수 있도록 하며, 수급권자의 진료편의를 도모하기 위하여 의료급여기관에 대한 업무정지 처분에 갈음하여 과징금을 부과할 수 있도록 하는 등 제도의 운영상 나타난 미비점을 전반적으로 개선 · 보완하기 위하여 의료보호법을 2001년 5월 24일 의료급여법으로 개정하여 공포하였다.

- 건강가정기본법 : 건강가정기본법은 2004년 2월 9일 제정되었다. 이 법은 건강한 가정생활의 영위와 가족의 유지 및 발전을 위한 국민의 권리의무와 국가 및 지방자치단체 등의 책임을 명확히 하고, 현대사회에서 제기되는 다양한 가정문제의 적절한 해결방안을 강구하며, 가족원의 복지증진에 이바지할 수 있는 지원정책을 시행함으로써 건강가정을 구현하고, 나아가 사회통합에 기여하도록 하려는 목적으로 제정되었다.
- 성매매방지 및 피해자보호 등에 관한 법률 : 2004년 3월 22일에 제정된 이 법은 성매매를 방지하고 성매매 피해자 및 성을 파는 행위를 한 자의 보호와 자립의 지원을 목적으로 하고 있다.
- 긴급복지지원법 : 긴급복지지원법은 2005년 12월 23일 제정되었다. 이 법의 제정이유는 다음과 같다. 경제양극화 및 이혼증가 등 사회변화 속에서 소득상실, 질병과 같이 갑작스러운 위기상황이 발생한 경우 누구든지 손쉽게 도움을 청하고 필요한 지원을 받을 수 있는 제도를 마련하기 위한 것이다. 또 이를 위하여 지역사회의 각종 복지지원을 활용하여 위기상황에 처한 자를 조기에 찾을 수 있는 체계를 갖추고 이들에게 필요한 지원을 신속하게 실시하며, 기존의 공공부조제도나 사회복지서비스와 연계되도록 하려는 것이다.
- 식품기부활성화에 관한 법률 : 「식품기부활성화에 관한 법률」은 2006년 3월 24일 법률로 제정되었다. 제정이유는 식품기부를 활성화하고, 기부된 식품을 생활이 어려운 자에게 지원하기 위하여 기부식품제공사업, 기부식품의 모집 및 제공, 기부식품의 무상제공 등 식품기부 활성화에 관하여 필요한 사항을 정하고, 식품기부 및 기부식품제공사업을 장려하기 위하여 국가 및 지방자치단체가 필요한 지원을 할 수 있도록 하려는 것이다.
- 장애인차별금지 및 권리구제에 관한 법률 : 이 법은 2007년 4월 10일 제정되었다. 제정이유는 모든 생활영역에서 장애를 이유로 한 차별을 금지하고 장애를 이유로 차별받은 사람의 권익을 효과적으로 구제함으로써 장애인의 완전한 사회참여와 평등권 실현을 통해 인간으로서의 존엄과 가치를 구현하려는 것이다.

- **기초노령연금법** : 기초노령연금법은 2007년 4월 25일 제정되었다. 제정이유는 노인이 후손의 양육과 국가 및 사회의 발전에 이바지하여 온 점을 고려하여 생활이 어려운 노인에게 기초노령연금을 지급함으로써 노인의 생활안정을 지원하고 복지를 증진하려는 것이다.
- **노인장기요양보험법** : 이 법은 2007년 4월 27일 제정되었다. 제정이유는 우리나라 인구의 고령화가 세계에서 유례가 없을 정도로 빠르게 진행됨에 따라 치매·중풍 등 일상생활이 어려운 노인의 수도 날로 증가하고 있으나, 핵가족화·여성의 사회참여 증가 등으로 장기요양이 필요한 노인을 가정에서 돌보는 것이 어렵고, 그 가정의 비용부담이 과중하여 노인장기요양문제는 우리 사회가 시급히 해결해야 할 심각한 사회적 문제로 대두되고 있는 실정이므로, 노인의 간병·장기요양문제를 사회적 연대원리에 따라 정부와 사회가 공동으로 해결하는 노인장기요양보험제도를 도입하여 노인의 노후생활 안정을 도모하고, 그 가족의 부양부담을 덜어줌으로써 국민의 삶의 질을 향상하려는 것이다.
- **한부모가족지원법** : 기존의 모·부자복지법이 2007년 10월 17일 한부모가족지원법으로 변경되었다. 이 법은 한부모가족이 건강하고 문화적인 생활을 영위할 수 있도록 한부모가족의 생활안정과 복지증진에 이바지함을 목적으로 한다.
- **다문화가족지원법** : 법은 2008년 3월 21일 제정되었다. 제정이유는 결혼이민자 및 그 자녀 등으로 구성되는 다문화가족은 언어 및 문화적 차이로 인하여 사회부적응과 가족구성원 간 갈등 및 자녀교육에 어려움을 겪고 있음에 따라, 다문화가족의 구성원이 우리 사회의 구성원으로 순조롭게 통합되어 안정적인 가족생활을 영위하고, 민주적이고 양성평등한 가족관계를 누릴 수 있도록 가족상담·부부교육·부모교육 및 가족생활교육 등을 추진하고, 문화의 차이 등을 고려한 언어통역, 법률상담 및 행정지원 등의 전문적인 서비스를 제공하도록 하는 등 다문화가족에 대한 지원정책의 제도적인 틀을 마련하려는 것이다.
- **국민연금과 직역연금의 연계에 관한 법률** : 2009년 2월 6일에 제정되어 당

해 8월 7일에 시행된 이 법은 국민연금의 가입기간과 공무원연금, 사립학교교직원연금, 군인연금 및 별정우체국직원연금의 재직기간(복무기간)을 연계하여 연계급여를 지급함으로써 국민의 노후생활 안정과 복지증진에 이바지함을 목적으로 하고 있다.

- 기타 법률 : 저출산・고령사회기본법(2005년 5월 제정), 자원봉사활동 기본법(2005년 8월 제정), 아동・청소년의 성보호에 관한 법률(2009년 6월 개정) 등

## 9. 2010년대의 입법배경과 내용

### 1) 입법배경

2000년 말경에서 2010년 초까지의 사회복지입법의 배경으로는 이명박 정부 시기이다. 이 시기는 민생안정 지원을 위한 전국적 민생안정지원체계 구축을 위하여 중앙에 민생안정지원본부를 발족하였으며, 건강한 가정을 도모하기 위한 건강가정기본법 개정과 다문화가족의 삶의 질 향상과 사회통합을 위한 다문화가족지원법을 제정하였으며, 무엇보다도 민・관 통합전산망 구축으로 사회복지행정을 구현하고자 하였다. 그러나 전반적인 복지정책 및 대상별 서비스 측면에서는 시대적 변화에 적응하는 데에 미비하였다. 왜냐하면 분배라는 복지이념보다는 성장이라는 경제발전에 투입되었던 시기였기 때문이다.

### 2) 사회복지입법

- 장애인연금법 : 2010년 4월 12일에 제정되어 2010년 7월 1일에 시행된 이 법은 장애로 인하여 생활이 어려운 중증장애인에게 장애인연금을 지급함으로써 중증장애인의 생활안정 지원과 복지증진 및 사회통합을 도모하는 데 이바지함을 목적으로 하고 있다.
- 긴급복지지원법 : 법 개정을 거쳐 영속적인 법으로 개정되었다.
- 성폭력방지 및 피해자보호 등에 관한 법률 : 2010년 4월 15일에 제정된 이

법은 성폭력을 예방하고 성폭력피해자를 보호・지원함을 목적으로 한다.

- **장애인활동 지원에 관한 법률** : 2011년 1월 4일 제정되어 같은 해 10월 5일에 시행된 이 법은 신체적・정신적 장애 등의 사유로 혼자서 일상생활과 사회생활을 하기 어려운 장애인에게 제공하는 활동지원급여에 관한 사항을 규정하여 장애인의 자립생활을 지원하고, 그 가족의 부담을 줄임으로써 장애인의 삶의 질을 높이는 것을 목적으로 한다.
- **사회복지사 등의 처우 및 지위 향상을 위한 법률** : 2011년 3월 30일 제정되어 2012년 1월 1일에 시행된 이 법은 사회복지사 등에 대한 처우를 개선하고 신분보장을 강화하여 사회복지사 등의 지위를 향상하도록 함으로써 사회복지 증진에 이바지하는 것을 목적으로 한다.
- **노숙인 등의 복지 및 자립지원에 관한 법률** : 2011년 6월 7일 제정되어 2012년 6월 8일에 시행된 이 법은 노숙인 등의 인간다운 생활을 할 권리를 보호하고, 재활 및 자립을 위한 기반을 조성하여 이들의 건전한 사회복귀와 복지증진에 이바지하는 것을 목적으로 한다.
- **사회서비스 이용 및 이용권 관리에 관한 법률** : 2011년 8월 4일 제정되어 2012년 2월 5일에 시행된 이 법은 사회서비스 이용 및 이용권 관리에 필요한 사항을 정함으로써 사회서비스의 이용을 활성화하고, 이용자의 선택권을 보장하도록 하여 국민의 복지증진에 이바지하는 것을 목적으로 한다.
- **장애아동 복지지원법** : 2011년 8월 4일 제정되어 2012년 8월 5일에 시행된 이 법은 국가와 지방자치단체가 장애아동의 특별한 복지적 욕구에 적합한 지원을 통합적으로 제공함으로써 장애아동이 안정된 가정생활 속에서 건강하게 성장하고 사회에 활발하게 참여할 수 있도록 하며, 장애아동 가족의 부담을 줄이는 데 이바지함을 목적으로 한다.
- **입양특례법** : 「입양촉진 및 절차에 관한 특례법」이 2011년 8월 4일 전부 개정되면서 법률의 제명이 입양특례법으로 변경되었다. 이 법은 요보호아동의 입양에 관한 요건 및 절차 등에 대한 특례와 지원에 필요한 사항을 정함으로써 양자가 되는 아동의 권익과 복지를 증진하는 것을 목적으로 한다.
- **기초연금법** : 이 법률은 기존의 기초노령연금법을 폐지하여 2014년 5월 20일

에 제정되었다. 이 법은 노인에게 기초연금을 지급하여 안정적인 소득기반을 제공함으로써 노인의 생활안정을 지원하고 복지를 증진함을 목적으로 한다.

- **발달장애인 권리보장 및 지원에 관한 법률** : 이 법률은 2014년 5월 20일에 제정되어 2015년 11월 21일에 시행을 하였다. 이 법은 발달장애인의 의사를 최대한 존중하여 그들의 생애주기에 따른 특성 및 복지욕구에 적합한 지원과 권리옹호 등이 체계적이고 효과적으로 제공될 수 있도록 필요한 사항을 규정함으로써 발달장애인의 사회참여를 촉진하고, 권리를 보호하며, 인간다운 삶을 영위하는 데 이바지함을 목적으로 한다.
- **기타 법률** : 아이돌봄 지원법(2012년 제정), 장애인・고령자 등 주거약자 지원에 관한 법률(2012년 제정), 주거급여법(2014년 1월 제정), 사회보장급여의 이용・제공 및 수급권자 발굴에 관한 법률(2014년 12월 제정), 정신건강 증진 및 정신질환자 복지서비스 지원에 관한 법률(2016년 5월 전부개정), 아동수당법(2018년 3월 제정) 등

## 10. 한국 사회복지입법의 변천사 종합

한국의 사회복지법의 역사를 간략히 살펴보았는데 시대변화에 따라 발생하는 사회문제를 해결하고 국민들의 욕구에 대응하기 위해 사회복지법을 제・개정하여 왔다는 점을 인정할 수 있다. 하지만 사회복지제도의 발달을 위해 사회복지법을 제정하는 동기가 국민들의 삶의 질 향상을 위해 특정 대상자의 욕구에 기반한 것보다도 즉흥적이고 정치적인 이해관계로 인해 제정되거나 개정된 경우가 많은 것도 사실이다. 또한 대상자의 욕구변화에 따라 사회복지입법을 구분하는 것보다 주로 대통령 재임시기와 관련하여 사회복지법들이 제・개정되기 때문에 사회복지법제 연구의 구분기준을 대통령 재임시기로 하는 것도 설득력이 있다고 볼 수 있다.

시대별 사회복지법의 법률을 정리하면 다음과 같다(표 5-1 참조).

**〈표 5-1〉 시대별 사회복지법의 법률**

| | 1960년대 | 1970년대 | 1980년대 | 1990년대 | 2000년대 | 2010년대 |
|---|---|---|---|---|---|---|
| 법의 종류 | (1) 제3공화국헌법<br>(2) 공무원연금법<br>(3) 갱생보호법<br>(4) 군사원호보상법<br>(5) 생활보호법<br>(6) 아동복리법<br>(7) 선원보험법<br>(8) 재해구호법<br>(9) 국가유공자 특별원호법<br>(10) 군인연금법<br>(11) 산업재해보상 보험법<br>(12) 사회보장에 관한 법률<br>(13) 의료보험법<br>(14) 자활지도사업에 관한 임시조치법 | (1) 사회복지사업법<br>(2) 국민복지연금법<br>(3) 개정(강제적용) 의료보험법<br>(4) 의료보호법<br>(5) 공무원 및 사립학교교직원 의료보험법<br>(6) 제5공화국 헌법 | (1) 사회복지사업 기금법<br>(2) 아동복지법<br>(3) 심신장애자 복지법<br>(4) 노인복지법<br>(5) 개정 사회복지 사업법<br>(6) 개정 생활보호법<br>(7) 진폐의 예방과 진폐근로자의 보호 등에 관한 법률<br>(8) 국민연금법<br>(9) 개정 갱생보호법<br>(10) 최저임금법<br>(11) 보호관찰법<br>(12) 국민연금법 1차 개정<br>(13) 모자복지법<br>(14) 개정 의료보험법<br>(15) 장애인복지법 | (1) 영유아보육법<br>(2) 사내근로복지 기금법<br>(3) 개정 사회복지 사업법<br>(4) 고용보험법<br>(5) 고용정책기본법<br>(6) 개정 국민연금 보험법<br>(7) 성폭력범죄의 처벌 및 피해자 보호 등에 관한 법률<br>(8) 보호관찰 등에 관한 법률<br>(9) 사회보장기본법<br>(10) 정신보건법<br>(11) 사회복지공동 모금법<br>(12) 청소년보호법<br>(13) 개정 사회복지 사업법<br>(14) 가정폭력방지 및 피해자보호 등에 관한 법률<br>(15) 국민의료보험법<br>(16) 임금채권보장법<br>(17) 개정 국민연금법<br>(18) 국민건강보험법<br>(19) 국민기초생활 보장법 | (1) 장애인고용촉진 및 직업재활법<br>(2) 개정 정신보건법<br>(3) 개정 남녀차별 금지 및 구제에 관한 법률<br>(4) 개정 사내근로 복지기금법<br>(5) 개정 사회복지 공동모금회법<br>(6) 개정 청소년보호법<br>(7) 의료급여법<br>(8) 국민건강보험 재정 건전화 특별법<br>(9) 한부모가족지원법<br>(10) 긴급복지지원법 (한시법 규정 삭제)<br>(11) 건강가정지원법<br>(12) 자원봉사활동 기본법<br>(13) 다문화지원법<br>(14) 국민연금과 특수직 연금의 연계 | (1) 장애인연금법<br>(2) 성폭력방지 및 피해자보호 등에 관한 법률<br>(3) 장애인활동 지원에 관한 법률<br>(4) 사회복지사 등의 처우 및 지위향상을 위한 법률<br>(5) 노숙인 등의 복지 및 자립지원에 관한 법률<br>(6) 치매관리법<br>(7) 장애아동 복지 지원법<br>(8) 입양특례법<br>(9) 사회서비스의 이용 및 이용권 관리에 관한 법률<br>(10) 기초연금법<br>(11) 발달장애인 권리 보장 및 지원에 관한 법률<br>(12) 주거급여법<br>(13) 사회보장급여의 이용·제공 및 수급권자 발굴에 관한 법률<br>(14) 정신건강증진 및 정신질환자 복지 서비스 지원에 관한 법률<br>(15) 아동수당법 |

# 제6장 사회복지조례와 규칙

헌법 제117조는 "지방자치단체는 주민의 복리에 관한 사무를 처리하고 재산을 관리하며, 법령의 범위 안에서 자치에 관한 규정을 제정할 수 있다"라고 규정함으로써 지방자치단체의 자치법규에 대한 제정권을 부여하고 있다. 자치법규에는 조례와 규칙이 있다[자치법규정보시스템(www.elis.go.kr)]. 조례(條例)는 지방자치단체가 법령의 범위 안에서 그 권한에 속하는 사무에 관하여 지방의회 의결을 거쳐 제정하는 규범이다. 규칙은 지방자치단체의 장이 법령 또는 조례가 위임한 범위 내에서 그 소관 사무에 관하여 제정하는 규범을 말한다. 조례는 기본적으로 불특정 다수인에 대해 구속력을 갖는 법규범이다. 따라서 그것은 형식적 의미의 법률은 아니지만 실질적 의미의 법률에 해당한다. 그러므로 사회복지법은 일부 사항에 관하여 지방자치단체가 조례로 정해 실시할 수 있도록 법에 규정하고 있다.

## 1. 조례와 사회복지조례

조례란, 헌법 제117조 제1항에 의하여 지방자치단체가 그 권한에 속하는 사무에 관하여 지방의회의 의결을 거쳐 제정하는 지방자치법이다. 따라서 사회복지조례란 지방자치단체가 사회복지 사무에 관하여 지방의회 의결을 통해 제정하는 사회복지에 관한 지방자치법이라고 할 수 있다.

### 1) 조례의 특성과 종류

조례는 지방의회의 의결을 거쳐 그 사무에 관하여 제정한 법이다. 조례의 제정과 개폐는 의결기관으로서 지방의회의 권한에 속한다.

#### (1) 조례의 특성

조례의 특성으로는 먼저 위계적 특성을 가진다. 시·군·구의 조례는 시·도의 조례에 위반하여서는 안 된다(지방자치법 제24조).

또한 조례는 내용상 포괄성을 가진다. 즉, 조례는 특정 분야가 아닌 자치업무의 수행에 필요한 모든 분야를 포함한다(사회복지조례 제정).

그리고 조례는 법질서 유지적 특성을 가진다. 앞에서도 언급했듯이 조례는 '법령의 범위 내에서만' 제정할 수 있도록 법질서 유지와 법적 일관성을 가지고 있다.

조례는 지역제한적인 특성을 가지고 있다. 사회복지조례는 원칙적으로 그 지방자치단체의 지방 내에서만 효력을 갖는다.

#### (2) 조례의 종류

조례는 법령의 위임 여부에 따라 위임조례와 자치조례(직권조례)로, 조례제정의 재량 여부에 따라 필수조례와 임의조례로, 주민과의 관계 여부에 따라 주민의 권리의무에 관한 조례와 지방자치단체의 내부조직이나 운영에 관한 조례로 분류할 수 있다. 첫째, 위임조례는 개별 법령의 위임에 의해 제정된 조례이다. 이에 대해 자치조례(직권조례)는 개별 법령의 위임 없이 지방자치단체의 고유사무에 대하여 직권으로 정하는 조례이다(지방자치법 제22조). 둘째, 필수조례는 법령에 의하여 반드시 제정하여야 하는 조례를 말하며, 임의조례는 법령의 규정 여하에 불구하고 당해 지방자치단체의 사무에 관한 재량에 의하여 제정하는 조례를 말한다. 셋째, 주민의 권리의무 및 벌칙에 관한 조례는 거의 대부분이 위임조례 및 필수조례에 해당하며, 필수조례 중에는 지방자치법 등 지방자치에 관한 법령상 지방의회와 집행기관 상호 간의 관계에 있어 지방의회의 권한을 확보하기 위해 반드시 조례로 규정하도록 명시한 사항이 다수 포함되어 있다.

### 2) 사회복지조례의 기능

사회복지조례는 지역적 특성과 지역주민의 의사를 최대한 반영할 수 있는 직접적인 근거리 복지를 실천할 수 있다. 즉, 해당 지역의 지역사회문제를 비롯한 지역사회의 위험과 욕구를 구체적이고 능동적으로 해결할 수 있어 실질적인 지역사회복지를 보장할 수 있게 된다. 사회복지조례의 기능을 살펴보면 다음과 같이 두 가지로 종합해 볼 수 있다.

첫째, 사회복지법령은 전국적으로 모든 국민에게 적용하는 것이 원칙이기 때문에 전국적으로 공통적이면서 획일적으로 적용하게 되어 지역적으로 구체적인 사회복지 특성이 반영되기 어렵다. 그러나 사회복지조례는 입법자와 수범자 간의 거리를 좁혀 주민에 근접한 입법을 통해 지역적인 특성을 반영하고 주민의 요구를 반영할 수 있는 사회복지를 제공하게 한다.

둘째, 사회복지조례는 사회복지법령을 보완하는 기능을 한다. 사회복지법령은 국민의 일상생활 가운데에서 발생하는 욕구와 문제 그리고 위험을 모두 해결할 수 없고, 새롭게 발생하는 문제 등에 대하여 즉각 대응할 수 없다는 한계를 지니고 있다. 이러한 사회복지법령의 사각지대를 보완하여 사회복지조례는 순발력 있는 현실적합성을 보일 수 있으므로 국가의 입법 부담을 줄여줄 수 있다.

### 3) 사회복지조례의 제정 범위와 내용

사회복지조례는 지역사회복지를 보장할 수 있는 요인이 되지만, 사회복지조례 입법 수준은 법령에서 위임한 수준으로 위원회, 기금, 시설위탁 등에 관한 사항이 대부분이다. 이는 곧 조직의 유지와 관리를 위한 조례로 주민을 위한 자치입법이라기보다는 조직 자체를 위한 자치입법이라 할 수 있으며, 이것조차도 대부분이 행정안전부의 표준안에 근거하여 이루어지고 있는 실정이다. 따라서 지역주민의 복지를 보장하기 위해서는 지역 특성을 담아낸 창의적인 사회복지 자주조례 입법이 중요하다. 이에 대한 주요 근거와 내용을 살펴보면 다음과 같다. 지방자치단체는 헌법 제117조 제1항에서 부여한 자치입법권을 가지고 지방자치법 제22조에서 규정한 법령의 범위 안에서 그 사무에 관하여 조례를 제정할 수 있다.

첫째, '법령'이란 헌법, 법률 및 시행령과 시행규칙까지 포함한다. 따라서 '법령의 범위 안에서'란 헌법, 법률, 시행령, 시행규칙에서 조례로써 정할 것을 규정하고 있는 경우와 법령에 규정이 없더라도 국가의 전권에 속하지 아니하는 사무에 관하여 일방적으로 재량에 의하여 조례로써 정할 수 있는 경우로 구별된다. 즉, 조례는 반드시 법령의 명시적 위임이 있는 사항만을 정할 수 있는 것이 아니라 법령의 위임이 없는 사항에 관하여도 법령에 위반되지 않는 범위 내에서 조례를 제정할 수 있다는 두 가지 의미를 모두 내포한다. 모법이 없다거나 법령에 규율하고 있지 아니한 이른바 국법상 공백상태에 있는 사항이라 하더라도 지방자치단체는 헌법 제117조 제1항에서 규정한 주민의 복리에 관한 사무를 처리한다는 헌법정신에 입각하여 지역성을 갖는 조례를 제정할 수 있다. 이것은 조례 제정권의 헌법적 보장으로써 헌법에 의한 지방자치제도는 지방자치의 본질적 내용의 헌법적 보장을 의미한다. 따라서 국가의 법률에 의하여 헌법 제117조 및 제118조가 보장하고 있는 지방자치의 본질적 내용인 자치단체의 존재의 보장, 자치기능의 보장 및 자치사무 보장의 본질적 내용을 침해할 수 없다. 그러므로 헌법 제117조 제1항에서 지방자치단체의 입법은 지방의회가 담당하도록 함으로써 입법권의 기능적 배분을 전제로 하여 법률로써도 자치 단체의 본질적 요소를 침해할 수 없다.

둘째, '사무'란 지방자치법 제9조 제1항에서 규정한 자치사무와 법령에 따라 지방자치 단체에 속하는 사무, 즉 단체위임사무를 말한다. 자치사무는 지방자치단체의 존립목적을 달성하기 위한 본래적 사무로서 헌법 제117조 제1항에서 규정한 주민의 복리에 관한 사무를 비롯하여 지방자치법 제9조 제2항 및 지방자치법 시행령 제8조의 별표 1에서 예시한 지방자치단체의 존립을 위하여 필요한 사무를 말한다. 단체위임사무는 개별 법령에 의해 자치단체의 조례로 정하도록 위임된 사무를 말한다. 따라서 사회복지조례로 제정할 수 있는 범위는 법령의 범위 안에 있는 지방자치법 제9조 제2항 제2호 및 지방자치법 시행령 제8조의 별표 1에 규정된 주민의 복지증진에 관한 사무와 지방자치법령의 주민의 복지증진에 위반되지 않는 사무를 제정할 수 있고, 개별사회복지법령에서 조례로 정하도록 규정된 위임사무를 비롯하여 개별사회복지법령의 내용을 위반하지 않는 사무를 제정할 수 있다. 또한 헌법 제117조 제1항에서 규정한 주민의 복리에 관한 사무를 처리한다는 헌법정신에 부합한다면 모법이 없다 할지라도 이와 관련한 조례를 제정할 수 있다. 다만, 지방자치법령상의 주민 복지증진에 관한 사무의 내용을 10가지로 예시하고 있지만, 그 내용의 범위가 광범위하여 10가지 중 주민에 관한 사업, 사회복지시설의 설치·운영 및 관리, 생활이 어려운 자의 보호 및 지원, 노인·아동·장애인·청소년 및 여성의 보호와 복지 증진 등 네 가지로 한정한다. 그러나 법령의 근거가 없이 헌법정신에 부합한 모든 사회복지조례를 사회복지 자주조례로 명명한다면 사회복지의 범위가 너무 광범위해질 수 있고 이에 대한 논란이 있을 수 있기 때문에 사회복지 자주조례를 지방자치법 제9조 제2항 제2호 및 지방자치법 시행령 제8조의 별표 1에서 규정된 주민의 복지증진에 관한 사무의 범위와 사회복지학계에서 주로 연구 대상으로 삼고 있는 사회복지사업법, 사회복지사업법 제2조에 명시한 28개 사회복지법, 5대 사회보험법 및 해당 법률들의 명령의 범위 내에서 사회 복지조례로 제정하도록 위임되지 않은 내용들로 구성된 사회복지조례를 사회복지 자주조례라 명명할 수 있으며, 그러한 사회복지 자주조례는 지역사회복지를 실질적으로 보장하기 위해서 제정될 수 있다. 따라서 사회복지 자주조례로 제정할 수 있는 내용으로는 위의 법령을 위반하지 않고 규정이 없어도 제정이 가능하기 때문에 폭넓은 내용이 된다. 즉, 지역사회의 문제, 지역사회의 욕구, 지역사회에 나타난 사회적 위험 등을 예방하거나 해결하기 위해서 필요한 제반 내용으로 구성될 수 있다. 세부적으로는 지역적 특성을 고려한 대상자 선정, 급여의 종류 및 수준, 재정부담, 관련 조직, 전문인력 등을 확보할 수 있는 내용이어야 한다(한국사회복지교육협의회, 2018).

### 4) 지역사회복지와 사회복지조례

지역사회복지는 일반적이고 보편적으로 적용되는 수준이 아닌 해당 지역에서만 발생되는 특수한 복지 문제에 대하여 그 해결책을 모색하는 관점으로 이해한다. 따라서 지역사회복지의 실현이라는 것은 해당 지역의 특수한 복지와 관련된 문제를 찾아 그것의 해결을 모색하고 사회복지조례로 제정하여 조례에 근거한 접근을 통하여 목표달성, 즉 해결까지의 전 과정이어야 한다고 본다. 이처럼 사회복지조례는 지역사회복지실현의 출발이자 과정이며 결과라고 할 수 있다. 사회복지조례는 지역적 특성과 지역주민의 의사를 최대한 반영할 수 있는 직접적인 근거리 복지를 실천할 수 있어 해당 지역의 지역사회문제를 비롯한 지역사회의 위험과 욕구를 구체적이고 능동적으로 해결할 수 있어 실질적인 지역사회복지를 실현할 수 있게 하며, 지방자치단체로 하여금 지역사회복지를 증진시킬 수 있는 권한과 책임을 부여하도록 한다. 그러므로 사회복지조례는 지역사회문제를 비롯한 지역사회의 위험과 욕구를 구체적이고 능동적으로 해결할 수 있어 지역사회복지를 실현하는 방법이 된다. 또한 지역사회 복지와 관련한 조례를 제정하는 것은 지역사회복지가 해당 지방자치단체 내에서 공식적인 제도가 되는 것이며, 지방자치단체와 지역주민 사이에 지역사회복지에 관한 권리·의무 관계를 형성시켜 준다. 나아가 인간다운 생활을 보장 및 상향 조정하고 지역 특성에 따른 균질하면서도 다양한 생활여건을 유지 및 향상하도록 하여 지역주민의 실질적 권익을 보장한다. 이상과 같이 지역사회복지 실현을 위해서는 반드시 사회복지조례가 필요하며, 사회복지조례 제정을 통하여 지역사회복지가 실현되도록 실질적인 내용을 규율할 필요가 있다(한국사회복지교육협의회, 2018).

### 5) 사회복지조례의 내용적 체계 구성

첫째, 지역적 최저수준을 보장해야 한다. 이는 국가가 사회복지법률을 통하여 국민의 최저수준을 보장하고 있으므로 사회복지조례는 국가가 제공하는 최저수준 이상이 되는 해당 지방자치단체만의 최저수준을 보장해야 한다. 이와 관련해서는 국가적 최소한(national minimum) 이론을 생각해 볼 수 있다. 이것은 국가의 법령을 전국적 최저기준으로 파악하여 그 최저기준에 위반되지 않는 한 조례 제정을 폭넓게 인정할 수 있다는 이론으로 국가의 법령이 전국적 최저기준의 법률이라는 것이다. 이 이론에 비추어 볼 때, 실제로 경제적 수준 보장과 관련해서는 국민기초생활 보장법에서 국민의 최저생활수준을 보장하고 있으므로 사회복지조례는 그 이상이 되는 지역적 최저생활(regional minimum)을 보장할 수 있어야 한다. 또한 이 원칙은 사회복지서비스 영역에서도 동일하게 적용될 수 있다.

둘째, 급여 및 서비스 종류의 다양성을 확보해야 한다. 첫 번째 원칙과의 연속선상에서 다루어지지만 여기서는 지역적 최저수준에 대한 적용범위 확대라는 관점을 강조하는 것이다. 즉, 급여 및 서비스에 대한 다양성 확보는 제공받게 되는 사회복지 권리 내용의 확장이라고 볼 수 있다. 서울특별시 관악구의 경우 저소득주민 생활안정 지원을 위해서 다른 기초자치단체에는 없는 이사비용까지를 급여의 종류에 포함하고 있다는 점에서 좋은 예가 될 수 있다. 따라서 해당 지역주민의 문제 해결 및 욕구 충족은 급여 및 서비스의 질적인 부분에서뿐만 아니라 양적인 종류에서도 적절히 마련될 때 비로소 가능하게 된다.

셋째, 대상자 선정에 특수성을 반영해야 한다. 해당 지역의 특성과 그로부터 발생한 지역주민의 욕구를 반영하게 된다면 대상자에 다양한 지역주민들이 포함될 수 있다. 서울특별시 서대문구의 저소득주민 생활안정 지원 관련 조례와 대구광역시 공공시설 내의 매점 및 자동판매기 설치 관련 조례는 좋은 사례가 될 수 있다. 서대문구의 경우에는 저소득주민의 범위에 북한이탈주민 가족을 포함시켰다는 점, 대구광역시의 경우에는 공공시설 내의 매점 및 자동판매기 설치 시 그 대상자를 다른 지역에서는 경험하지 못한 2003년 중앙로 화재참사 사망자의 유족을 포함시켰다는 점에서 특별하다고 볼 수 있다. 이처럼 사회복지조례를 제정할 경우 다양한 대상자가 선정될 수 있도록 해당 지역의 인구학적 특성, 사회적 특성, 경제적 특성 등을 반영하여 문제나 욕구를 가진 지역주민들이 탈락되는 경우가 없도록 해야 한다.

넷째, 대상자 선정 요건이 까다롭지 않아야 한다. 선정 요건이 너무 복잡하고 과도하다면 대상자 접근을 차단 또는 포기하도록 하는 결과를 가져온다. 과거 공급자 중심의 지역사회복지 제공 시스템에서 벗어나 수요자 중심의 지역사회복지가 실현될 수 있도록 선정 요건이 수월해야 한다. 관련하여 여러 가지 이유로 대상자가 되기 위한 급여 및 서비스를 신청할 수 없는 지역주민들을 예방하기 위해서는 직권신청도 가능하도록 해야 할 것이다.

다섯째, 재정의 책임성을 확보해야 한다. 지역사회복지실현의 실질적인 성공 여부는 바로 재정에 있다. 재정이 마련되지 않는다면 유명무실해져 조례의 실효성을 확보할 수 없게 된다. 따라서 사회복지조례에는 재정에 대한 책임성을 확보하기 위한 재정 부담에 대한 규정을 강행규정으로 반드시 명시할 필요가 있다.

여섯째, 권리구제 절차가 마련되어야 한다. 구제절차는 권리가 침해되었을 때 이를 되돌릴 수 있거나 구제받을 수 있도록 하는 절차로서 사회복지조례의 실효성을 확보할 수 있도록 한다. 그러나 모든 사회복지조례에서는 권리구제 절차가 마련되어 있지 않다. 지방자치의 역사가 쌓여가고 지방분권이 더욱 촉진된다 할 때, 지방자치법으로서 조례도 권리구제를 마련할 필요가 있다. 더욱이 권리로서 사회복지를 위해서는 사회복지조례에서 권리구제 절차를 반드시 규정하지 않으면 안 된다.

## 2. 규 칙

규칙은 지방자치단체의 장이 법령 또는 조례가 위임한 범위 내에서 그 권한에 속하는 사무에 관한 법이다(지방자치법 제23조). 따라서 지방자치단체의 장이 규칙제정권을 가진다. 일반적으로 조례가 제정되면 조례의 시행에 관한 필요한 사항을 규칙으로 정한다(조례 시행규칙 또는 조례 운영규칙).

조례와 마찬가지로 규칙의 경우에도 법령 또는 조례의 위임에 의하여 제정되어 법규범적 성질을 갖는 위임규칙과 교육훈련이나 내부조직과 관련하여 행정규칙적인 성질을 갖는 직권규칙이 있다. 위임규칙은 법령의 위임에 따라 제정되는 법령 위임규칙과 조례의 위임에 따라 제정되는 조례 위임규칙으로 구분하기도 한다. 조례의 위임이 없더라도 조례를 집행하기 위하여 필요한 사항에 관한 규칙을 제정할 수 있는데, 이를 조례 위임규칙과 구별하기 위하여 조례 집행규칙이라 부르기도 한다(한승협, 2012).

## 3. 조례와 규칙의 입법한계

지방자치법 제24조에서는 "시·군 및 자치구의 조례나 규칙은 시·도의 조례나 규칙을 위반하여서는 아니 된다"라고 규정하여 광역자치단체 자치법규의 지방자치단체 자치법규에 대한 효력우위원칙을 명시하고 있다. 그러나 이는 지방자치단체의 모든 사무에 적용되는 것이 아니라 '광역자치단체로부터 위임받은 사무, 광역자치단체가 공동으로 수행하는 사무, 법령에서 광역자치단체의 자치법규로 정하도록 규정한 사무'와 관련된 기초자치단체의 자치법규는 각각 상급자치단체의 자치법규를 위반해서는 아니 된다는 것이다.

## 4. 지방의회와 지방자치단체의 장(의결기관과 집행기관)의 권한 분리

지방자치법은 지방자치단체의 형태에 있어서 기관대립형을 채택하고 최고 의결기관으로서 지방의회를, 그 사무를 통할(統轄)하는 집행기관으로서 지방자치단체장을 두고 있다. 이러한 기관대립형은 양자 간의 견제와 균형이 중요한 의미를 갖는 것으로 지방자치법은 지방의회와 지방자치단체장에게 각각의 권한을 부여하는 권한의 분리와 배분원칙에 입각해 있다. 이와 같이 권한의 분리 및 배분의 취지에 따라 지방자치법에 명시적인 규정은 없으나, 자치법규의 규율범위에 있어 지방의회와 지방자치단체장의 상호 간에 전속적인 권한을 침해하는 내용을 규정할 수 없다는 한계가 주어지고 있다(오용식, 2007).

## 5. 조례와 규칙의 제정절차

조례안이 지방의회에서 의결되면 의장은 의결된 날부터 5일 이내에 그 지방자치단체의 장에게 이를 이송하여야 하고, 지방자치단체의 장은 조례안을 이송받으면 20일 이내에 공포하여야 한다. 지방자치단체의 장은 이송받은 조례안에 대하여 이의가 있으면, 기간 내에 이유를 붙여 지방의회로 환부(還付)하고, 재의(再議)를 요구할 수 있다. 이 경우 지방자치단체의 장은 조례안의 일부에 대하여 또는 조례안을 수정하여 재의를 요구할 수 없다. 이에 따른 재의요구를 받은 지방의회가 재의에 부쳐 재적의원 과반수의 출석과 출석의원 3분의 2 이상의 찬성으로 전과 같은 의결을 하면 그 조례안은 조례로서 확정된다.

지방자치단체의 장이 기간 내에 공포하지 아니하거나 재의요구를 하지 아니할 때에도 그 조례안은 조례로서 확정되며, 이에 따라 확정된 조례를 지체 없이 공포하여야 한다. 조례가 확정된 후 또는 확정조례가 지방자치단체의 장에게 이송된 후 5일 이내에 지방자치단체의 장이 공포하지 아니하면 지방의회의 의장이 이를 공포한다. 지방자치단체의 장이 조례를 공포한 때에는 즉시 해당 지방의회의 의장에게 통지하여야 하며, 지방의회의 의장이 조례를 공포한 때에는 이를 즉시 해당 지방자치단체의 장에게 통지하여야 한다.

조례나 규칙을 제정하거나 개정하거나 폐지할 경우 조례는 지방의회에서 이송된 날부터 5일 이내에, 규칙은 공포예정 15일 전에 시·도지사는 행정안전부장관에게, 시장·군수 및 자치구의 구청장은 시·도지사에게 그 전문(全文)을 첨부하여 각각 보고하여야 하며, 보고를 받은 행정안전부장관은 이를 관계 중앙행정기관의 장에게 통보하여야 한다(지방자치법 제35조).

## 6. 조례의 입법절차

조례의 입법절차에 관한 구체적인 절차는 현행 국회법상의 국회 운영절차를 대부분 채택하여 입안한 각 지방의회의 회의규칙 및 위원회 조례 등에서 정하고 있다. 지방의회의 의사절차는 지방의회 회의규칙에서 국회법의 내용을 대부분 그대로 본받고 있기 때문에 조례 제정절차는 법률 제정절차와 거의 유사하다. 그리고 조례의 입법절차는 크게 지방자치단체의 장이 발의(發議)하는 경우와 지방의회 의원이 발의하는 경우로 구분할 수 있다.

## 7. 조례의 제정범위(한계)

지방자치단체는 법률에 규정되어 있는 경우를 제외하고 국가사무에 관해 처리할 수 없다. 조례로 제정할 수 있는 사항은 사회복지 관련 법률을 통하여 알 수 있다(지방자치법 제22~24조 참조).

따라서 국가사무에 속하는 것은 국방, 외교, 사법, 국세 등 국가의 존립과 관계된 사무이며, 경제정책과 같이 전국적으로 통일적 처리를 요하는 사무이며, 국토종합개발계획, 국립공원 등의 사무・근로기준과 같은 기준을 통일하고 조정이 필요한 사무, 우편과 철도, 고도의 기술을 요하는 검사 등 지방재정능력으로 어려운 사무를 말한다.

# 제7장 사회복지구조와 연계성

사회복지에 관련된 법규는 사회복지정책과 사회복지실천과 서로 유기적으로 연결되어 있다. 사회문제를 해결하고 사회복지의 목표를 달성하고자 하는 정부의 행동이자 계획이 사회복지정책이다. 그리고 사회복지정책이 사회복지실천으로 구현되기 위해서는 사회복지에 관련된 법규가 필요하다(김수정, 2019). 또한 사회복지정책이 사회복지실천으로 전환하는 모든 과정을 사회복지행정이라고 하겠다. 따라서 이 장에서는 사회복지에 관련된 법규와 사회복지정책과 사회복지실천 그리고 사회복지행정의 연계성에 대해 살펴보고자 한다.

## 1. 사회복지정책과 사회복지법

정책이 법률이라는 형태를 취하여 제시되는 행위가 입법이다. 정책의 목적과 내용이 없는 입법은 존재할 수 없다(정진경, 2019). 다시 말해서, 정책을 실제로 현실에서 실천하겠다고 정부가 국민에게 약속한 내용이 바로 법이라고 할 수 있다. 어떤 문제가 발생하여 사회문제로 발전될 때 이를 해결하기 위해 정책의 필요성이 대두된다. 문제에 대한 해결을 목표로 대상, 급여, 전달체계, 재정으로 구성되는 일련의 정책이 수립된다. 이러한 정책이 실질적으로 효력을 가지고 시행되기 위한 제반여건들을 조성하기 위해서는 강제력이 있는 입법의 형태로 진행된다(김수정, 2019).

사회복지정책은 사회적 욕구나 사회문제 해결을 위한 정부의 제도적인 대응이다. 즉, 사회적 이슈를 통해 정책 목적을 설정하고, 이에 따른 규칙, 규정, 절차 등을 만들어 인간의 사회적 기능을 향상시키고 사회를 안정시키기 위해 필요하다. 사회복지정책은 거시적 접근 방법으로서, 서비스를 직접적으로 제공하는 것을 기획하고 지원하는 간접적인 서비스 영역에 속한다. 개입 규모가 보다 광범위하고 복잡한 내용을 담고 있는 사회복지정책은 법률이나 시행령 등을 기반으로 펼쳐지게 된다. 따라서 사회복지정책을 통해 누구에게 얼마나 무엇을 어떻게 배분해야 하는가에 대한 가장 기초적인 차원을 결정하게 된다. 이러한 할당·급여·전달·재정에 관한 기초적인 차원은 사회복지정책의 모든 영역에 적용되게 되므로 이를 근거로 한 사회복지와 관련 법들이 반드시 있어야만 한다(한국사회복지교육협의회, 2018).

제도화를 필요로 하는 정책은 법령의 형식으로 변환하여 추진할 필요가 있다. 우리나라의 사회복지법은 사회변화 속에서 국가가 사회에 대해 책임져야 할 조항을 명시하고, 나름대로 국민의 복지증진을 위해 사회보장체계를 입법한 것이다(김수정, 2019). 그러므로 우리에게 인간다운 삶을 실현하기 위하여 사회복지적 가치에 맞는 법을 무엇보다 우선해야 할 당위성이 있다.

## 2. 사회복지실천과 사회복지법

사회복지법에서 사회복지실천의 가치는 기본 이념과 같은 법률 조항을 통해 표현된다고 하겠다. 사회복지실천 윤리나 지침들은 사회복지법을 보완하면서, 사회복지실천 내에서 가장 중심이 되는 가치 기반을 명확히 한다. 사회복지실천의 가치가 우리나라의 주요 사회복지법률에 다양한 방식으로 표현되어 있다(정진경, 2019). 따라서 사회복지법과 사회복지실천은 아동복지, 노인복지, 영유아복지, 장애인복지 등 다양한 사회복지 분야에서 만나게 된다. 또한 사회복지법은 적법성을 제공하며, 사회복지실천은 문제해결에 대한 법률적 지식을 제공한다고 하겠다. 그러므로 법과 실천의 관계는 협력을 통해 문제를 해결 또는 개선방안을 수립하는 데 상호 강화와 협력적 관계가 될 수 있다(김 훈, 2012).

사회복지실천은 실용주의적 사상을 기반으로 하여 개별사회복지, 집단사회복지, 지역 사회조직 등의 사회복지의 주요한 실천기술의 종합체계로 확립되어 사회복지대상자에 관계되는 사회문제를 도덕문제, 대상자 개인의 성격 결함이나 도덕성 혹은 정신적 이상 문제, 또는 가족이나 지역사회에서의 인간관계 문제로 확대하고 있다.

한편, 사회복지와 관련한 법에 따른 문제나 사건들은 사회복지 현장에서 그대로 일어나는 경우가 많다. 왜냐하면 사회복지실천 현장은 서비스를 필요로 하는 개인이나 집단에 직접적으로 제공하는 서비스 영역에 속하기 때문이다. 특히 사회복지사업법 제2조의 27개의 법령만 보아도, 영유아, 아동, 청소년, 장애인, 노인, 노숙인 등 인구학적 분류 외에, 가구 유형별로 따져 보아도 지속적으로 사회복지법과 관련한 문제나 사건들이 늘어나고 있는 추세임을 예측할 수 있다. 예를 들면, 사회복지실천 개입에 대한 클라이언트의 동의나 부모와 아동의 법적 권리에 대한 문제가 발생할 경우가 이에 해당한다고 볼 수 있다(한국사회복지교육협의회, 2018).

따라서 실천 영역에서 프로그램을 개발할 때, 국가적인 지원이 어느 정도 되는지 파악하고, 그 지원을 프로그램의 자원으로 연결하기 위해서는 법적 내용을 알아야 한다. 그러므로 실천에서 발견된 문제점을 제기하고 이를 위한 해결책을 요구하면 결국 정책과 법의 변화를 가져올 수 있게 되는 것이다.

한편, 법에서는 사회적 조건의 개선이나 시민의 권리 및 자유의 보호에 대한 중요성이 증가할지라도, 기본적으로 법은 분쟁의 해결을 통한 사회질서의 유지, 즉 사회통제를 목적으로 한다. 그렇지만 사회복지실천은 사회복지조직을 통해서 인간과 관련된 문제들을 확인하고 완화시키는 역할을 한다. 그러므로 사회복지실천과 법, 이 두 전문분야는 서로 다르다. 그렇지만 특정 사회문제의 해결이라는 관계 속에서 상대 영역을 완성시켜 주고 강화시켜 준다. 법은 사회복지실천이 개인과 사회문제를 처리하는 데 필요한 방향, 구조 및 적법성을 제공해 준다. 반면 사회복지실천은 법에게 인간관계, 문제 및 기법들에 관한 실질적인 지식을 제공한다. 그러므로 두 전문직 간의 협력은 분쟁을 해결하거나 사회조건들의 개선방법을 수립하는 데 활용될 수 있다.

법이 사회문제를 어떻게 보고 사회복지실천이 사회복지대상자를 어떻게 다룰 것인가 하는 점에서 볼 때 갈등은 두 전문직에서 변화를 낳는 역동적인 힘일 수 있다. 따라서 사회복지실천가와 법률 전문가에 대한 이해를 증진시키고 함께 공유하는 영역에서 보다 효과적인 문제해결의 방식을 도출하도록 통합적 관점을 형성하는 것이 필요하다. 그러기 위해서는 사회복지사가 법의 진행 과정에서 요구되는 역할을 이해할 필요가 있다. 사회복지실천교육에서 필요한 법적 내용의 구체적인 예로는 사회복지실천 개입에 대한 클라이언트의 동의, 부모와 아동의 법적 권리에 대한 이해, 판례에 나타난 증거와 평가의 고증, 실천에서 법적 권위의 활용, 법정에서의 기본적이고 사실적인 증언방법, 전문적 실천에서 함축된 법적인 의무 등이 있다.

## 3. 사회복지행정과 사회복지법

사회복지행정은 사회복지정책과 구분이 선행되어야 하는데, 이념적으로 정책과 행정의 관계는 목적과 수단으로 구분하기도 한다. 즉, 정책이 일종의 방향을 제시한다면 행정을 그것을 실천하는 수단이나 과정을 말한다. 이에 사회복지행정은 사회복지조직의 내부를 관리하는 활동뿐만 아니라 조직의 목적을 설정하거나 외부환경과의 관계를 맺는 활동을 포함한다. 다시 말해, 사회복지행정은 사회복지조직이 사회로부터 위임받은 역할을 책임있게 수행하기 위해 필요하다. 조직은 하나의 유기체이고 체계적인 활동을 통해 과업을 달성하기 때문에 사회복지기관의 책임성은 바로 사회복지행정의 기능을 통해 나타나게 된다. 사회는 개별 구성원이 아니라 기관 자체의 역할과 책임성에 대한 기대를 바탕으로 권한을 위임해 준 것이기 때문이다. 또한 사회복지조직 목적과 목표를 달성하기 위해서는 사회복지행정이 업무의 조정, 협조체제 유지, 상호작용 등의 적극적인 역할을 수행해야 한다.

이러한 이유는 사회복지행정의 역할은 곧바로 사회복지서비스의 질을 개선하는 효과로 이어지기 때문이다. 그러므로 사회복지행정은 사회복지정책과 사회복지실천 영역을 잇는 가교역할을 하게 되는 것이다. 이 가교의 과정은 공공이나 민간 영역의 조직들로 구성되는데, 이들 조직에서 수행하는 기관, 프로그램, 서비스, 전달체계 등을 모두 포함하게 된다. 따라서 사회복지사업법에는 사회복지 관련 기관과 전달체계에 관한 내용이, 사회서비스법에는 각종 프로그램과 서비스에 관한 내용이 구체적으로 기술되어 있다.

## 4. 사회복지사의 역할 모색

사회복지정책과 사회복지실천 그리고 사회복지행정과 사회복지법의 연계성에서 사회복지사의 역할은 매우 중요하다.

먼저, 사회복지사들은 정부의 정책형성과정에서 단계별로 중요한 역할을 할 수 있다.

첫째, 논의의 대상으로 삼는 단계에서, 사회복지사들은 정치인들에게 이슈에 대한 관심을 일으키고 그 중요성을 인식하게 해야 한다. 유권자로서의 지위를 갖고 사회복지 운동방법을 행사한다든지 공청회에 참석하여 발언을 하는 일 등이 여기에 해당한다.

둘째, 해결대안을 설계하는 단계에서 사회복지사들은 자신의 의견을 개진하거나 초안 정도의 법안을 제출하도록 한다.

셋째, 법안 통과를 추진하는 단계에서 사회복지사들은 법안이나 규정의 통과를 위한 압력행사가 필요한데 의원과의 직접 접촉, 편지 발송, 전화통화, 위원회 증언 등의 로비활동 등이 있다.

넷째, 실천하도록 영향력을 행사하는 단계에서 사회복지사들은 법이 현실세계에서 강력하고 평등하게 집행되도록 행정부의 공무원들과 밀접한 관계를 맺어야 한다(한국사회복지교육협의회, 2018).

다섯째, 무엇보다도 사회복지적 가치와 인간 중심의 내용이 권리의 형태로 사회복지법에 명확하게 명시되도록 노력하여야 한다.

그리고 사회복지사는 자신의 당사자들(보통 클라이언트)보다 적극적으로 옹호할 수 있는 법과 매우 중요한 관계에 있다. 사회복지사가 법의 제・개정, 권리 이행 등에 적극적으로 개입한다면, 사회복지실천의 현장에서 당사자를 둘러싼

사회의 변화를 가져올 수 있다. 따라서 법의 영역에서 사회복지사들이 당사자와 함께 활동한다면 실천하는 사회복지사의 영역이 한층 더 확장되고 전문성이 더 깊어질 것이다(김수정, 2019).

특히 사회복지사는 실천현장에서 사회복지법률의 문제를 해결 및 개선하기 위한 실천노력이 필요하며 입법체계에서 사회복지사는 입법청원자, 정보제공자, 조직행동가 등의 역할을 수행할 수 있다. 이러한 역할 수행을 위해 다양한 기술적 개입이 필요하다. 기술적 개입은 문제의 분석 기술, 법률 해석 기술, 영향력 행사 기술, 여론형성 기술, 자원동원 기술 등이다. 이러한 기술적 개입 외에도 사회복지사는 사회복지 당사자의 사법 접근권, 권익옹호, 법정 증언 등을 위해 전문적 실천 기술과 기법을 배우고 익혀야 한다(정진경, 2019).

# 제8장 사회복지사의 권리와 의무

## 1. 사회복지사의 정의 및 자격

사회복지사는 사회복지에 관한 전문지식과 기술을 가진 사람을 말한다. 보건복지부장관은 사회복지에 관한 전문지식과 기술을 가진 결격사유가 없는 자에게 사회복지사의 자격증을 교부할 수 있다. 사회복지사의 등급은 1급·2급으로 하고, 사회복지사 1급의 자격증을 교부받고자 하는 자는 국가시험에 합격하여야 한다. 국가시험은 보건복지부장관이 시행하며, 시험의 관리는 전문기관에 위탁할 수 있다(사회복지사업법, 한국사회복지사협회 참조).

## 2. 사회복지사의 법적 지위

사회복지사의 법적 지위 또는 신분은 공공기관의 사회복지사(사회복지전담공무원)와 민간기관의 사회복지사로 구분할 수 있다(한승협, 2012).

### 1) 공공기관 사회복지사의 법적 지위

공공기관에 근무하는 사회복지사는 주로 사회복지전담공무원을 의미한다. 사회복지전담공무원은 경력직공무원에 속한다(국가공무원법 제2조; 지방공무원법 제2조 참조). 경력직공무원 가운데 일반직공무원에 속하며, 일반직공무원 가운데 사회복지직렬에 속한다.

또한 일반직공무원 가운데 국가공무원, 즉 중앙공무원이 아니라, 지방공무원에 속한다. 지방공무원은 지방자치단체(시·도)에서 주관하여 임용된 자로 지방사무를 담당하는 공무원을 말한다. 이렇게 사회복지전담공무원은 우선 경력직 공무원으로서 법적 지위를 갖는다. 경력직공무원이란 실적과 자격에 의하여 임용되고 그 신분이 보장되어 평생 동안 공무원으로 근무할 수 있음이 예정되는 공무원을 말한다(지방공무원법 참조).

### 2) 민간기관 사회복지사의 법적 지위

민간기관에 종사하는 사회복지사의 법적 지위는 근로자로서 갖는 지위와 전문가로서 갖는 지위로 나누고 있다.

먼저, 근로자로서의 사회복지사는 사회복지 관련 민간사업장에서 임금을 목적으로 근로를 제공하는 근로자이다. 사회복지사는 근로자로서의 법적 지위를 갖는다. 따라서 사용자와 원칙적으로 대등한 관계에서 근로계약을 체결하고, 조직구성원의 지위에서 업무를 수행하며, 공동의사 결정에 참여한다.

근로자로서의 사회복지사는 사회복지 노동시장에서 노동의 공급자로서 노동의 수요자인 법인이나 기관과 노사관계를 형성하고 있고, 근로자로서의 사회복지사가 사용자로서 법인, 기관과 대응하는 관계에서 동등한 지위를 누리고, 더 나아가 노사 간에 서로의 존재를 존중하는 노사협조 단계로 나아갈 때 근로자로서 사회복지사의 지위는 향상될 것이다.

그리고 사회복지사는 국가가 공인한 전문가이며, 국가가 인정한 전문가로서 지위를 누린다. 전문가로서의 사회복지사는 민간 사회복지지관에 종사하는 사회복지사로 사회복지에 관한 전문지식과 기술 및 윤리의식을 갖추고, 보건복지부장관으로부터 자격증을 교부받은 자를 말한다. 사회복지사의 업무는 사회복지사업법에서 명시하고 있듯이 사회복지법인이나 시설의 일정 업무에 대해서 전문성을 발휘하도록 하고 있다(사회복지사업법 제13조 참조).

# 3. 사회복지사의 권한과 책임

사회복지사의 법적 권한과 책임은 사회복지전담공무원과 민간기관의 사회복지사 간에 공통점과 차이점이 있다.

## 1) 사회복지전담공무원

사회복지전담공무원은 신분보장이 되어 있는 공무원으로 그에 따른 법적 권한과 책임이 있으므로 공무원으로서의 법적 권리에 준하고 있다. 크게 신분상의 권리와 직무집행과 관련된 권리 및 재산상의 권리로 나눌 수 있다.

### (1) 신분상의 권리

사회복지전담공무원은 신분상의 권리들이 있다. 대표적인 것이 직업공무원제도 아래에서 신분보장이다. 신분보장에 관한 권리의 개별적인 내용으로서 공무원의 신분보장에 영향을 주는 처분에 대해서 공무원에게 인정되는 권리를 들 수 있다. 이 권리에는 소청제기권, 소송제기권 등이 있다.

### (2) 직무집행상의 권리

사회복지전담공무원은 그 관할지역 안의 사회복지를 필요로 하는 사람 등에 대하여 항상 그 생활실태 및 가정환경 등을 파악하고, 사회복지에 관하여 필요한 상담과 지도를 행하는 업무를 수행한다. 사회복지전담공무원이 직무집행과 관련하여 직무수행권과 직위보유권을 갖는다.

### (3) 재산상의 권리

사회복지전담공무원은 다음과 같은 보수청구권, 연금청구권, 실비변상을 받을 권리 등 경제적 권리를 갖는다. 사회복지전담공무원은 자신의 직무수행의 대가로 국가를 상대로 보수를 청구할 권리를 갖는다. 보수청구권은 공무원법 관계에서 발생하는 공권이며, 국가에 대한 권리로서 금전의 급부를 목적으로 하는 것이다.

사회복지전담공무원은 공무원연금을 청구할 권리를 갖는다. 사회복지전담공무원은 재직기간 동안 기여금을 납부하고, 기여에 상응하여 구체적 권리로서 연금청구권을 갖는다. 사회복지전담공무원은 보수를 받는 이외에도 규칙 또는 대통령령이 정하는 바에 따라 직무수행에 소요되는 실비를 변상받을 권리가 있다. 이러한 실비로는 직무수행을 위한 각종 수당 및 기타 비용 등을 지급받는 경우를 들 수 있다.

#### (4) 사회복지전담공무원의 법적 권한의 한계

사회복지전담공무원의 법적 권한은 국가안전보장, 질서유지 또는 공공복리를 위하여 필요한 경우에 한하여 법률로써 제한할 수 있으며, 제한하는 경우에도 자유와 권리의 본질적 내용을 침해할 수 없다. 사회복지전담공무원은 헌법상 보장된 근로3권(단결권, 단체교섭권, 단체행동권) 또는 근로기본권 중 단체행동권은 제한받는다.

### 2) 민간기관 사회복지사

민간기관 사회복지사의 법적 권한은 국가의 법으로 명확히 규정되어 있지 않으며, 각 복지기관의 정관이나 기관의 운영규정에 의하여 부여받고 있다. 또한 개별적으로 사회복지사가 법인이나 시설과 맺은 근로계약의 내용에 따라서도 차이가 있어 이들의 법적 권한을 규정하기는 어렵다. 다만, 근로자이기에 근로기준법에 보장된 법적 권한과 사회복지전담공무원이 가지고 있는 법적 권한 등을 참고하여 법적 권한을 논할 수 있다.

#### (1) 신분상의 권리

민간기관 사회복지사의 신분보장은 공무원인 사회복지전담공무원이 국가공무원법이나 지방공무원법과 같이 국법에 의해 보장받는 것과 달리, 주로 법인의 정관에 따라 신분보장을 받는다(사회복지사 등의 처우 및 지위향상을 위한 법률, 2011). 민간 사회복지기관에 종사하는 사회복지사의 신분보장을 위한 권리는 다음과 같다.

- 자신의 의사에 반하여 신분조치를 받지 않을 권리가 있다.
- 면직예고를 받을 권리가 있다.
- 사회복지사가 직권면직, 직권휴직, 징계처분 등 본인의 의사에 반하여 불리한 처분을 받을 경우에는 이의신청을 하고, 심사결과를 통보받을 권리가 있다.

### (2) 직무집행상의 권리

사회복지사는 자신에게 적합한 일정한 직무와 책임(지위)을 부여받을 권리를 가지며, 부여된 직무를 수행할 권리를 가진다. 단, 직무수행능력이 부족하거나 근무성적이 극히 불량하거나 직원으로서의 근무태도가 심히 불성실한 경우에는 직위를 부여하지 않을 수 있다.

### (3) 재산상의 권리

사회복지사는 자신이 제공한 직무수행의 대가로 보수를 청구할 권리를 갖는다. 보수는 직무수행의 대가로서만 아니라 생활보장적인 성격과 공무수행의 공정성 확보라는 차원에서 고려되어야 한다. 사회복지사는 연금청구권을 갖는다. 사회복지사는 국민연금을 청구할 권리를 갖는다. 사회복지사는 국민연금에 당연 가입되고, 재직기간 동안 기여금을 납부한 후 기여에 상응하여 구체적 권리로서 연금을 청구할 권리를 갖는다. 사회복지사는 보수를 받는 이외에 직무수행에 소요되는 실비를 변상받을 권리가 있다.

### (4) 근로3권

민간복지기관에 근무하는 사회복지사는 헌법상 보장된 근로3권을 갖는다. 근로자인 사회복지사는 근로조건의 향상을 위하여 자주적 단결권·단체교섭권 및 단체행동권을 가진다고 규정하고 있다(헌법 제33조 참조).

### (5) 사회복지사의 법적 권한의 한계

사회복지사의 법적 권한은 국가안전보장, 질서유지 또는 공공복리를 위하여 필요한 경우에 한하여 법률로서 제한할 수 있으며, 제한하는 경우에도 자유와 권리의 본질적인 내용은 침해할 수 없다.

그리고 사회복지사로서의 결격사유가 발생할 경우 사회복지사의 자격 및 법적 권한을 상실하게 된다(사회복지사업법 제11조의2 참조).

## 4. 사회복지사의 법적 의무

사회복지업무에 종사하는 사람은 그 업무를 수행함에 있어서 사회복지 당사자를 위하여 차별 없이 최대로 봉사하여야 한다(사회복지사업법 제5조 참조). 그리고 사회복지업무에 종사하였거나 종사하고 있는 사람은 그 업무수행의 과정에서 발생한 비밀을 누설하여서는 아니 된다(사회복지사업법 제47조 참조). 이상과 같이 사회복지사는 법적으로 지켜야 할 의무가 있다.

### 1) 사회복지전담공무원의 법적 의무

#### (1) 일반적 의무

사회복지전담공무원은 국가공무원 복무규정에 따른 선서를 할 의무가 있다. 그리고 공무원은 성실히 직무를 수행하여야 하며, 공무원으로서 품위를 손상하는 행위를 하여서는 안 되며, 공무원은 청렴하여야 한다.

#### (2) 직무상 의무

모든 공무원은 직무수행에 있어서 법령을 준수하여야 한다. 그리고 공무원은 소속 상관의 직무상의 명령에 복종하여야 한다. 또한 공무원은 봉사자로서 시민에게 친절하고 공정하여야 한다.

### 2) 민간기관 사회복지사의 의무

민간기관 사회복지사에 대한 의무는 한국사회복지사협회의 사회복지사 윤리강령에 나타나 있다. 사회복지사의 윤리강령은 사회복지사로서의 의무와 책임을 다하자는 내용으로 구성되어 있다.

## 5. 사회복지사 등의 처우 및 지위 향상을 위한 법률

**제1조(목적)**

이 법은 사회복지사 등에 대한 처우를 개선하고 신분보장을 강화하여 사회복지사 등의 지위를 향상하도록 함으로써 사회복지 증진에 이바지하는 것을 목적으로 한다.

**제2조(정의)**

"사회복지사 등"이란 다음 각 호의 어느 하나에 해당하는 법인 등(이하 "사회복지법인 등"이라 한다)에서 사회복지사업에 종사하는 자를 말한다.

1. 사회복지사업법 제16조에 따라 사회복지사업을 행할 목적으로 설립된 사회복지법인
2. 사회복지사업법 제2조에 따라 사회복지사업을 행할 목적으로 설치된 사회복지시설
3. 그 밖에 대통령령으로 정하는 사회복지 관련 단체 또는 기관

**제3조(사회복지사 등의 처우개선과 신분보장)**

① 국가와 지방자치단체는 사회복지사 등의 처우를 개선하고 인권 및 복지를 증진함과 아울러 그 지위를 향상시키고, 사회복지사 등을 폭력으로부터 보호하기 위하여 적극적으로 노력하여야 한다.

② 국가와 지방자치단체는 사회복지사 등의 보수가 사회복지전담공무원의 보수수준에 도달하도록 노력하여야 한다.

③ 국가는 사회복지사 등의 적정 인건비에 관한 기준을 마련하여야 하며, 지방자치단체는 해당 기준을 준수하기 위하여 노력하여야 한다.

④ 보건복지부장관과 지방자치단체의 장은 사회복지사 등의 보수수준 및 지

급실태, 제3항에 따른 기준의 지방자치단체별 준수율 등에 관하여 3년마다 조사하여야 한다.

⑤ 사회복지사 등은 사회복지법인 등의 운영과 관련된 위법·부당행위 및 그 밖의 비리사실 등을 관계 행정기관과 수사기관에 신고하는 행위로 인하여 징계조치 등 신분상 불이익이나 근무조건상 차별을 받지 아니한다.

**제4조(한국사회복지공제회)**

① 사회복지사 등은 생활안정과 복지증진을 도모하기 위하여 보건복지부장관의 인가를 받아 한국사회복지공제회(이하 "공제회"라 한다)를 설립할 수 있다.

② 공제회는 법인으로 하고, 주된 사무소는 서울특별시에 둔다.

③ 공제회의 정관 기재사항은 대통령령으로 정하고, 정관의 변경은 대의원회의 의결을 거쳐 보건복지부장관의 인가를 받아야 한다.

④ 삭제 <2012. 5. 23>

**제4조의2(유사명칭의 사용 금지)**

이 법에 따른 공제회가 아니면 한국사회복지공제회 또는 이와 유사한 명칭을 사용하지 못한다.

**제4조의3(회원의 자격)**

① 공제회의 회원은 사회복지사업에 종사하는 자 중 다음 각 호의 어느 하나에 해당하는 사람으로 한다.

1. 사회복지사업법 제11조에 따른 사회복지사
2. 제2조에 따른 법인 및 시설 등에 종사하는 사람
3. 민법 또는 다른 법률에 따라 설립된 법인 등에서 사회복지 관련 업무에 종사하는 자 중 대통령령으로 정하는 사람
4. 그 밖에 공제회 정관으로 정하는 사람

② 회원이 되려는 사람은 가입신청서를 제출하고 최초의 부담금을 납입한 날에 공제회의 회원이 된다.

**제5조(조직 등)**

① 공제회는 의결기관으로서 대의원회와 이사회를 두고, 집행기관으로서 이사장과 이사를 두며, 감사기관으로서 감사를 둔다.

② 공제회 대의원의 선정, 대의원회의 구성과 권한, 이사회의 구성과 권한, 임원의 정수, 임원의 선출 및 임기, 임원의 직무, 직원의 임면 등에 관하여 필요한 사항은 대통령령으로 정한다.

**제6조(사업)**

① 공제회는 그 목적을 달성하기 위하여 다음 각 호의 사업을 한다.

1. 회원에 대한 공제급여의 지급
2. 사회복지시설의 안전·화재 등에 대한 공제사업
3. 자금조성을 위한 사업
4. 회원의 복지·후생을 위한 사업
5. 제1호부터 제4호까지의 사업에 부대되는 사업 중 정관으로 정하는 사업

② 공제회는 그 목적을 달성하기 위하여 필요한 범위에서 수익사업을 할 수 있다.

③ 이 법에 따른 공제회의 사업에 대하여는 보험업법을 적용하지 아니한다.

**제7조(재원)**

공제사업에 필요한 자금은 다음 각 호의 어느 하나에 해당하는 재원으로 조성한다. 다만, 보건복지부장관은 공제회의 주된 사무소의 설치 및 운영에 필요한 비용의 일부를 지원할 수 있다.

1. 회원의 부담금
2. 정부 또는 지방자치단체 외의 자의 출연금
3. 공제사업의 운영으로 발생하는 수익금
4. 그 밖의 수입금

**제8조(예산과 결산, 준비금의 적립 등)**

① 공제회는 다음 회계연도의 총수입과 총지출을 예산으로 편성하고 다음 회계연도가 개시되기 1개월 전에 대의원회의 의결을 거쳐 보건복지부장

관의 승인을 받아야 한다.

② 공제회는 회계연도가 경과한 날부터 3개월 이내에 결산보고서, 재산목록, 대차대조표 및 손익계산서를 작성하여 대의원회의 승인을 거쳐 보건복지부장관에게 제출하여야 한다.

③ 공제회가 장래 지급할 급여에 충당하기 위한 준비금, 결산상 순이익금 등에 대한 사항은 대통령령으로 정한다.

**제9조(행정조치 등)**

① 보건복지부장관은 공제회의 운영이 다음 각 호의 어느 하나에 해당하는 때에 기간을 정하여 운영 및 업무의 시정, 그 밖에 필요한 조치를 명할 수 있다.

1. 회계 또는 업무집행이 법령, 정관, 그 밖의 공제회 규정을 위반한 때
2. 공제회를 현저하게 부당 운영한 때
3. 정당한 사유 없이 공제사업의 전부 또는 일부를 중단한 때

② 공제회에 대하여는 이 법에서 규정된 것 외에는 민법 중 사단법인에 관한 규정을 준용한다.

**제10조(과태료)**

① 제4조의2를 위반한 자에게는 300만 원 이하의 과태료를 부과한다.

② 제1항에 따른 과태료는 대통령령으로 정하는 바에 따라 보건복지부장관이 부과·징수한다.

**부 칙**

**제2조(공제회의 설립준비)**

① 보건복지부장관은 이 법 공포일부터 3개월 이내에 9명 이내의 설립위원을 위촉하여 공제회의 설립에 관한 사무를 처리하게 하여야 한다.

② 설립위원은 설립사무를 위탁받은 날부터 6개월 이내에 공제회의 정관을 작성하여 보건복지부장관의 인가를 받은 후 연명으로 공제회의 설립등기를 하여야 한다.

02
PART

# 각 론

# 제9장 사회보장기본법

## 1. 사회보장기본법의 의의

1963년에 제정된 「사회보장에 관한 법률」은 30여 년 동안 변화된 사회보장, 사회복지제도에 부응하지 못하였다. 이에 제반 사회보장제도의 기본 이념과 발전방향을 제시하고, 사회보장제도의 효율적 운영과 통합적 발전을 위한 법적 기초를 새로이 마련하고자 하였는데, 사회보장법이 바로 그것이다. 사회보장의 기본적 구조는 소득보장과 의료보장을 중심으로 구성되고 있다. 미국은 '사회보장법', 영국은 '연방사회보험법', 프랑스와 독일은 '사회보장법전'이라는 명칭으로 사회복지기본법을 제정하여 사회보장제도의 발전을 도모하였다. 즉, 각국의 사회보장제도에 공통되는 사회보장의 범위는 보험원리에 기초하고 있는 사회보험, 부조의 원리에 기초하고 있는 공공부조, 보상의 원리에 기초하고 있는 사회보상, 원조의 원리에 기초하고 있는 사회복지서비스 등 4개 부문이다.

그러나 1995년 사회보장기본법이 제정되기 이전까지 개별 법률들은 각각 분리되어 법률 간·제도 간 연계성이 부족하였다. 따라서 각 제도의 통일성과 연계성을 확보하기 위해서 사회보장기본법의 필요성이 제기되었던 것이다.

이러한 필요성에 기인하여 등장하게 된 사회보장기본법은 개별 법률들을 총괄적으로 지배하는 법률로서 헌법 제34조의 이념에 따라 사회보험, 공공부조, 사회서비스(법 제3조)에 대한 법을 총체적으로 지휘하는 헌법의 하위규범이면서 동시에 사회복지에 관한 법률의 상위규범으로서 의의를 갖는다.

## 2. 사회보장기본법의 입법배경 및 연혁

### 1) 사회보장기본법의 입법배경

사회보장기본법의 전신인 「사회보장에 관한 법률」은 5·16군사정변으로 등장한 국가재건최고회의가 지배하던 시대에 제정된 법률이다. 그러나 당시 군사정권은 국가재원이 한정되어 있고, 또한 정책의 우선순위를 경제개발에 치중하고 있어서 사회보장에 대한 표현을 약화시키는 데 주력하였다. 이후 32년간 사문화된 채 존속되어 오던 「사회보장에 관한 법률」을 대체하는 사회보장기본법을 1995년 35개 조문과 2개의 부칙으로 제정하게 되었다. 통일된 단일 법전을 제정한다면, 그 법전의 총칙에 해당되는 것이 바로 사회보장기본법인 것이다.

### 2) 사회보장기본법의 연혁

개별 사회복지법의 기본법인 「사회보장에 관한 법률」이 1963년 11월 5일 제정되었다. 이 법률은 1995년 사회보장기본법이 제정되면서 폐지되었다. 이 법률은 헌법의 생존권적 기본권을 보장하려는 정신에 따라 우리나라의 사회보장 제도 도입과 제도의 기본 원칙 및 기준 설정의 필요성에 입각하여 제정되었다.

이러한 법이 제정되는 과정에서 발생한 주요 사건을 살펴보면 <표 9-1>과 같다.

〈표 9-1〉 사회보장기본법의 연혁

| 일 시 | 내 용 |
|---|---|
| 1963. 11. 5. | 사회보장에 관한 법률 국회통과로 제정 |
| 1995. 12. 30. | 사회보장기본법 제정 및 사회보장에 관한 법률 폐지 |
| 1996. 7. 1. | 사회보장기본법 시행 |
| 2012. 1. 26. | 전부개정<br>*사회보장정책의 기본 방향과 사회보장정보의 관리 등 추가 |
| 2015. 12. 29. | 일부개정<br>*국민기초생활 보장법 개정으로 개정된 내용을 반영하기 위해 개정 |

| 2018. 12. 11. | 일부개정 |
|---|---|
| 2019. 12. 3. | 일부개정<br>*사회보장정보원 → 한국사회보장정보원의 명칭 변경 |

## 3. 사회보장기본법의 내용

### 1) 사회보장기본법의 정의와 기본 원칙

사회보장기본법은 사망·질병·빈곤·실업 등 사회적 재해를 당한 경우 국가에 대하여 금전적 급여나 비금전적 서비스를 청구할 수 있도록 부여하고 있는 사회보장청구권의 구체적인 내용을 규정한 법이다.

#### (1) 개념

사회보장기본법 제3조에서 '사회보장'이라 함은 출산, 양육, 실업, 노령, 장애, 질병, 빈곤 및 사망 등의 사회적 위험으로부터 모든 국민을 보호하고 국민 삶의 질을 향상시키는 데 필요한 소득·서비스를 보장하는 사회보험, 공공부조, 사회서비스를 말한다.

#### (2) 기본 방향(동법 제22~24조)

사회보장기본법은 사회보장정책의 세 가지 기본 방향을 수반하고 있다.

첫째, 평생사회안전망의 구축·운영으로, 국가와 지방자치단체는 모든 국민이 생애 동안 삶의 질을 유지·증진할 수 있도록 평생사회안전망을 구축하여야 한다. 이를 구축·운영함에 있어 사회적 취약계층을 위한 공공부조를 마련하여 최저생활을 보장하여야 한다.

둘째, 사회서비스 보장으로 국가와 지방자치단체는 모든 국민의 인간다운 생활과 자립, 사회참여, 자아실현 등을 지원하여 삶의 질이 향상될 수 있도록 사회서비스에 관한 시책을 마련하여야 한다. 또한 제24조에 따른 소득보장이 효과적이고 균형적으로 연계되도록 하여야 한다.

셋째, 소득보장으로, 국가와 지방자치단체는 다양한 사회적 위험하에서도 모든 국민들이 인간다운 생활을 할 수 있도록 소득을 보장하는 제도를 마련하여야 한다. 또한 공공부문과 민간부문의 소득보장제도가 효과적으로 연계되도록 하여야 한다.

#### (3) 사회보장제도의 운영원칙

사회보장기본법 제25조에서는 사회보장제도를 운영하는 데 있어서 다음과 같은 원칙을 규정하고 있다.

- 보편성의 원칙(일반성의 원칙) : 국가 및 지방자치단체는 사회보장제도를 운영함에 있어 이를 필요로 하는 모든 국민에게 적용하여야 한다.
- 형평성의 원칙 : 국가 및 지방자치단체는 사회보장제도의 급여수준 및 비용부담 등에 있어서 형평성을 유지하여야 한다.
- 민주성의 원칙 : 국가 및 지방자치단체는 사회보장제도의 정책 결정 및 시행과정에 공익의 대표자 및 이해관계인 등을 참여시켜 민주성을 확보하여야 한다.
- 효율성 · 연계성 · 전문성의 원칙 : 국가 및 지방자치단체는 사회보장제도를 운영함에 있어서 국민의 다양한 복지욕구를 효율적으로 충족시키기 위해 연계성 · 전문성을 높여야 한다.
- 공공성 : 사회보험은 국가의 책임으로, 공공부조는 국가와 지방자치단체의 책임으로 시행하되 국가와 지방자치단체의 재정형편 등을 고려하여 협의 및 조정할 수 있다.

### 2) 사회보장기본법의 목적과 이념

#### (1) 목적

이 법은 사회보장에 관한 국민의 권리와 국가 및 지방자치단체의 책임을 정하고 사회보장정책의 수립 · 추진과 관련 제도에 관한 기본적인 사항을 규정함으로써 국민의 복지증진에 이바지하는 것을 목적으로 한다(동법 제1조).

### (2) 기본 이념

사회보장은 모든 국민이 다양한 사회적 위험으로부터 벗어나 행복하고 인간다운 생활을 향유할 수 있도록 자립을 지원하며, 사회참여·자아실현에 필요한 제도와 여건을 조성하여 사회통합과 행복한 복지사회를 실현하는 것을 기본 이념으로 한다(동법 제2조).

### (3) 용어 정의

사회보장기본법 체계에 따라서 사회보험, 공공부조, 사회서비스로 범위를 정의하고 있다(동법 제3조).

첫째, 사회보장이라 함은 출산, 양육, 실업, 노령, 장애, 질병, 빈곤 및 사망 등의 사회적 위험으로부터 모든 국민을 보호하고 국민 삶의 질을 향상시키는 데 필요한 소득·서비스를 보장하는 사회보험, 공공부조, 사회서비스를 말한다.

둘째, 사회보험은 국민에게 발생하는 사회적 위험을 보험방식에 의하여 대처함으로써 국민의 건강과 소득을 보장하는 제도를 말한다. 이러한 사회보험의 특징은 가입의 강제성과 운영주체가 주로 국가에 의한 독점이라는 것이다.

셋째, 공공부조는 국가 및 지방자치단체의 책임하에 생활유지능력이 없거나 생활이 어려운 국민의 최저생활을 보장하고 자립을 지원하는 제도를 말한다.

넷째, 사회서비스는 국가·지방자치단체 및 민간 부문의 도움이 필요한 모든 국민에게 복지, 보건의료, 교육, 고용, 주거, 문화, 환경 등의 분야에서 인간다운 생활을 보장하고, 상담, 재활, 돌봄, 정보의 제공, 관련 시설의 이용, 역량 개발, 사회참여 지원 등을 통하여 국민의 삶의 질이 향상되도록 지원하는 제도를 말한다.

다섯째, 평생사회안전망은 생애주기에 걸쳐 보편적으로 충족되어야 하는 기본 욕구와 특정한 사회위험에 의하여 발생하는 특수욕구를 동시에 고려하여 소득·서비스를 보장하는 맞춤형 사회보장제도를 말한다.

여섯째, 사회보장 행정데이터는 국가, 지장자치단체, 공공기관 및 법인이 법령에 의해 생성 또는 취득하여 관리하고 있는 자료(정보)를 말한다.

### 3) 사회보장의 주체와 책임 및 대상

#### (1) 사회보장의 주체

사회보장기본법에서의 사회보장의 주체는 복지다원주의를 지향하고 있다. 국가 및 지방자치단체가 사회보장의 주된 책임주체이지만, 개인·법인·가정·지역공동체·민간조직도 사회보장의 주체가 되어 국가발전 수준에 부응하는 사회보장제도의 주체적 역할을 하도록 하고 있다.

#### (2) 사회보장의 책임

① 국가와 지방자치단체의 책임

국가 및 지방자치단체는 ㉠ 모든 국민의 인간다운 생활을 유지·증진하는 책임을 가지며, ㉡ 국가와 지방자치단체는 사회보장에 관한 책임과 역할을 합리적으로 분담하여야 하며, ㉢ 국가발전 수준에 부응하고 사회환경의 변화에 선제적으로 대응하며, 지속 가능한 사회보장제도를 확립하고 매년 이에 필요한 재원을 조달하여야 하며, ㉣ 국가는 사회보장제도의 안정적인 운영을 위하여 중장기 사회보장 재정추계를 격년으로 실시하고 이를 공표하여야 한다(동법 제5조).

여기서 국가는 주로 사회보장·사회복지를 관장하는 중앙정부를 의미하고, 지방자치단체는 특별시·광역시 및 도와 같은 광역자치단체와 시·군·구(자치구)와 같은 기초자치단체를 모두 포함한다.

② 국민의 책임

모든 국민은 자신의 능력을 최대한 발휘하여 자립·자활할 수 있도록 노력하고 국가의 사회보장정책에 협력하여야 한다. 또 경제적·사회적·문화적·정신적·신체적으로 보호가 필요하다고 인정되는 사람에게 지속적인 관심을 가지고 이들이 보다 나은 삶을 누릴 수 있는 사회환경 조성에 서로 협력하고 노력하여야 하며, 관계 법령에서 정하는 바에 따라 사회보장급여에 필요한 비용의 부담, 정보의 제공 등 국가의 사회보장정책에 협력하여야 한다(동법 제7조).

국민은 1차적으로 자신의 책임하에 자신의 능력을 최대한 발휘하여 자기 스스로 독립된 생활을 할 수 있도록 노력하는 것을 원칙으로 한다. 그리고 사회보험 · 공공부조 · 사회서비스와 같은 사회보장정책을 수립하고 시행함에 필요한 조세부담 등의 협력을 하여야 하며, 정당한 사유 없이 사회복지 법인 또는 시설의 설치를 방해하여서는 아니 된다. 국민이 자신의 능력을 최대한 발휘하였음에도 자립 · 자활할 수 없을 정도의 사회적 위험에 직면하였을 경우에 보충성의 원리에 의한 공공부조와 같은 제도가 마련된 것이다.

### (3) 사회보장의 대상(객체)

#### ① 국민

사회보장수급권의 대상은 대한민국의 모든 국민을 포괄적으로 규정하고 더 나아가 국내에 거주하는 외국인도 포함시키고 있다.

국민은 모두 사회보장의 급여를 받을 권리가 있다는 보편주의를 원칙으로 하고 있으나, 공공부조는 자산조사를 통하여 일정 소득수준 이하의 국민에게 선별적으로 혜택을 주는 선별주의를 택하고 있다.

#### ② 외국인

국내에 거주하는 외국인에 대한 사회보장제도의 적용은 상호주의 원칙에 의하되 관계 법령이 정하는 바에 따른다고 하여 외국인까지도 적용범위를 확대하였다(동법 제8조).

대한민국은 UN 및 OECD 회원국으로서 세계 여러 나라와 국제우호협약을 체결하고 있다. ILO는 1962년 '사회보장에 관한 내외국인 균등처우에 관한 협약(제118호)'을 채택하여 이를 비준한 국가는 사회보장 부문의 적용범위 및 수급권에 있어서 자국의 영토 내에 있는 다른 모든 비준국 국민에 대하여 자국의 사회보장법규에 의하여 자국민에게 주어지는 것과 동등한 대우를 해줄 것을 규정하고 있다. 동법 제8조는 국내에 거주하는 외국인에 대한 사회보장제도의 적용은 상호주의 원칙에 의하되 관계 법령이 정하는 바에 따른다고 규정하고 있다. 따라서 사회보장기본법의 하위 관련 법들에서 규정하고 있는 외국인은 상호주의의 원칙에 의한 적용을 하여야 한다.

## 4) 사회보장수급권과 급여수준

### (1) 사회보장수급권

사회보장수급권은 사회보장의 급여를 받을 권리를 말하며, 동 수급권은 모든 국민의 법적 권리이다. 또한 국내에 거주하는 외국인에 대한 사회보장제도의 적용은 상호주의 원칙에 의하되, 관계 법령이 정하는 바에 따른다. 사회보장수급권은 사회보험수급권, 공공부조수급권, 사회서비스수급권으로 구성된다(동법 제9조).

#### ① 수급권의 보호, 제한 및 포기

사회보장수급권을 보호하기 위해서 수급권의 양도, 담보제공, 압류 등을 금지하고 있고, 기타의 사유로 수급권을 제한하거나 정지할 수 없도록 하고 있다. 그리고 사회보장수급권의 포기가 타인에 피해를 주거나 사회보장기본법에 위반되는 경우에는 이를 포기할 수 없도록 강제하고 있다(동법 제12~14조).

#### ② 불법행위에 대한 구상권

제3자의 불법행위에 의하여 피해를 입은 국민이 그로 인하여 사회보장수급권을 가지게 된 경우 사회보장제도를 운영하는 자는 불법행위의 책임이 있는 자에 대하여 관계 법령이 정하는 바에 의하여 구상권을 행사할 수 있다고 규정함으로써 사회보장 관련 법률 등에서 제시하고 있는 구상권의 근거를 마련해주고 있다(동법 제15조).

### (2) 급여의 신청 및 급여수준

급여의 신청은 당사자 원칙으로 하며(당사자 신청주의), 사회보장의 급여를 받고자 하는 자는 관계 법령이 정하는 바에 의하여 국가 또는 지방자치단체에 신청하여야 한다. 신청은 사회보험을 비롯한 대부분의 제도에 적용되고 있다(국민기초생활 보장법의 대상자의 경우에는 직권주의를 병행).

그리고 급여수준의 경우에는 다음과 같다(동법 제10조).

첫째, 국가는 모든 국민이 건강하고 문화적인 생활을 유지할 수 있도록 사회보장급여의 수준 향상에 노력해야 한다.

둘째, 국가는 관계 법령이 정하는 바에 의해 최저보장수준과 최저임금을 매년 공표해야 한다.

셋째, 국가 또는 지방자치단체는 위의 규정에 의한 최저보장수준과 최저임금 등을 고려하여 사회보장급여의 수준을 결정해야 한다.

### 5) 사회보장위원회

#### (1) 설치목적

사회보장에 관한 주요 시책을 심의·조정하기 위하여 국무총리 소속하에 사회보장위원회를 둔다(동법 제20조). 이전의 「사회보장에 관한 법률」에서는 보건복지부장관 산하에 사회보장심의위원회를 설치하도록 규정되었는데, 동법에서는 국무총리 산하에 둠으로써 동 위원회의 위상을 제고시켜 부처 간의 협조나 조정기능을 강화하였다.

사회보장위원회는 다음의 사항을 심의·조정한다(동법 제20조 제2항).

- 사회보장 증진을 위한 기본 계획
- 사회보장 관련 주요 계획
- 사회보장제도의 평가 및 개선
- 사회보장제도의 신설 또는 변경에 따른 우선순위
- 둘 이상의 중앙행정기관이 관련된 주요 사회보장정책
- 사회보장 급여 및 비용 부담
- 국가와 지방자치단체의 역할 및 비용 분담
- 사회보장의 재정추계 및 재원조달 방안
- 사회보장 전달체계 운영 및 개선
- 사회보장통계
- 사회보장정보의 보호 및 관리
- 조정
- 그 밖에 위원장이 심의에 부치는 사항

### (2) 사회보장위원회 구성(동법 제21조)

사회보장위원회는 다음과 같이 구성된다.

첫째, 위원회는 위원장 1명, 부위원장 3명과 행정안전부장관, 고용노동부장관, 여성가족부장관, 국토교통부장관을 포함한 30명 이내의 위원으로 구성한다.

둘째, 위원장은 국무총리가 되고 부위원장은 기획재정부장관, 교육부장관 및 보건복지부장관이 된다.

셋째, 위원은 ① 대통령이 정하는 관계 중앙행정기관의 장, 즉 법무부장관, 문화체육관광부장관, 농림축산식품부장관, 산업통상자원부장관, 환경부장관, 국무조정실장 및 국가보훈처장과 ② 근로자를 대표하는 자, 사용자를 대표하는 자, 사회보장에 관한 학식과 경험이 있는 자, 변호사의 자격이 있는 자 중에서 대통령이 위촉하는 자로 한다.

넷째, 위원의 임기는 2년으로 한다.

① 실무위원회

- 위원회를 효율적으로 운영하고 위원회의 심의·조정사항을 전문적으로 검토하기 위하여 위원회에 실무위원회를 두며, 실무위원회에 분야별 전문위원회를 둘 수 있다.
- 실무위원회에서 의결한 사항은 위원장에게 보고하고 위원회의 심의를 거쳐야 한다.
- 위원회의 사무를 효율적으로 처리하기 위하여 보건복지부에 사무국을 둔다.

## 6) 사회보장 기본 계획

### (1) 사회보장 기본 계획의 수립

보건복지부장관은 관계 중앙행정기관의 장과 협의하여 사회보장 증진을 위하여 사회보장에 관한 기본 계획을 5년마다 수립하여야 한다. 기본 계획은 사회보장위원회와 국무회의의 심의를 거쳐 확정한다(동법 제16조 제1항).

### (2) 기본 계획의 내용

장기발전 방향에는 다음의 사항이 포함되어야 한다(동법 제16조 제2항).

- 국내외 사회보장환경의 변화와 전망
- 사회보장의 기본 목표 및 중장기 추진방향
- 주요 추진과제 및 추진방법
- 필요한 재원의 규모와 조달방안
- 사회보장 관련 기금 운용방안
- 사회보장 전달체계
- 그 밖에 사회보장정책의 추진에 필요한 사항

### (3) 연도별 시행계획의 수립 · 시행

보건복지부장관 및 관계 중앙행정기관의 장은 기본 계획에 따라 사회보장과 관련된 소관 주요 시책의 시행계획을 매년 수립 · 시행하여야 한다. 관계 중앙행정기관의 장은 이에 따라 수립한 소관 시행계획 및 전년도의 시행계획에 따른 추진실적을 대통령령으로 정하는 바에 따라 매년 보건복지부장관에게 제출하여야 한다. 그러면 보건복지부장관은 관계 중앙행정기관 및 보건복지부 소관의 추진실적을 종합하여 성과를 평가하고, 사회보장위원회에 보고하여야 한다(동법 제18조). 그리고 국가와 지방자치단체는 국민생활에 중대한 영향을 미치는 사회보장 계획 및 정책을 수립하려는 경우 공청회 및 정보통신망 등을 통하여 국민과 관계 전문가의 의견을 충분히 수렴하여야 한다(동법 제40조).

### (4) 사회보장에 관한 지역계획의 수립 · 시행

특별시장 · 광역시장 · 특별자치시장 · 도지사 또는 특별자치도지사 · 시장 · 군수 · 구청장은 관계 법령으로 정하는 바에 따라 사회보장에 관한 지역계획을 수립 · 시행하여야 한다. 지역계획은 기본 계획과 연계되어야 한다(동법 제19조).

### 7) 사회보장제도의 운영

앞에서 언급한 사회보장제도의 운영원칙(동법 제25조)에 더하여 동법 제25조 제5항은 “사회보험은 국가의 책임으로 시행하고, 공공부조와 사회서비스는 국가와 지방자치단체의 책임으로 시행하는 것을 원칙으로 한다. 다만, 국가와 지방자치단체의 재정형편 등을 고려하여 이를 협의·조정할 수 있다”라고 언급한다. 따라서 사회보장주체의 역할분담 원칙으로서 사회보험은 국가의 책임으로 행함을 원칙으로 하며, 공공부조 및 사회복지서비스는 국가 및 지방자치단체의 책임으로 행함을 원칙으로 하되, 국가 및 지방자치단체의 재정형편 등을 감안하여 이를 조정할 수 있다고 함으로써 생존권 규정에 대한 추상적 권리설을 보여주고 있다. 또 국가와 지방자치단체는 사회보장제도를 신설하거나 변경할 경우 기존 제도와의 관계, 사회보장 전달체계와 재정 등에 미치는 영향 등을 사전에 충분히 검토하고, 상호 협력하여 사회보장급여가 중복 또는 누락되지 아니하도록 하라(동법 제26조)고 명시하여 국가와 지방자치단체의 협의와 조정을 권하고 있다.

#### (1) 민간의 참여

① 여건조성

국가 및 지방자치단체는 사회보장에 대한 민간부문의 참여를 조장할 수 있도록 정책을 개발·시행하고 그 여건을 조성하여야 한다(동법 제27조 제1항).

② 시책의 수립·시행

사회보장에 대한 민간부문의 참여를 조장할 수 있도록 다음의 사업이 포함된 시책을 수립·시행하여야 한다(동법 제27조 제2항).

- 자원봉사, 기부 등 나눔의 활성화를 위한 각종 지원사업
- 사회보장정책의 시행에 있어 민간부문과의 상호 협력체계 구축을 위한 지원사업
- 그 밖에 사회보장에 관련된 민간의 참여를 유도하는 데 필요한 사업

③ 경비부담 및 지원

국가 및 지방자치단체는 개인·법인 또는 단체의 사회보장에 대한 참여에 소요되는 경비의 전부 또는 일부를 지원하거나 그 업무수행에 필요한 지원을 할 수 있다(동법 제27조 제3항).

④ 사업의 민간위탁

국가 또는 지방자치단체는 민간참여 조장을 효율적으로 수행하기 위하여 정부조직법 제6조 제3항 및 지방자치법 제104조 제3항의 규정에 의하여 법인·단체 또는 그 기관이나 개인에게 이를 위탁할 수 있으며, 사업수행에 필요한 비용을 지원할 수 있다.

### (2) 비용부담

사회보장비용의 부담은 각각의 사회보장제도의 목적에 따라 국가, 지방자치단체 및 민간 부문 간에 합리적으로 조정되어야 한다. 사회보험에 드는 비용은 사용자, 피용자 및 자영업자가 부담하는 것을 원칙으로 하되, 관계 법령에서 정하는 바에 따라 국가가 그 비용의 일부를 부담할 수 있다. 공공부조 및 관계 법령에서 정하는 일정 소득 수준 이하의 국민에 대한 사회서비스에 드는 비용의 전부 또는 일부는 국가와 지방자치단체가 부담한다. 부담능력이 있는 국민에 대한 사회서비스에 드는 비용은 그 수익자가 부담함을 원칙으로 하되, 관계 법령에서 정하는 바에 따라 국가와 지방자치단체가 그 비용의 일부를 부담할 수 있다(동법 제28조).

### (3) 사회보장 전달체계

사회보장 전달체계의 원칙은 균형성, 접근용이성, 효율성, 연계성의 원칙을 명시하고 있다고 추론해 볼 수 있다(동법 제29조).

- 지역적 분포 및 기능의 균형성(접근성과 균형성) : 국가와 지방자치단체는 모든 국민이 쉽게 이용할 수 있고 사회보장급여가 적시에 제공되도록 지역적·기능적으로 균형 잡힌 사회보장 전달체계를 구축하여야 한다.

- **효율성** : 국가와 지방자치단체는 사회보장 전달체계의 효율적 운영에 필요한 조직, 인력, 예산 등을 갖추어야 한다.
- **연계성** : 국가와 지방자치단체는 공공부문과 민간부문의 사회보장 전달체계가 효율적으로 연계되도록 노력하여야 한다.

### (4) 사회보장급여의 관리

국가와 지방자치단체는 국민의 사회보장수급권의 보장 및 재정의 효율적 운용을 위하여 다음 사항에 관한 사회보장급여의 관리체계를 구축・운영하여야 한다(동법 제30조).

- 사회보장수급권자 권리구제
- 사회보장급여의 사각지대 발굴
- 사회보장급여의 부정・오류 관리
- 사회보장급여의 과오지급액의 환수 등 관리

### (5) 사회보장제도 운영에 대한 기타 규정

- **사회보장통계** : 국가와 지방자치단체는 효과적인 사회보장정책의 수립・시행을 위하여 사회보장에 관한 통계를 작성・관리하여야 한다. 보건복지부장관은 사회보장통계를 종합하여 사회보장위원회에 제출하여야 한다(동법 제32조).
- 국가와 지방자치단체는 사회보장제도에 관하여 국민이 필요한 정보를 관계 법령에서 정하는 바에 따라 공개하고, 이를 홍보할 의무가 있다(동법 제33조).
- 국가와 지방자치단체는 사회보장 관계 법령에서 규정한 권리나 의무를 해당 국민에게 설명하도록 노력할 의무가 있다(동법 제34조).
- 사회보장에 관한 상담의무(동법 제35조)
- 사회보장에 관한 통지의무(동법 제36조)

## 8) 사회보장정보의 관리

### (1) 사회보장정보시스템의 구축 · 운영 등

국가와 지방자치단체는 국민편익의 증진과 사회보장업무의 효율성 향상을 위하여 사회보장업무를 전자적으로 관리하도록 노력하여야 한다. 이를 위해 국가는 관계 중앙행정기관과 지방자치단체에서 시행하는 사회보장수급권자 선정 및 급여관리 등에 관한 정보를 통합 · 연계하여 처리 · 기록 및 관리하는 시스템을 구축 · 운영할 수 있다. 사회보장정보시스템의 구축 · 운영은 보건복지부장관이 총괄한다. 보건복지부장관은 사회보장정보시스템 구축 · 운영의 전 과정에서 개인정보 보호를 위하여 필요한 시책을 마련하여야 한다(동법 제37조).

### (2) 개인정보 등의 보호

사회보장업무에 종사하거나 종사하였던 자는 사회보장업무 수행과 관련하여 알게 된 개인 · 법인 또는 단체의 정보를 관계 법령에서 정하는 바에 따라 보호하여야 한다. 국가와 지방자치단체, 공공기관, 법인 · 단체, 개인이 조사하거나 제공받은 개인 · 법인 또는 단체의 정보는 이 법과 관련 법률에 근거하지 아니하고 보유, 이용, 제공되어서는 아니 된다(동법 제38조).

## 9) 권리구제와 비밀보호

위법 또는 부당한 처분을 받거나 필요한 처분을 받지 못함으로써 권리 또는 이익을 침해받은 국민은 행정심판법에 따른 행정심판을 청구하거나 행정소송법에 따른 행정소송을 제기하여 그 처분의 취소 또는 변경 등을 청구할 수 있다(동법 제39조). 동 조항은 사회복지수급권의 절차적 권리를 명시하고 사회보장 관련 법들에서 제시되고 있는 이의신청 및 심사청구권에 대한 상위법으로서 근거를 마련해 주고 있다(신섭중 외, 1997).

# 제10장 사회복지사업법

## 1. 사회복지사업법의 의의

1970년대 이전의 사회복지서비스는 시대적 상황에 대응하기 위하여 아동복리법, 생활보호법, 윤락행위 등 방지법 등과 같이 개별법으로 임시방편적·단편적으로 실시되었고, 사회복귀를 목적으로 하는 실질적인 사회사업적 방법으로 시행된 것은 아니었다. 이후 경제성장에 의한 사회적 수준과 국민의 사회복지욕구가 증대하면서, 이에 부응하는 사회복지서비스의 개별법을 통합·조정할 기본법이 필요하게 되어 1970년 1월 1일 법률 제2191호로 사회복지사업법이 제정·시행되었다. 이러한 사회복지사업법은 헌법 제34조에 규정된 생존권을 구체화하는 법률이며, 각종 사회복지서비스 분야에 관한 법률(27법)의 기본적 사항을 총괄적으로 규정한 일반법으로 의의가 있다.

## 2. 사회복지사업법의 입법배경 및 연혁

### 1) 사회복지사업법의 입법배경

1960년대 중반에는 우리나라에 아동복리법·생활보호법·윤락행위 등 방지법의 3법이 있었으며, 심신장애자복지법·노인복지법·모자복지법 등 사회복지서비스법들이 계속 제정되었다. 이러한 사회복지서비스 분야에 관한 법률의 기본적 사항을 체계화시켜 규정한 기본법을 제정할 필요에 의해 제정된 법률이 사회복지사업법이다.

### 2) 사회복지사업법의 연혁

사회복지사업법은 최초 1970년에 제정되어 1970년 4월 2일부터 시행된 이후 여러 차례에 걸친 개정이 이루어졌다.

〈표 10-1〉 사회복지사업법의 제정과정

| 일 시 | 내 용 |
|---|---|
| 1970. 1. 1. | 사회복지사업법 제정(1970. 4. 2. 시행) |
| 1983. 5. 21. | 제1차 개정<br>• 사회복지공동모금회에 관한 규정 삭제<br>• 사회복지사 자격의 신설<br>• 사회복지협의회의 법정단체화 |
| 1992. 12. 8. | • 사회복지전담공무원이 제도로서 신설<br>• 시・군・구에 사회복지전담기구 설치 |
| 1997. 8. 22. | • 13법으로 확대<br>• 국가시험에 의한 자격을 부여함<br>• 사회복지시설의 설치・운영에 대한 허가제를 신고제로 변경 |
| 1999. | 가정폭력방지 및 피해자보호 등에 관한 법률이 추가되어 14법으로 확대 |
| 2000. 1. 12. | 사회복지의 날 제정 |
| 2003. 7. 30. | • 재가복지서비스 활성화를 위한 개정<br>• 지역사회복지협의체 활성화 및 설치(시・군・구) |
| 2007. 12. 14. | 일부개정 : 17개 법으로 확대(의료급여법 추가) |
| 2009. 6. 9. | 일부개정 : 20개 법으로 확대(기초노령연금법, 긴급복지지원법, 다문화가족지원법 추가) |
| 2010. 4. 12. | 일부개정 : 21개 법으로 확대(장애인연금법 추가) |
| 2011. 8. 4. | 일부개정 : 사회복지법인 설치・운영 등에 관한 사무를 보건복지부장관에서 시・도지사에게 이양, 보호관찰 등에 관한 법률 추가(24법) |
| 2012. 1. 26. | 일부개정 : 시설보호자의 인권보호와 사회복지법인 및 시설의 운영투명성 제고<br>*장애아동복지지원법 추가로 25개 법 |
| 2014. 5. 20. | 일부개정 : 26개 법으로 확대(발달장애인 권리보장 및 지원에 관한 법률 추가) |
| 2014. 12. 30. | 일부개정 : 사회보장급여의 이용・제공 및 수급권자 발굴에 관한 법률 제정으로 사회복지사업법 제15조 삭제 |
| 2016. 2. 3. | 청소년복지지원법 추가(복지 27법) |
| 2018. 12. 11. | 일부개정 : 정신건강, 의료, 학교 등의 직무영역별 사회복지사를 신설함 |

# 3. 사회복지사업법의 내용

## 1) 사회복지사업법의 목적

사회복지사업법은 사회복지사업에 관한 기본적 사항을 규정하여 사회복지를 필요로 하는 사람의 존엄성과 인간다운 생활을 할 권리를 보장하고, 사회복지의 전문성을 높이며, 사회복지사업의 공정·투명·적정을 도모하고, 지역사회복지의 체계를 구축하고 사회복지서비스의 질을 높여 사회복지의 증진에 이바지함을 목적으로 한다(동법 제1조).

## 2) 사회복지사업법의 기본 이념

① 사회복지를 필요로 하는 사람은 누구든지 자신의 의사에 따라 서비스를 신청하고 제공받을 수 있다.
② 사회복지법인 및 사회복지시설은 공공성을 가지며 사회복지사업을 시행하는 데 있어서 공공성을 확보하여야 한다.
③ 사회복지사업을 시행하는 데 있어서 사회복지를 제공하는 자는 사회복지를 필요로 하는 사람의 인권을 보장하여야 한다.
④ 사회복지서비스를 제공하는 자는 필요한 정보를 제공하는 등 사회복지서비스를 이용하는 사람의 선택권을 보장하여야 한다.

## 3) 사회복지사업법의 특성

사회복지사업법은 상담, 재활, 직업소개 및 지도, 사회복지시설의 이용 등을 필요로 하는 모든 사람에게 정상적인 사회생활이 가능하도록 지원하기 위한 사회복지서비스의 사회보장을 구체화하기 위하여 제정된 법이다. 그러나 사회복지사업법에서의 사회복지사업은 구체적으로 어떤 법의 어떤 사업 등의 한정적 열거주의 형식으로 정립하고 있기 때문에 사회보장기본법상 사회서비스 개념에 들어가는 통념상의 사회복지사업이라 하더라도 열거되지 아니한 법의 사업은 적용되지 아니한다. 따라서 사회복지사업의 정의가 사회복지사업의 종류이며 사회복지사업법의 적용범위가 된다. 그리고 비경제적·비물질적 급여의 제공, 비물질적·심리사회적 욕구해결 등의 특성과 사업을 대상자별, 문제별, 접근방법별 등으로 분류하고 있다.

### 4) 사회복지사업의 정의 및 종류

동법은 사회복지사업을 다음 <표 10-2>의 27개 법률에 의한 보호, 선도 또는 복지에 관한 사업과 사회복지상담, 직업지원, 무료 숙박, 지역사회복지, 의료복지, 재가복지, 사회복지관 운영, 정신질환자 및 한센병환자의 사회복귀에 관한 사업 등 각종 복지사업과 이와 관련된 자원봉사활동, 복지시설의 운영 또는 지원을 목적으로 하는 사업이라고 말한다(동법 제2조).

또한 사회복지사업법은 사회복지사업에 관한 기본법이다. 사회복지사업의 내용·절차 등에 관하여 사회복지사업법이 정한 국민기초생활 보장법 등 27개 법에 특별한 규정이 있는 경우를 제외하고는 사회복지사업법의 규정에 의한다. 즉, 사회복지사업법은 사회복지사업에 관한 일반법이므로 다른 특정 법률이 사회복지사업에 관해 다른 규정을 하는 경우 특별법 우선의 원칙에 의하여 특정 법률이 사회복지사업법의 규정에 우선하여 적용된다. 그리고 이 법이 정한 27개 법을 개정하는 경우에는 사회복지사업법에 부합하도록 하여야 하기 때문에 27개 법의 기본법이라 할 수 있다. 다음의 <표 10-2>와 같다.

〈표 10-2〉 사회복지사업에 관한 법률

| 사회복지사업에 관한 법률 | 사업 제정 및 개정 연도 |
|---|---|
| 국민기초생활 보장법 | 1999(1961년 생활보호법 폐지) |
| 아동복지법 | 1981 |
| 노인복지법 | 1981 |
| 장애인복지법 | 1989(1981년 심신장애자복지법 폐지) |
| 한부모가족지원법 | 2007(모자 → 모부자) |
| 영유아보육법 | 1991 |
| 성매매방지 및 피해자보호 등에 관한 법률 | 2004 |
| 정신건강증진 및 정신질환자 복지서비스 지원에 관한 법률 | 2016 |

| | |
|---|---|
| 성폭력방지 및 피해자보호 등에 관한 법률 | 2010 |
| 입양특례법 | 2011 |
| 일제하 일본군위안부 피해자에 대한 생활안정지원 및 기념사업 등에 관한 법률 | 1993 |
| 사회복지공동모금회법 | 1997 |
| 장애인·노인·임산부 등의 편의증진 보장에 관한 법률 | 1997 |
| 가정폭력방지 및 피해자보호 등에 관한 법률 | 1997 |
| 농어촌주민의 보건복지증진을 위한 특별법 | 2004 |
| 식품기부활성화에 관한 법률 | 2006 |
| 의료급여법 | 2001 |
| 기초연금법 | 2014(2007년 기초노령연금법 폐지) |
| 긴급복지지원법 | 2005 |
| 다문화가족지원법 | 2008 |
| 장애인연금법 | 2010 |
| 장애인활동 지원에 관한 법률 | 2011 |
| 노숙인 등의 복지 및 자립지원에 관한 법률 | 2011 |
| 보호관찰 등에 관한 법률 | 1995 |
| 장애아동 복지지원법 | 2011 |
| 발달장애인 권리보장 및 지원에 관한 법률 | 2014 |
| 청소년복지 지원법 | 2004 |
| 그 밖에 대통령령으로 정하는 법률 | 건강가정기본법, 북한이탈주민의 보호 및 정착지원에 관한 법률, 자살예방 및 생명존중문화 조성을 위한 법률, 장애인·노인 등을 위한 보조기기 지원 및 활용 촉진에 관한 법률 |

## 5) 사회복지사업법의 국가 및 지방자치단체의 책임

### (1) 복지와 인권의 증진(동법 제4조 제1·2·6항)

- 국가와 지방자치단체는 사회복지서비스를 증진하고, 서비스를 이용하는 사람에 대하여 인권침해를 예방하고 차별을 금지하며 인권을 옹호할 책임을 진다.

- 국가와 지방자치단체는 사회복지서비스와 보건의료서비스를 함께 필요로 하는 사람들에게 이들 서비스가 연계되어 제공되도록 노력하여야 한다.
- 국가와 지방자치단체는 사회복지를 필요로 하는 사람의 인권이 충분히 존중되는 방식으로 사회복지서비스를 제공하고 사회복지와 관련된 인권교육을 강화하여야 한다.

### (2) 사회복지서비스의 제공의 원칙

사회복지서비스를 필요로 하는 사람에 대한 사회복지서비스 제공은 현물로 제공하는 것을 원칙으로 한다. 시·군·구청장은 국가 또는 지방자치단체 외의 자로 하여금 사회복지서비스 제공을 실시하는 경우에는 보호대상자에게 사회복지서비스 이용권을 지급하여 국가 또는 지방자치단체 외의 자로부터 그 이용권으로 서비스를 받게 할 수 있다(동법 제5조의2).

### (3) 인권존중과 최대봉사의 원칙

이 법에 따라 복지업무에 종사하는 사람은 그 업무를 수행할 때에 사회복지를 필요로 하는 사람을 위하여 인권을 존중하고 차별 없이 최대로 봉사하여야 한다(동법 제5조).

### (4) 시설설치 방해금지

누구든지 정당한 이유 없이 사회복지시설의 설치를 방해하여서는 아니 된다(동법 제6조). 그러므로 사회복지사업과 관련이 없는 사람이라 할지라도 정당한 이유 없이 사회복지시설의 설치를 방해한 자는 1년 이하의 징역 또는 1천만원 이하의 벌금에 처할 수 있는 벌칙까지 규정하고 있다(동법 제54조). 특히 시장(제주특별자치도)·군수·구청장(자치구)은 정당한 이유 없이 사회복지시설의 설치를 지연시키거나 제한하는 조치를 하여서는 아니 된다.

### (5) 사회복지업무의 전자화

국가 및 지방자치단체는 사회복지업무를 전자적으로 처리할 수 있도록 필요한 시책을 강구하여야 한다. 그리고 보건복지부장관은 정보시스템의 효율적 운영을 위하여 그 운영에 관한 업무를 수행하는 전담기구(법인)를 설립할 수 있다. 지방자치단체의 장은 사회복지사업을 수행함에 있어 관할 복지행정시스템과 정보시스템을 전자적으로 연계하여 활용하여야 한다. 따라서 사회복지법인의 대표이사 및 사회복지시설의 장은 국가 및 지방자치단체가 실시하는 사회복지업무의 전자화 시책에 협력하여야 한다(동법 제6조의2).

### (6) 자원봉사활동의 지원육성

국가와 지방자치단체는 사회복지 자원봉사활동을 지원·육성하기 위하여 다음 사항을 실시하여야 하되, 효율적 수행을 위하여 사회복지법인, 기타 비영리법인·단체에 이를 위탁할 수 있다(동법 제9조).

- 자원봉사활동의 홍보 및 교육
- 자원봉사활동 프로그램의 개발·보급
- 자원봉사활동 중의 재해에 대비한 시책의 개발
- 그 밖에 자원봉사활동의 지원에 필요한 사항

### (7) 지도훈련

보건복지부장관은 이 법이나 그 밖의 사회복지 관련 법률의 시행에 관한 사무에 종사하는 공무원과 사회복지사업에 종사하는 사람의 자질 향상을 위하여 인권교육 등 필요한 지도와 훈련을 할 수 있다(동법 제10조).

### (8) 사회복지의 날

국가는 국민의 사회복지에 대한 이해를 증진하고 사회복지사업 종사자의 활동을 장려하기 위하여 매년 9월 7일을 사회복지의 날로 하고, 사회복지의 날부터 1주간을 사회복지주간으로 한다(동법 제15조의2).

### (9) 비밀누설의 금지

사회복지사업 또는 사회복지업무에 종사하였거나 종사하고 있는 자는 그 업무수행 과정에서 알게 된 다른 사람의 비밀을 누설하여서는 아니 된다(동법 제47조). 이를 어기는 자는 1년 이하의 징역 또는 1천만 원 이하의 벌금에 처할 수 있다(동법 제54조).

### (10) 압류금지

이 법에 의하여 지급된 금품과 이를 받을 권리는 압류하지 못한다(동법 제48조).

### (11) 포상

정부는 사회복지사업에 관하여 공로가 현저하거나 모범이 되는 자에 대하여 포상할 수 있다(동법 제50조).

### (12) 지도 · 감독

수급자의 보호를 위하여 보건복지부장관 또는 시 · 도지사 또는 시장 · 군수 · 구청장은 사회복지사업을 운영하는 자에 대한 소관업무에 관하여 지도 · 감독을 하며, 필요한 경우 그 업무에 관하여 보고 또는 관계 서류의 제출을 명하거나, 소속 공무원으로 하여금 법인의 사무소 또는 시설에 출입하여 검사 또는 질문하게 할 수 있다(동법 제51조).

### (13) 동일명칭 사용의 금지

이 법에 의한 사회복지법인이 아닌 자는 사회복지법인이라는 용어를 사용하지 못한다(동법 제31조).

### (14) 다른 법률의 준용

사회복지법인에 관하여 이 법에 규정된 것을 제외하고는 민법과 「공익법인 설립 · 운영에 관한 법」을 준용한다(동법 제32조).

# 4. 사회복지사에 관한 제도

## 1) 사회복지사의 자격시험

보건복지부장관은 사회복지에 관한 전문지식과 기술을 가진 결격사유가 없는 자에게 사회복지사의 자격증을 교부할 수 있다. 사회복지사의 등급은 1·2등급으로 하고, 1급의 자격증을 교부받고자 하는 자는 국가시험에 합격하여야 하며, 국가시험은 1년에 1회 이상 실시하여야 한다(동법 제11조).

## 2) 사회복지사의 채용 및 교육

### (1) 의무채용

사회복지법인 및 사회복지시설을 설치·운영하는 자는 대통령령으로 정하는 바에 따라 사회복지사를 그 종사자로 채용하고, 보고방법·보고주기 등 보건복지부령으로 정하는 바에 따라 시·도지사 또는 시장·군수·구청장에게 사회복지사의 임면에 관한 사항을 보고하여야 한다. 다만, 대통령령으로 정하는 사회복지시설은 그러하지 아니하다(동법 제13조, 동법 시행령 제6조 제1항).

- 사회복지 프로그램의 개발 및 운영업무
- 시설거주자의 생활지도업무
- 사회복지를 필요로 하는 사람에 대한 상담업무

### (2) 의무채용의 제외시설

대통령령이 정하는 사회복지시설은 사회복지사의 의무적인 채용이 제외되는데, 이에 해당하는 시설들은 다음과 같다(동법 제13조, 동법 시행령 제6조 제2항).

- 노인복지법에 의한 노인여가복지시설(노인복지관은 제외)
- 장애인복지법에 의한 점자도서관과 점자도서 및 녹음서 출판시설
- 영유아보육법에 의한 어린이집

- 「성매매방지 및 피해자보호 등에 관한 법률」에 의한 성매매피해자 등을 위한 지원시설 및 성매매피해상담소
- 「정신건강증진 및 정신질환자 복지서비스 지원에 관한 법률」에 의한 정신요양시설 및 정신재활시설
- 「성폭력방지 및 피해자보호 등에 관한 법률」에 의한 성폭력피해상담소

#### (3) 사회복지사 보수교육

보건복지부장관은 사회복지사의 자질 향상을 위하여 필요하다고 인정하는 경우 사회복지사에게 교육받을 것을 명할 수 있다(동법 제13조 제2항). 다만, 사회복지법인 또는 사회복지시설에 종사하는 사회복지사는 정기적으로 인권에 관한 내용이 포함된 보수교육(연 8시간 이상)을 받아야 한다. 사회복지사로서 보수교육을 받지 아니한 자는 과태료에 처한다(한국사회복지사협회 '보수교육 운영지침' 참조).

그리고 의료사회복지사 또는 학교사회복지사의 자격을 가지고 해당 자격과 관련된 업무에 종사하는 사람은 연간 12시간 이상의 보수교육을 받아야 한다.

### 3) 사회복지사의 자격취소 및 유사명칭 사용금지

#### (1) 자격취소

보건복지부장관은 사회복지사가 다음 각 호의 어느 하나에 해당하는 경우 그 자격을 취소하거나 1년의 범위에서 정지시킬 수 있다. 다만, 제1호부터 제3호까지에 해당하면 그 자격을 취소하여야 한다(동법 제11조의3).

- 거짓이나 그 밖의 부정한 방법으로 자격을 취득한 경우
- 제11조의2 각 호의 어느 하나에 해당하게 된 경우(사회복지사의 결격사유)
- 자격증을 대여·양도 또는 위조·변조한 경우
- 사회복지사의 업무수행 중 그 자격과 관련하여 고의나 중대한 과실로 다른 사람에게 손해를 입힌 경우

- 자격정지 처분을 3회 이상 받았거나, 정지기간 종료 후 3년 이내에 다시 자격정지 처분에 해당하는 행위를 한 경우
- 자격정지 처분기간에 자격증을 사용하여 자격 관련 업무를 수행한 경우

거짓이나 그 밖의 부정한 방법으로 자격을 취득한 경우에 따라 자격이 취소된 사람은 취소된 날부터 15일 내에 자격증을 보건복지부장관에게 반납하여야 한다.

#### (2) 유사명칭 사용금지

이 법에 따른 사회복지사가 아니면 사회복지사 또는 이와 유사한 명칭을 사용하지 못한다(동법 제11조의4).

### 4) 사회복지사의 결격사유

사회복지사의 결격사유에 해당하는 자는 다음과 같다(동법 제11조의2).

- 피성년후견인 또는 피한정후견인
- 금고 이상의 형을 선고받고 그 집행이 종료되지 아니하였거나 그 집행을 받지 아니하기로 확정되지 아니한 자
- 법령 또는 법원의 판결에 의하여 자격이 상실 또는 정지된 자
- 마약·대마 또는 향정신성의약품의 중독자
- 정신건강증진 및 정신질환자 복지서비스 지원에 관한 법률에 따른 정신질환자(다만, 전문의가 사회복지사로서 적합하다고 인정하는 사람은 제외)

# 5. 사회복지법인

## 1) 법인의 의의

### (1) 법인의 개념

법인이라 함은 자연인에 의하여 목적을 달성하기 어려운 사업을 수행할 수 있게 하기 위하여 사람의 결합이나 특정한 재산에 대하여 자연인과 마찬가지로 법률상의 권리의무의 주체로서 권리능력, 행위능력, 불법행위능력(책임능력)이 있는 지위를 인정한 것이다. 따라서 ① 법인은 권리·의무의 주체이지만 스스로 행동할 수 없기 때문에 대표이사와 같은 기관을 두도록 하여 그 기관의 행위를 곧 법인의 행위로 간주하는 방식을 취하고 있고, ② 법인은 구성원의 가입·탈퇴가 있더라도 그에 영향을 받지 않고 그 동일성이 유지되고, ③ 법인의 재산은 구성원의 재산과는 달리 독립된 법인 자체의 재산이 된다.

### (2) 법인의 종류

① 공법인(公法人)과 사법인(私法人)

공법인은 특정한 공공목적을 위하여 특별한 법적 근거에 의하여 설립된 법인으로서, 설립목적이 법으로 정해져 있고 목적 달성에 필요한 한도에서 행정권이 부여되어 공과금 면제 등의 특례가 주어지는 대신 국가의 특별한 지도·감독을 받는다. 공법인의 광의적 의미는 국가와 공공단체를 모두 포함하고, 협의로는 공공단체를, 가장 협의로는 지방자치단체 이외의 공공단체만을 의미한다. 국민연금관리공단, 국민건강보험공단, 근로복지공단 등이 그 예이다.

사법인은 사법(私法)에 의하여 설립되고 규율되는 법인이다. 민법상의 법인은 비영리법인으로서 비영리사단법인과 비영리재단법인이 있고, 상법상의 법인은 영리법인이다. 사법인은 그 내부의 법률관계에 국가 또는 공공단체의 강제적 권력작용이 가해지지 않는다.

사회복지사업법에 의하여 설립된 사회복지법인은 설립절차가 사회복지 증진에 이바지하기 위한 공익적 목적으로 제정된 사회복지사업법에 의하여 정관의 기재사항, 임원구성, 재산소유 의무 및 관리, 지도·감독 및 보조금을 지원하고 있는 성격으로 보아 공익적 비영리 재단법인에 속한다.

② 영리법인과 비영리법인

사법인 중에서 민법상의 법인은 비영리법인(비영리사단법인과 비영리재단법인)이고, 상법상의 법인은 영리법인으로 구분된다.

영리법인은 사원의 경제적 이익을 도모함을 궁극적 목적으로 하여 설립된 법인으로서 사단법인만이 영리법인이 될 수 있고, 재단법인은 영리법인이 될 수 없다.

비영리법인은 공익을 위한 사업이나 학술, 종교, 자선, 기예, 사교, 기타 영리가 아닌 사업을 목적으로 하는 법인이다. 대부분의 사회복지기관시설인 사회복지법인 또는 사립학교가 그 예이다. 하지만 유료 노인복지시설은 개별법인 노인복지법에 의하여 시장·군수·구청장에게 신고하고, 유료 노인전문병원은 의료법에 의한 의료기관을 설치할 수 있는 자에 한하여 시·도지사의 허가로 설립되며, 영리법인에 속한다.

③ 사단법인과 재단법인

민법은 비영리법인으로서 사단법인과 재단법인을 인정하고 있다.

사단법인은 일정한 목적을 위하여 결합한 사람의 단체에 법인격을 부여한 것으로 단체의 의사에 의하여 자율적으로 활동한다. 사람이라고 하는 구성원 단체에 법인격이 부여되어 있지만, 구성원과는 독립하여 단체 자체가 그 주체가 된다는 점에서 구성원 모두가 주체가 되는 조합과 구별된다. 전국재해구호협회, 한국변호사회, 의사회 등이 그 예이다.

재단법인은 일정한 목적에 바쳐진 재산이라는 실체에 법인격을 부여한 것으로 설립자의 의사에 의하여 타율적으로 운영되며 영리법인이 될 수 없다. 홀트아동복지회, 사립학교 등이 그 예이다.

사립법인의 기관으로는 필수기관으로 의사결정기관인 사원총회, 대표·집행기관인 이사가 있고, 임의기관인 감사가 있다. 재단법인의 기관으로는 필수기관으로 이사가 있고 임의기관으로 감사가 있다. 사단법인은 2명 이상의 사원으로 구성되어 존재하므로 사원총회를 통하여 단체의사를 결정하여 자율적으로 활동한다. 재단법인은 출연된 재산에 의해 존재하며 설립자의 의사에 구속되어 타율적으로 활동한다. 그러므로 사단법인은 사원총회를 필수기관으로 하여 정관변경이 자유롭고, 사원이 없게 되는 때는 해산사유가 되며, 사원총회의 결의에 의한 해산이 인정되지만, 재단법인은 사원총회가 존재하지 않으며, 정관변경이 엄격하고, 사원이 없게 되는 때나 사원총회의 결의에 의한 해산이 있을 수 없다. 또한 법인의 설립행위로서 사단법인은 정관을 작성하여야 하는 데 대하여 재단법인은 정관작성 외에 재산출연이 있어야 한다.

### (3) 법인설립의 입법주의

#### ① 허가주의

법인설립에 관하여 행정관청의 허가를 필요로 하는 제도이다. 허가는 행정관청의 자유재량 행위이다. 주로 비영리법인의 경우에 허가주의를 택하고 있다. 사회복지사업법상의 사회복지법인 설립은 시·도지사의 허가를 받아야 한다.

#### ② 인가주의

법률이 정한 요건을 갖추고 행정관청의 인가를 얻음으로써 법인이 설립되는 제도이다. 허가는 적법요건으로서 재량행위인 반면, 인가는 제3자의 법률행위를 보충하여 법률상의 효력을 완성시키는 유효요건으로서 법률이 정한 요건을 갖추면 인가를 해주어야 한다. 농업협동조합과 같은 대부분의 협동조합 등의 설립이 그 예이다.

#### ③ 준칙주의

법인설립에 관한 요건을 미리 법률로 정해놓고 그 요건만 충족되면 당연히 법인의 설립을 인정하는 제도이다. 주로 영리법인이나 노동조합 설립이 그 예이다. 설립요건을 갖춘 후 관계 행정관청에 신고하도록 되어있다.

#### ④ 특허주의

국가정책이나 공익적 차원에서 특별한 법률을 제정하여 설립하는 제도로서 한국은행, 국민건강보험공단, 국민연금관리공단, 근로복지공단 등이 그 예이다.

⑤ 강제주의

법인의 설립을 국가가 강제하는 제도로서 변호사회, 약사회, 사회복지사협회 등이 그 예이다.

⑥ 자유설립주의

법인 설립에 관하여 아무런 제한이 없는 제도이나 대한민국은 이 제도를 취하지 않고 있다.

#### (4) 법인의 기관

① 사원총회

사단법인의 필수기관으로 사원으로 구성되는 최고의 의사결정기관이다. 총회는 통상총회와 임시총회가 있되 매년 1회 이상 통상총회를 소집하여야 한다. 정관변경과 임의해산은 사원총회의 전속권한이다.

② 이사

이사는 사단법인이나 재단법인의 필수기관으로서 법인의 모든 사무를 집행한다. 이사는 각자 법인을 대표한다. 다만, 법인과 이사의 이익의 상반되는 경우에는 감사나 이해관계인의 청구에 의하여 법원이 선임하는 특별대리인이 법인을 대표한다.

③ 감사

감사는 이사처럼 필수기관은 아니나 정관이나 사원총회의 결의로 둘 수 있는 임의감사기관이다. 사회복지사업법상 사회복지법인에는 2명 이상의 감사를 두도록 규정하고 있어 감사는 필수기관이다.

### 2) 사회복지법인의 정의 및 종류

#### (1) 사회복지법인의 정의

이 법상 사회복지법인이라 함은 사회복지사업을 행할 목적으로 설립된 법인을 말한다. 사회복지법인은 시·도지사의 허가를 받고 설립등기를 함으로써 설립되는 허가주의에 의한 비영리 공익 재단법인이다(동법 제16조).

#### (2) 사회복지법인의 적용법규

사회복지법인은 이 법의 적용을 받는다. 다만, 이 법에 적용할 규정이 없는 경우에는 「공익법인의 설립·운영에 관한 법률」을 준용하고, 「공익법인의 설립·운영에 관한 법률」에도 준용할 규정이 없을 경우에는 민법의 규정을 준용한다.

#### (3) 사회복지법인의 종류

사회복지법인에는 사회복지시설의 설치·운영을 목적으로 하는 시설법인과 사회복지사업을 지원하는 것을 목적으로 하는 지원법인으로 구분된다. 시설법인은 수용시설과 이용시설로 구분되는데, 수용시설은 가정에서 보호·양육할 수 없거나 재활을 필요로 하는 사람들을 보호·수용하여 상담·재활·건강 및 영양관리·숙박관리 등 일상생활의 향상과 자활 등의 서비스를 제공하는 시설을 말한다. 이용시설은 일반가정에서 생활하고 있는 주민 중 문제가 있거나 사회복지시설의 이용 등의 필요에 따라 전문적인 상담이나 재활·치료 등의 서비스를 제공하는 시설을 말한다. 지원법인은 시설의 설치·운영을 목적으로 하지 아니하고 사회복지사업을 지원하는 것을 목적으로 하는 법인을 말한다.

### 3) 사회복지법인의 설립

사회복지법인을 설립하기 위해서는 정관의 작성, 시·도지사의 설립허가, 설립의 등기 등 세 가지의 수속이 필요하다.

#### (1) 정관의 작성

사회복지법인을 설립하는 데 있어서 가장 중요한 것은 설립자가 재산을 출연하고 법인의 근본 규정이 되는 정관을 작성하는 것이다. 정관의 기재사항에는 필요적 기재사항과 임의적 기재사항이 있다(동법 제17조).

정관의 기재사항은 ① 목적, ② 명칭, ③ 주된 사무소의 소재지, ④ 사업의 종류, ⑤ 자산 및 회계에 관한 사항, ⑥ 임원의 임면에 관한 사항, ⑦ 회의에 관한 사항, ⑧ 수익을 목적으로 하는 사업이 있는 경우 그에 관한 사항, ⑨ 정관변경에 관한 사항, ⑩ 존립시기와 해산사유를 정한 때에는 그 시기와 사유 및 잔여재산의 처리방법, ⑪ 공고 및 그 방법에 관한 사항 등이다.

설립자가 필요적 기재사항 중 가장 중요한 목적과 재산만을 정하고, 그 외에 명칭, 주된 사무소의 소재지, 임원에 관한 사항 등 비교적 경미한 사항을 정하지 않고서 사망한 경우에 법인의 성립을 부인하는 것보다는 이를 보충해서 사자(死者)의 의사를 달성하게 하는 것이 사회공익을 위해서도 유익하므로, 민법은 이럴 경우 이해관계인 또는 검사의 청구에 의하여 법원이 이들 사항을 정하여 보충하고, 법인을 성립시키는 길을 열어주고 있다. 이것을 정관의 보충행위라고 한다.

임원에 관한 사항에는 이사의 대표권 등을 구체적으로 정해야 한다. 또 법인의 목적을 달성하기 위한 사업에 필요한 자산을 소유해야 한다. 법인이 정관의 변경 또는 기본 재산을 처분하고자 할 때에 시·도지사의 인가를 받아야 한다.

### (2) 법인설립의 허가

사회복지법인을 설립하고자 하는 자는 이상의 내용에 따라 정관을 작성하여 시·도지사의 허가를 받아야 한다(동법 제16조). 따라서 허가권자의 허가는 전적으로 자유재량에 속하는 것이다.

사회복지법인의 설립허가를 받고자 하는 자는 법인설립허가신청서에 보건복지부령이 정하는 서류를 첨부하여 사회복지법인의 주된 사무소의 소재지를 관할하는 시장·군수·구청장 및 시·도지사를 거쳐 보건복지부장관에게 제출하여야 한다. 경유기관이 법인설립허가신청서를 받을 때에는 자산에 관한 실지조사의 결과와 사회복지법인 설립의 필요성에 관한 검토의견을 첨부하여 보건복지부장관에게 송부하여야 한다.

### (3) 법인설립의 등기

설립허가를 받은 사회복지법인은 주된 사무소의 소재지에서 설립등기를 하여야 한다(동법 제16조 제2항). 법인으로 하여금 이러한 등기를 하게 하는 의의는 거래 상대방으로 하여금 법인의 조직을 알도록 하여 불의의 손해를 입지 않게 하기 위해서 등기하여 널리 알리게 하는 데 있다. 따라서 법인의 등기는 대항요건으로서 등기 후가 아니면 제3자에게 대항하지 못한다. 그러나 사회복지법인의 등기는 단지 대항요건일 뿐 그 설립은 주무관청의 설립허가를 받음으로써 성립한다. 등기가 법인의 성립요건이 아닌 대항요건이기 때문에 사회복지법인의 법인격 취득시기는 보건복지부장관의 설립허가를 받은 시기가 된다. 즉, 허가를 받은 때부터 사회복지법인은 권리능력과 불법행위능력이 생긴다. 다만, 선의의 제3자에 대한 대항능력은 등기한 때부터 생긴다.

### (4) 정관의 변경

사회복지법인은 시·도지사의 인가를 받아 정관을 변경할 수 있다(동법 제17조 제2항). 이 경우 ① 정관의 변경을 결의한 이사회 회의록 사본 1부, ② 정관변경안 1부, ③ 사업의 변동이 있는 경우에는 사업변경계획서·예산서 각 1부 및 재산의 수익조서 1부와 재산의 평가조서 1부를 첨부하여 주무관청에 제출하여야 한다. 다만, 정관의 사항 중 '공고 및 그 방법에 관한 사항'의 변경은 경미한 사항이라 인가를 받지 아니하여도 된다. 인가라 함은 제3자의 행위를 보충하여 법률상의 효력을 완성시키는 행위로서 유효요건이다.

## 4) 사회복지법인의 임원

### (1) 임원의 구성과 자격

임원은 사회복지사업법에 의하여 선임된 이사와 감사를 말한다. 법인은 대표이사를 포함한 이사 7명 이상과 감사 2인 이상을 두어야 한다. 법인은 이사정수의 3분의 1(소수점 이하는 버린다) 이상을 시·도 사회보장위원회나 시·군·구 지역사회보장협의체가 3배수로 추천한 사람 중에서 선임하여야 한다. 임원의 임기는 이사 3년, 감사 2년으로 하되 연임할 수 있다. 이사회 구성은 대통령령이 정하는 특별한 관계에 있는 자가 이사 현원의 5분의 1을 초과할 수 없고, 외국인 이사는 현원의 2분의 1 미만이어야 한다. 법인이 임원을 임명하고 지체 없이 이를 시·도지사에게 보고하여야 한다. 감사는 이사와 대통령령이 정하는 특별한 관계에 있는 자가 아니어야 하며, 그중 1인은 법률과 회계에 관한 지식과 경험이 있는 자 중에서 선임하여야 한다. 다만, 대통령령으로 정하는 일정 규모 이상의 법인은 시·도지사의 추천을 받아 감사로 선임하여야 한다(동법 제18조).

### (2) 임원의 결격사유

다음 중 어느 하나의 사유에 해당하는 자는 임원으로 선임될 수도 없고, 또 임원이 이에 해당하는 경우에는 임원자격을 상실하게 된다(동법 제19조).

- 미성년자
- 피성년후견인 또는 피한정후견인
- 파산선고를 받은 자로서 복권되지 아니한 자
- 법원의 판결 또는 다른 법률에 의하여 자격이 상실 또는 정지된 자
- 금고 이상의 실형을 받고 그 집행이 종료되거나 집행이 면제된 날로부터 3년이 경과되지 아니한 자
- 금고 이상의 형의 집행유예를 선고받고 그 유예기간 중에 있는 자
- 앞의 제1호의5 및 제1호의6 규정에도 불구하고 사회복지사업 또는 그 직무와 관련하여 아동복지법 제71조, 「보조금 관리에 관한 법률」 제40조부터 제42조까지 또는 형법 제28·40장(제360조는 제외한다)의 죄를 범하거나 이 법을 위반하여 100만 원 이상의 벌금형의 선고를 받고 그 형이 확정된 후 5년이 지나지 아니한 자이거나 형의 집행유예의 선고를 받고 그 형이 확정된 후 7년이 경과되지 아니한 자이거나, 징역형을 선고받고 그 집행이 끝나거나 집행이 면제된 날부터 7년이 지나지 아니한 자
- 제1호의5부터 제1호의7까지의 규정에도 불구하고 「성폭력범죄의 처벌 등에 관한 특별법」 제2조의 성폭력범죄 또는 「아동·청소년의 성보호에 관한 법

률」 제2조 제2호의 아동 · 청소년 대상 성범죄를 저지른 사람으로서 형 또는 치료감호를 선도받고 확정된 후 그 형 또는 치료감호의 전부 또는 일부의 집행이 끝났거나 집행이 유예 · 면제된 날부터 10년이 지나지 아니한 사람

- 시 · 도지사의 해임명령을 받고 해임된 지 5년이 경과되지 아니한 자
- 시설의 폐쇄명령을 받고 3년이 지나지 아니한 자(동법 제40조)
- 사회복지 분야의 6급 이상 공무원으로 재직하다 퇴직한 지 3년이 경과하지 아니한 사람 중에서 퇴직 전 5년 동안 소속하였던 기초자치단체가 관할하는 법인의 임원이 되고자 하는 사람

### (3) 임원의 변경보고 및 겸직금지

이사 또는 감사 중에 결원이 생긴 때에는 2개월 이내에 보충하여야 하며, 기간 내에 결원 보충하지 아니하는 경우에는 보건복지부장관은 지체 없이 이해관계인의 청구 또는 직권으로 임시이사를 선임하여야 한다. 이사는 법인이 설치한 사회복지시설의 장을 제외한 당해 시설의 직원을 겸할 수 없다. 감사는 법인의 이사 · 법인이 설치한 사회복지시설의 장 또는 그 직원을 겸할 수 없다(동법 제20 · 21조).

### (4) 임원의 해임명령

시 · 도지사는 임원이 다음 사항의 하나에 해당하는 때에는 법인에 대하여 그 임원의 해임을 명할 수 있다(동법 제22조).

- 시 · 도지사의 명령을 정당한 이유 없이 이행하지 아니한 때
- 회계부정이나 인권침해 등 현저한 불법행위, 기타 부당행위 등이 발견되었을 때
- 법인의 업무에 관하여 시 · 도지사에게 보고할 사항에 대하여 고의로 보고를 지연하거나 허위보고를 한 때
- 기타 이 법 또는 이 법에 의한 명령을 위반한 때

### 5) 사회복지법인의 재산

법인은 사회복지사업의 운영에 필요한 재산을 소유하여야 한다. 재산은 기본 재산과 보통재산으로 구분하며, 기본 재산은 그 목록과 가액을 정관에 기재하여야 한다. 기본 재산은 ① 부동산, ② 정관에서 기본 재산으로 정한 재산, ③ 이사회의 결의로 기본 재산에 편입된 재산이며, 보통재산은 기본 재산에 속하지 아니하는 그 밖의 재산이다. 기본 재산은 목적사업용 재산과 수익용 재산으로 구분하되, 시설의 설치·운영을 목적으로 하지 아니하고 사회복지사업을 지원하는 것을 목적으로 하는 법인은 이를 구분하지 아니할 수 있다.

법인은 기본 재산에 관하여 ① 매도·증여·교환·임대·담보제공 또는 용도변경하고자 할 때, ② 보건복지부령이 정하는 금액 이상을 1년 이상 장기 차입하고자 할 때에는 시·도지사의 허가를 받아야 한다.

법인이 매수·기부채납·후원 등의 방법으로 재산을 취득한 때에는 지체 없이 이를 법인의 재산으로 편입 조치하여야 한다. 이 경우 법인은 그 취득사유, 취득재산의 종류, 수량 및 가액을 매년 시·도지사에게 보고하여야 한다(동법 제23·24조).

### 6) 수익사업 및 후원금

법인은 목적사업의 경비에 충당하기 위하여 필요한 때에는 법인의 설립목적 수행에 지장이 없는 범위 안에서 수익사업을 할 수 있다. 법인은 수익사업으로부터 생긴 수익을 법인 또는 그가 설치한 사회복지시설의 운영 외의 목적에 사용할 수 없고, 수익사업에 관한 회계는 법인의 다른 회계와 구분하여 회계처리하여야 한다(동법 제28조).

법인의 대표이사와 시설의 장은 아무런 대가 없이 무상으로 받은 금품 및 기타의 자산(후원금)의 수입·지출 내용과 관리에 명확성이 확보되도록 하여야 한다(동법 제45조).

### 7) 법인의 설립허가 취소

시·도지사는 사회복지법인이 다음 사항에 해당할 때에는 기간을 정하여 시정명령을 하거나 법인설립 허가를 취소할 수 있다(동법 제26조). 다만, 거짓이나 그 밖의 부정한 방법으로 설립허가를 받았을 때, 법인 설립 후 기본 재산을 출연하지 아니한 때에는 설립허가를 취소하여야 한다. 취소를 하고자 할 때에는 청문을 하여야 한다.

- 거짓이나 그 밖의 부정한 방법으로 설립허가를 받았을 때
- 설립허가 조건을 위반하였을 때
- 목적 달성이 불가능하게 되었을 때
- 목적사업 외의 사업을 하였을 때
- 정당한 사유 없이 설립허가를 받은 날부터 6개월 이내에 목적사업을 시작하지 아니하거나 1년 이상 사업실적이 없을 때
- 법인이 운영하는 시설에서 반복적 또는 집단적 성폭력범죄가 발생한 때
- 법인 설립 후 기본 재산을 출연하지 아니한 때
- 대표이사를 포함한 이사 7명 이상과 감사 2명 이상이라는 임원정수를 위반한 때
- 규정을 위반하여 이사를 선임한 때
- 임원의 해임명령을 이행하지 아니한 때
- 그 밖에 이 법 또는 이 법에 따른 명령이나 정관을 위반하였을 때

법인이 거짓이나 그 밖의 부정한 방법으로 설립허가를 받았을 때, 법인 설립 후 기본 재산을 출연하지 아니한 때를 제외하고 설립허가를 취소하는 경우는 다른 방법으로 감독목적을 달성할 수 없거나 시정을 명한 후 6개월 이내에 법인이 이를 이행하지 아니한 경우에 행한다.

### 8) 법인의 합병

법인은 시·도지사의 허가를 받아 사회복지사업법에 의한 다른 법인과 합병

할 수 있다. 다만, 주된 사무소가 서로 다른 시·도에 소재한 법인 간의 합병의 경우에는 보건복지부장관의 허가를 받아야 한다. 법인이 합병하는 경우 합병 후 존속하는 법인 또는 합병에 의하여 설립된 법인은 합병에 의하여 소멸된 법인의 지위를 승계한다(동법 제30조).

### 9) 해산법인의 재산처리

해산한 법인의 잔여재산은 정관이 정하는 바에 의하여 국가 또는 지방자치단체에 귀속된다. 국가 또는 지방자치단체에 귀속된 재산은 사회복지사업에 사용하거나 유사한 목적을 가진 법인에게 무상으로 대여하거나 무상으로 사용·수익하게 할 수 있다. 다만, 해산한 법인의 이사 본인 및 그와 대통령령이 정하는 특별한 관계에 있는 자가 이사로 있는 법인에 대하여는 그러하지 아니하다(동법 제27조).

### 10) 다른 법률의 준용

사회복지법인에 관하여 이 법에 규정된 것을 제외하고는 민법과 「공익법인의 설립·운영에 관한 법률」을 준용한다(동법 제32조). 즉, 사회복지사업과 관련된 법 적용의 우선순위는 특정 개별사회복지법, 사회복지사업법, 「공익법인의 설립·운영에 관한 법률」, 민법의 순으로 적용한다.

## 6. 사회복지시설에 관한 규정

### 1) 사회복지시설의 의의

사회복지시설이라 함은 사회복지사업을 행할 목적으로 설치된 시설을 말한다. 다시 말하면, “아동, 노인, 장애인 등 스스로 정상적인 사회생활을 하기 어려운 사람들에게 보호·치료·자립지원 등의 서비스를 제공할 것을 목적으로,

이들에게 통원 · 수용 · 기타의 방법으로 편의를 제공하기 위해 마련된 장소, 설비, 건조물 등"을 사회복지시설이라 한다.

### 2) 사회복지시설의 종류

사회복지시설은 그 분류기준에 따라 다음 <표 10-3>과 같이 다양한 종류로 구분해 볼 수 있다.

〈표 10-3〉 시설의 설립 및 운영주체에 의한 분류

| 설립주체 / 운영주체 | 공 립 | 사 립 |
|---|---|---|
| 공 영 | 공립공영 | 사립공영 |
| 민 영 | 공립민영 | 사립민영 |

#### (1) 시설의 설립 및 운영주체에 의한 분류

사회복지시설을 설립 · 운영하는 주체가 국가 또는 지방자치단체인가 또는 민간법인인가에 따라 다음과 같은 종류로 구분된다.

- **공립공영시설** : 국가 또는 지방자치단체가 설립해서 직접 운영하는 시설, 예컨대 국립재활원 같은 것이 있다.
- **공립민영시설** : 국가 또는 지방자치단체가 설립해서 그 운영을 민간법인에 위탁운영하는 시설을 말한다. 우리나라의 부랑인시설은 대부분 지방자치단체가 설립하여 종교법인 또는 사회복지법인에 위탁하여 운영하고 있다. 종합사회복지관은 대부분 이 형태를 취하고 있다.
- **사립공영시설** : 민간이 설립해서 그 운영을 국가 또는 지방자치단체에 위탁하거나 또는 헌납한 시설이다. 외국에서는 이런 예가 흔히 있다. 기업체가 설립한 사회복지법인이 시설물을 설치하여 공공기관 또는 다른 사회복지법인에 기부채납하는 경우가 이 형태이다.
- **사립민영시설** : 민간법인이 설립하여 직접 운영하는 시설이다. 우리나라의 대부분 시설이 이 형태에 속한다.

### (2) 시설이용 방법에 의한 분류

이것은 시설이용자에 대해서 수용해서 보호하느냐 또는 통원하게 하여 서비스를 제공하느냐에 따른 분류방법이다.

- **생활시설** : 요보호대상자를 수용하여 24시간 보호하는 시설을 말한다. 통상적으로 시설이라 할 때에는 생활시설을 말한다.
- **이용시설** : 재가시설 또는 생활시설의 보호대상자를 통원하게 하여 서비스를 제공하는 시설이다. 통상적으로 이용시설을 '기관'이라 부른다. 때로는 생활시설이 이용시설을 겸하는 경우도 있다.

### (3) 요금의 징수 여부에 따른 분류

이용자로부터 비용을 징수하느냐 여부에 따른 분류방법이다.

- **유료시설** : 이용자 또는 그 부양의무자로부터 전적으로 요금을 징수하여 운영하는 시설이다. 유료시설의 징수액에는 보호비는 물론 시설의 유지를 위한 관리비와 인건비, 기타의 모든 비용이 포함된다.
- **무료시설** : 이용자로부터 요금을 징수하지 않고 전액 무료로 서비스를 제공하는 시설 또는 실비의 요금을 징수하는 시설로 우리나라의 대부분 시설이 여기에 속한다. 여기서 실비라 함은 시설이용자에게 직접 투여된 보호비만 포함될 뿐 기타의 비용은 포함되지 않는다는 점에서 유료와 구분된다.

## 3) 사회복지시설의 설치

국가 또는 지방자치단체는 사회복지시설을 설치·운영할 수 있다.

다만, 시설 폐쇄명령을 받고 3년이 지나지 아니한 자와 제19조 제1항 제1호 및 제1호의2부터 제1호의8까지의 어느 하나에 해당하는 개인 또는 그 개인이 임원인 법인은 시설의 설치·운영신고를 할 수 없다. 시설을 설치·운영하는 자는 보건복지부령으로 정하는 재무·회계에 관한 기준에 따라 시설을 투명하게 운영하여야 한다(동법 제34조). 사회복지시설의 설치·운영신고서는 다음 서류(전자문서 포함)를 첨부하여야 한다(동법 시행규칙 제20조).

- 법인의 정관(법인에 한함) 1부
- 시설운영에 필요한 재산목록 1부
- 사업계획서 및 예산서 각 1부
- 시설의 평면도와 건물의 배치도 각 1부

신고서 제출을 받은 시장·군수·구청장은 사회복지시설 신고필증을 교부하여야 하며, 사회복지시설신고관리대장을 작성·관리하여야 한다. 여기서 국가 또는 지방자치단체 외의 자는 국가·지방자치단체·사회복지법인·비영리법인 및 개인이라고 할 수 있다. 그러나 정신요양시설, 아동보호치료시설 및 교호시설 등은 시설생활자의 권익보호를 위하여 반드시 사회복지법인 또는 비영리법인에 한하여 설치·운영할 수 있도록 제한하고 있으므로 개인은 운영할 수 없다.

### 4) 위 탁

국가 또는 지방자치단체가 설치한 시설은 필요한 경우 사회복지법인 또는 비영리법인에게 위탁하여 운영하게 할 수 있다. 위탁계약 기간은 5년 이내로 하되 위탁자가 필요하다고 인정하는 때에는 그 계약기간을 갱신할 수 있다(동법 제34조 제4·5항).

### 5) 사회복지시설의 인원 제한

사회복지시설의 수용인원은 300인을 초과할 수 없다. 그러나 노인복지법에서는 양로시설, 노인복지주택, 노인요양시설은 300인을 초과할 수 있도록 예외규정을 두고 있다(동법 제41조).

### 6) 보험가입 의무

시설의 운영자는 화재로 인한 손해배상책임의 이행을 위하여 손해보험사가 영위하는 책임보험에 가입하거나 「사회복지사 등의 처우 및 지위 향상을 위한 법률」에 따른 한국사회복지공제회의 책임공제에 가입하여야 한다. 국가 또는 지방자치단체는 예산의 범위 안에서 책임보험 또는 책임공제에 소요되는 비용의 전부 또는 일부를 보조할 수 있다(동법 제34조의3).

### 7) 시설의 안전점검

시설의 장은 시설에 대하여 정기 및 임시 안전점검을 실시하여야 하며, 그 결과를 시장·군수·구청장에게 제출하여야 한다. 시설의 안전점검 결과를 제출받은 시장·군수·구청장은 필요한 경우 시설의 운영자로 하여금 시설의 보완 또는 개·보수를 요구할 수 있고, 이 경우 시설의 운영자는 이에 응하여야 한다. 국가 또는 지방자치단체는 예산의 범위 안에서 안전점검·시설의 보완 및 시설의 개·보수에 소요되는 비용의 전부 또는 일부를 보조할 수 있다. 정기 또는 임시 안전점검을 받아야 하는 시설의 범위 및 안전점검 시기, 안전점검기관과 그 절차는 대통령령으로 정한다(동법 제34조의4).

### 8) 시설의 장

시설의 장은 상근하여야 한다. 다음에 해당하는 자는 시설장이 될 수 없다(동법 제35조).

- 미성년자
- 피성년후견인 또는 피한정후견인
- 파산선고를 받은 자로서 복권되지 아니한 자
- 법원의 판결에 따라 자격이 상실 또는 정지된 자
- 금고 이상의 실형의 선고를 받고 그 집행이 종료되거나 집행이 면제된 날부터 3년이 경과되지 아니한 자
- 금고 이상의 형의 집행유예선고를 받고 그 유예기간 중에 있는 자
- 사회복지법인의 임원으로 있다가 동법에 의해 해임된 경우 해임된 후 5년이 경과하지 않은 사람
- 사회복지 분야의 6급 이상 공무원으로 재직하다 퇴직한 지 3년이 경과하지

아니한 사람 중에서 퇴직 전 5년 동안 소속하였던 기초자치단체가 관할하는 시설의 장이 되고자 하는 사람

### 9) 비치서류

시설의 장은 후원금품대장 등 다음의 서류를 시설 내에 비치하여야 한다(동법 제37조).

- 법인의 정관(법인에 한함)
- 법인설립허가증 사본(법인에 한함)
- 사회복지시설신고증
- 시설거주자 및 퇴소자의 명부
- 시설거주자 및 퇴소자의 상담기록부
- 시설의 운영계획서 및 예산 · 결산서
- 후원금품대장
- 시설의 건축물관리대장
- 시설의 장과 종사자의 명부

### 10) 운영위원회

#### (1) 운영위원회의 기능

시설의 운영에 관한 다음의 사항을 심의하기 위하여 운영위원회를 둔다(동법 제36조).

- 시설운영 계획의 수립 · 평가에 관한 사항
- 사회복지 프로그램의 개발 · 평가에 관한 사항
- 시설종사자의 근무환경 개선에 관한 사항
- 시설거주자의 생활환경 개선 및 고충처리 등에 관한 사항
- 시설과 지역사회와의 협력에 관한 사항
- 그 밖에 시설의 장이 운영위원회의 회의에 부치는 사항

### (2) 운영위원회의 구성

운영위원회의 위원은 위원장 및 시설의 장을 포함하여 5인 이상 15인 이하의 위원으로 구성한다. 위원회의 위원장은 위원 중에서 호선하며, 위원의 임기는 3년으로 하되, 보궐된 임기는 전임자 임기의 남은 기간으로 한다. 이것은 법인이사회와 별도로 전문가 또는 현실적으로 시설운영에 참여하고 있는 사람들로 구성하여 시설운영을 시설장의 독단에 맡기는 폐단을 막도록 했다(동법 제36조, 동법 시행규칙 제24조).

### (3) 운영위원의 자격

위원은 다음에 해당하는 자 중에서 시장・군수・구청장이 임명 또는 위촉한다(동법 제36조 제2항).

- 시설의 장
- 시설거주자 대표
- 시설거주자의 보호자 대표
- 시설종사자의 대표
- 해당 시・군・구 소속의 사회복지업무를 담당하는 공무원
- 후원자 대표 또는 지역주민
- 공익단체에서 추천한 사람
- 그 밖에 시설의 운영 또는 사회복지에 관하여 전문적인 지식과 경험이 풍부한 사람

## 11) 시설의 서비스 최저기준 및 평가

### (1) 서비스 최저기준

보건복지부장관은 시설에서 제공하는 서비스의 최저기준을 마련하여야 한다. 또 시설운영자는 이 서비스 최저기준 이상으로 서비스 수준을 유지하여야 한다(동법 제43조).

### (2) 평가

보건복지부장관 및 시・도지사는 보건복지부령이 정하는 바에 따라 시설을 정기적으로 평가할 수 있으며, 이를 시설의 감독 또는 지원 등에 반영할 수 있다(동법 제43조의2 제1항). 사회복지시설에 대한 평가제도를 도입하고 그 결과를 시설의 감독 또는 지원에 반영할 수 있도록 함으로써 사회복지시설 상호 간의 경쟁을 통해 능동적이고 적극적인 발전을 촉진시키고자 했다. 이에 따라 보건복지부장관 또는 시・도지사가 3년마다 1회 이상 시설평가를 실시하여야 한다(동법 시행규칙 제27조의2).

## 12) 시설의 개선・재개・폐지신고 등

### (1) 신고에 의한 휴지・재개・폐지

국가 또는 지방자치단체 외의 자로서 시설설치를 신고하여 운영하는 자는 그 운영을 휴지하거나 재개 또는 시설을 폐지하고자 하는 때에는 시장・군수・구청장에게 신고하여야 하고, 신고를 접수한 시장・군수・구청장은 시설운영의 휴지 및 폐지의 경우 시설거주자를 다른 시설로 보내는 등 시설거주자의 권익을 보호하기 위한 조치를 취하여야 한다(동법 제38조 제2・3항).

### (2) 시설의 개선・사업의 정지・시설의 폐쇄

보건복지부장관, 시・도지사 또는 시장・군수・구청장은 시설이 다음 사항에 해당할 때에는 그 시설의 개선, 사업의 정지, 시설의 장의 교체를 명하거나 시설의 폐쇄를 명할 수 있다(동법 제40조).

- 시설이 설치기준에 미달하게 된 때
- 사회복지법인 또는 비영리법인이 설치・운영하는 시설의 경우 그 사회복지법인 또는 비영리법인의 설립허가가 취소된 때
- 설치목적의 달성, 기타의 사유로 계속하여 운영될 필요가 없다고 인정할 때
- 회계부정이나 불법행위, 기타 부당행위 등이 발견되었을 때

- 신고를 하지 아니하고 시설을 설치·운영하였을 때
- 운영위원회를 설치하지 아니하거나 운영하지 아니하였을 때
- 보건복지부장관, 시·도지사 또는 시장·군수·구청장의 명에 따른 보고 또는 자료제출을 하지 아니하거나 거짓으로 하였을 때
- 보건복지부장관, 시·도지사 또는 시장·군수·구청장의 검사·질문을 거부·방해하거나 기피하였을 때
- 성폭력범죄 또는 학대 관련범죄가 발생한 때
- 1년 이상 시설이 휴지상태에 있어 시장·군수·구청장이 재개를 권고하였음에도 불구하고 재개하지 아니한 때

## 7. 사회복지사업의 법정단체

### 1) 한국사회복지사협회

#### (1) 설립목적

사회복지에 관한 전문지식과 기술을 개발·보급하고 사회복지사의 자질 향상을 위한 교육훈련 및 사회복지사의 복지증진을 도모하기 위하여 법인으로 한국사회복지사협회를 설립한다. 사회복지사협회는 강제주의에 의하여 설립된 공익사단법인이다. 따라서 사회복지사협회에 관하여 사회복지사업법에 규정된 것을 제외하고는 민법의 사단법인에 관한 규정을 준용한다(동법 제46조).

#### (2) 업무

사회복지사협회는 다음과 같은 업무를 수행하도록 규정되어 있다.

- 사회복지사에 대한 전문지식 및 기술의 개발·보급
- 사회복지사의 전문성 향상을 위한 교육훈련
- 사회복지사제도에 대한 조사연구·학술대회 개최 및 홍보·출판사업
- 국제사회복지사단체와의 교류협력

- 보건복지부장관이 위탁하는 사회복지사업에 관한 업무
- 기타 협회의 목적달성에 필요한 사항

여기서 보건복지부장관이 위탁하는 사회복지사업에 관한 업무 중 현재 사회복지사협회에 위탁된 업무는 사회복지사 1급의 시험관리업무와 사회복지사 자격증의 교부업무 및 신고에 관한 업무를 들 수 있다.

### 2) 한국사회복지협의회

#### (1) 목적

사회복지에 관한 조사·연구와 각종 복지사업을 조성하기 위하여 전국단위의 한국사회복지협의회(중앙협의회)와 시·도 단위의 시·도 사회복지협의회(시·도 협의회)를 두며, 필요한 경우에는 시·군·구 단위의 시·군·구 사회복지협의회를 둘 수 있다.

중앙협의회, 시·도 협의회는 사회복지법인으로 하되, 동법 제23조 제1항(재산의 소유의무)의 규정은 이를 적용하지 아니한다.

#### (2) 사회복지협의회의 업무

사회복지협의회는 다음의 업무를 행한다(동법 제33조).

- 사회복지에 관한 조사·연구 및 정책 건의
- 사회복지 관련 기관·단체 간의 연계·협력·조정
- 사회복지 소외계층 발굴 및 민간 사회복지 자원과의 연계·협력
- 사회복지에 관한 교육훈련
- 사회복지에 관한 자료수집 및 간행물 발간
- 사회복지에 관한 계몽 및 홍보
- 자원봉사활동의 진흥
- 사회복지사업에 관한 기부문화의 조성
- 사회복지사업에 종사하는 사람의 교육훈련과 복지증진

- 사회복지에 관한 학술 도입과 국제사회복지단체와의 교류
- 보건복지부장관이 위탁하는 사회복지에 관한 업무

### 3) 재가복지서비스에 관한 규정

#### (1) 의의

사회복지서비스의 욕구대상은 다양하다. 사회복지시설에 수용되어 장기적인 보호를 필요로 하기보다는 가정에서 보호하거나 서비스를 제공받을 수밖에 없는 상황에 놓인 보호대상자들이 날로 늘어감에 따라 재가복지서비스의 실효성이 증가하고 있다.

#### (2) 재가복지서비스의 종류

국가 또는 지방자치단체는 보호대상자가 다음 사항에 해당하는 재가복지서비스를 제공받도록 할 수 있다(동법 제41조의2).

- **가정봉사서비스** : 가사 및 개인 활동을 지원하거나 정서활동을 지원하는 서비스
- **주간 · 단기보호서비스** : 주간 · 단기보호시설에서 급식 및 치료 등 일상생활의 편의를 낮 동안 또는 단기간 동안 제공하거나 가족에 대한 교육 및 상담을 지원하는 서비스

시장 · 군수 · 구청장은 보호대상자별 보호계획에 따라 보호대상자에게 사회복지서비스를 제공하는 경우 시설입소에 우선하여 재가복지서비스를 제공하도록 하여야 한다(동법 제41조의2 제2항; 사회보장급여법 제15조 참조)

#### (3) 가정봉사원의 양성

국가 또는 지방자치단체는 재가복지서비스를 필요로 하는 가정 또는 시설에서 보호대상자가 일상생활을 영위하기 위하여 필요한 각종 편의를 제공하는 자원봉사원을 양성하도록 노력하여야 한다(동법 제41조의4).

## 8. 사회복지사업의 재원지원에 관한 규정

### 1) 의 의

사회복지사업의 운영에 필요한 경비는 원칙적으로 사회복지 증진의 책임이 있는 국가와 지방자치단체가 부담하는 것이 원칙이다. 국민의 생활수준이 향상되면서 복지욕구의 수준과 질도 높아지고 있는 만큼 이에 상응하는 사회복지사업의 운영경비도 증가할 수밖에 없으나 국가재정은 한정된 것이다. 따라서 소득수준에 따른 무료복지, 실비복지 및 유료복지 등의 형평성을 고려하여 여러 가지 형태의 재원조달을 하여야 하기 때문에 사회복지사업법상의 재원조달은 주로 무료복지 내지 실비복지 지원에 대한 규정을 하고 있다.

### 2) 보조금

#### (1) 보조금의 지원대상

국가나 지방자치단체는 사회복지사업을 수행하는 자 중 다음 사항에 해당하는 자에 대하여 필요한 비용의 전부 또는 일부를 보조할 수 있다(동법 제42조 제1항).

- 사회복지법인
- 사회복지사업을 수행하는 비영리법인
- 사회복지시설 보호대상자를 수용하거나 보육·상담 및 자립지원을 하기 위하여 사회복지시설을 설치·운영하는 개인

#### (2) 보조금의 용도

보조금은 그 목적 이외의 용도에 사용할 수 없으며, 보조금을 받은 자가 다음 사항에 해당될 때에는 이미 교부한 보조금의 전부 또는 일부의 반환을 명할 수 있다(동법 제42조 제2·3항).

- 거짓이나 그 밖의 부정한 법으로 보조금을 교부받은 때
- 사업목적 외의 용도에 보조금을 사용한 때
- 이 법 또는 이 법의 명령에 위반한 때

### 3) 비용의 징수

이 법에 따른 복지조치에 필요한 비용을 부담한 지방자치단체의 장이나 그 밖에 시설을 운영하는 자는 그 혜택을 받은 본인 또는 그 부양의무자로부터 대통령령으로 정하는 바에 따라 그가 부담한 비용의 전부 또는 일부를 징수할 수 있다. 다만, 그 혜택을 받은 본인이 국민기초생활 보장법에 의한 수급자인 경우에는 그 비용을 징수하지 아니한다(동법 제44조).

### 4) 후원금의 관리

사회복지사업법에서는 후원금 관리에 대한 법적 근거를 신설하여 그 투명성을 확보할 수 있는 근거를 마련하였다.

사회복지법인의 대표이사와 시설의 장은 아무런 대가 없이 무상으로 받은 금품이나 그 밖의 자산의 수입·지출내용을 공개하여야 하며, 그 관리에 명확성이 확보되도록 하여야 한다. 후원금에 관한 영수증 발급, 수입 및 사용결과 보고, 그 밖에 후원금 관리 및 공개 절차 등 구체적인 사항은 보건복지부령으로 정한다(동법 제45조).

- 후원금을 받은 때에는 시장·군수·구청장이 부여한 일련번호가 기재된 서식의 후원금 영수증을 후원자에게 즉시 교부한다.
- 금융기관 또는 체신관서의 계좌입금을 통하여 후원금을 받은 때에는 법인명의 후원금 전용계좌나 시설의 명칭이 부기된 시설장 명의의 계좌를 사용하고, 이 경우 후원자가 영수증 발급을 원하는 경우를 제외하고는 영수증 교부를 생략할 수 있다.
- 연 1회 이상 해당 후원금의 수입 및 사용 내용을 후원금을 낸 법인·단체 또는 개인에게 통보하되, 정기간행물·홍보지 등을 이용하여 일괄 통보할

수 있다.

- 매 반기 종료 후 10일 이내에 후원금 수입 및 사용결과 보고서(전산파일 포함)를 시장 · 군수 · 구청장에게 제출하여야 한다.
- 후원금을 후원자가 지정한 사용용도 외의 용도로 사용하지 못한다.
- 후원금의 수입 및 지출은 예산의 편성 및 확정 절차에 따라 세입 · 세출예산에 편성하여 사용하여야 한다.

## 9. 수급자의 권리구제에 관한 규정

### 1) 비밀누설의 금지

사회복지사업 또는 사회복지업무에 종사하였거나 종사하고 있는 사람은 그 업무수행의 과정에서 알게 된 다른 사람의 비밀을 누설하여서는 아니 된다(동법 제47조).

### 2) 압류금지

이 법(사회복지사업법과 27법)에 의하여 지급된 금품과 이를 받을 권리는 압류하지 못한다(동법 제48조).

### 3) 지도 · 감독

수급자의 보호를 위하여 보건복지부장관 또는 시 · 도지사 또는 시장 · 군수 · 구청장은 사회복지사업을 운영하는 자에 대한 소관업무에 관하여 지도 · 감독을 하며, 필요한 경우 그 업무에 관하여 보고 또는 관계 서류의 제출을 명하거나, 소속 공무원으로 하여금 법인의 사무소 또는 시설에 출입하여 검사 또는 질문하게 할 수 있다(동법 제51조).

# 제11장 사회보장급여의 이용·제공 및 수급권자 발굴에 관한 법률

## 1. 입법배경

이 법은 동일 대상자에게 복지혜택의 중복으로 서비스의 효율적인 연계가 어렵고, 복지사각지대로 인한 소외계층이 발생하는 경우를 해소하고자 하는 것이다.

또한 복지행정업무를 전자적으로 지원하는 사회보장정보시스템의 원활한 운영을 뒷받침하며, 사회보장과 지역 간 균형발전을 실현하기 위한 방안 및 지원체계를 정립하는 데 있다. 따라서 본 법률은 2014년 12월에 제정되어 2015년 7월에 시행되었다.

## 2. 목 적

이 법은 사회보장기본법에 따른 사회보장급여의 이용 및 제공에 관한 기준과 절차 등 기본적 사항을 규정하고 지원을 받지 못하는 지원대상자를 발굴하여 지원함으로써 사회보장급여를 필요로 하는 사람의 인간다운 생활을 할 권리를 최대한 보장하고, 사회보장급여가 공정하고 효과적으로 제공되도록 하며, 사회보장제도가 지역사회에서 통합적으로 시행될 수 있도록 그 기반을 구축하는 것을 목적으로 한다(동법 제1조).

## 3. 용어의 정의(동법 제2조)

이 법에서 사용하는 용어의 뜻은 다음과 같다.

① 사회보장급여란 보장기관이 사회보장기본법 제3조 제1호에 따라 제공하는 현금, 현물, 서비스 및 그 이용권을 말한다.

② 수급권자란 사회보장기본법 제9조에 따른 사회보장급여를 제공받을 권리를 가진 사람을 말한다.

③ 수급자란 사회보장급여를 받고 있는 사람을 말한다.

④ 지원대상자란 사회보장급여를 필요로 하는 사람을 말한다.

⑤ 보장기관이란 관계 법령 등에 따라 사회보장급여를 제공하는 국가기관과 지방자치단체를 말한다.

## 4. 사회보장급여의 이용 및 관리

### 1) 사회보장급여의 신청

사회보장급여는 기본적으로 신청주의를 따른다. 지원대상자와 그 대상자를 사실상 보호하고 있는 자 등은 지원대상자의 관할 주소지 보장기관에 급여를 신청할 수 있다. 그리고 담당자는 지원대상자의 동의를 받아 직권으로도 신청할 수 있다.

### 2) 사회보장 요구의 조사

보장기관의 장은 급여의 신청으로 대상자의 사회보장 요구와 관련된 사항, 건강상태, 가구 구성 등 생활 실태에 관한 사항 등을 조사하여야 한다.

### 3) 수급자격의 조사

보장기관의 장은 급여의 신청을 받으면 대상자의 그 부양의무자(배우자와 1촌의 직계혈족 및 그 배우자)에 대하여 급여의 수급자격 확인을 위하여 필요한 자료 또는 정보를 제공받아 조사하고 처리할 수 있다.

### 4) 사회보장급여 제공의 결정

보장기관의 장은 조사를 실시한 경우에는 급여의 제공 여부 및 제공 유형을 결정하되, 급여와 보장내용이 중복되도록 하여서는 안 된다. 보장기관의 장은 결정된 급여의 제공 여부와 그 유형 및 변경사항 신고 등을 서면(전자문서 포함)으로 통지하며, 필요한 경우 구두 등의 방법을 병행할 수 있다.

### 5) 사회보장급여의 관리

보장기관의 장은 수급자에 대한 급여의 적정성을 확인하기 위하여 수급자격 조사에 해당하는 정보를 조사할 수 있다. 그리고 보건복지부장관은 속임수 등의 부정한 방법으로 급여를 받거나 타인으로 하여금 급여를 받게 한 경우에는 보장기관의 효과적인 대책을 세울 수 있도록 그 발생 현황, 피해사례 등에 관한 실태조사를 3년마다 실시하고, 그 결과를 공개하여야 한다.

### 6) 이의신청

이 법에 따른 처분에 이의가 있는 수급권자 등은 그 처분을 받은 날로부터 90일 이내에 처분을 결정한 보장기관의 장에게 이의신청을 할 수 있다.

## 5. 지원대상자의 발굴

### 1) 위기가구의 발굴

보장기관의 장은 위기가구를 발굴하기 위하여 노력하여야 한다. 발굴한 위기가구의 구성원이 필요로 하는 적절한 사회보장급여를 제공받을 수 있도록 지원하여야 한다.

그리고 보장기관의 장은 지원대상자에 대한 발굴조사를 분기마다 정기적으로 실시하여야 한다. 보건복지부장관은 지원대상자 발굴체계의 운영실태를 매년 정기적으로 점검하고 개선방안을 마련하여야 한다.

### 2) 신고의무

복지사각지대를 해소하기 위해 사회보장급여를 필요로 하는 대상자를 발견했을 때는 신고해야 하는 의무 규정이 있다. 누구든지 출산, 양육, 실업, 노령, 장애, 질병, 빈곤 및 사망 등의 사회적 위험으로부터 사회보장급여를 필요로 하는 대상자를 발견했을 때에는 보장기관에 알려야 한다. 신고의무자는 사회복지시설 및 기관의 장과 종사자, 이장, 통장 등이다.

### 3) 발굴조사의 실시 및 실태점검

보장기관의 장은 지원대상자에 대한 발굴조사를 분기마다 정기적으로 실시하여야 한다. 다만, 긴급복지지원법에 따라 발굴조사를 실시한 경우에는 그러하지 아니하다.

## 6. 사회보장정보 및 사회보장정보시스템의 이용 그리고 한국사회보장정보원

보건복지부장관은 보장기관이 수급권자의 선정 및 급여관리 등에 관한 업무를 효율적으로 수행할 수 있도록 사회보장정보시스템을 통하여 해당하는 자료 또는 정보를 처리할 수 있다(동법 제23조).

보장기관의 장은 사회보장정보시스템을 이용하여 처리하고자 하는 자료 또는 정보와 그 범위, 처리목적·방식, 해당 자료 또는 정보의 보유기관 등을 특정하여 보건복지부장관과 협의하여야 한다.

보건복지부장관은 사회보장의 사각지대를 해소하기 위하여 사회보장정보시스템을 통하여 처리된 정보를 보장기관의 장에게 제공할 수 있으며, 보장기관의 장은 필요한 경우 지원대상자의 동의를 받아 대통령령으로 정하는 법인·단체·시설의 장이 활용할 수 있도록 지원할 수 있다.

보장기관의 장은 사회보장정보시스템을 통한 사회보장정보를 이 법에서 정한 목적 외의 용도로 이용하여서는 아니 된다(동법 제24조).

한편 사회보장정보시스템의 운영·지원을 위하여 한국사회보장정보원(이하 "사회보장정보원"이라 한다)을 설립한다. 한국사회보장정보원은 법인으로 한다(동법 제29조).

## 7. 지역사회보장에 관한 지역계획 및 운영체계

### 1) 지역사회보장에 관한 계획

#### (1) 지역사회보장에 관한 계획의 수립(동법 제35조)

① 특별시장·광역시장·특별자치시장·도지사·특별자치도지사 및 시장·군수·구청장은 지역사회보장에 관한 계획을 4년마다 수립하고, 매년 지역사회보장계획에 따라 연차별 시행계획을 수립하여야 한다. 이 경우 사회보장기본법 제16조에 따른 사회보장에 관한 기본 계획과 연계되도록 하여야 한다.

② 시장·군수·구청장은 해당 시·군·구의 지역사회보장계획을 지역주민 등 이해관계인의 의견을 들은 후 수립하고, 제41조에 따른 지역사회보장협의체의 심의와 해당 시·군·구 의회의 보고를 거쳐 시·도지사에게 제출하여야 한다.

③ 시·도지사는 제출받은 시·군·구의 지역사회보장계획을 지원하는 내용 등을 포함한 특별시·광역시·특별자치시·도·특별자치도 지역사회보

장계획을 수립하여, 제40조에 따른 시 · 도사회보장위원회의 심의와 해당 시 · 도 의회의 보고를 거쳐 보건복지부장관에게 제출하여야 한다. 이 경우 보건복지부장관은 제출된 계획을 사회보장위원회에 보고하여야 한다.

④ 시 · 도지사 또는 시장 · 군수 · 구청장은 지역사회보장계획을 수립할 때 필요하다고 인정하는 경우에는 사회보장 관련 기관 · 법인 · 단체 · 시설에 자료 또는 정보의 제공과 협력을 요청할 수 있다.

⑤ 보장기관의 장은 지역사회보장계획의 수립 및 지원 등을 위하여 지역 내 사회보장 관련 실태와 지역주민의 사회보장에 관한 인식 등에 관하여 필요한 조사를 실시할 수 있으며, 시 · 도지사 및 시장 · 군수 · 구청장은 지역사회보장계획 수립 시 지역사회보장조사 결과를 반영할 수 있다.

⑥ 보건복지부장관 또는 시 · 도지사는 지역사회보장계획의 내용이 대통령령으로 정하는 사유에 해당하는 경우에는 시 · 도지사 또는 시장 · 군수 · 구청장에게 그 조정을 권고할 수 있다. 이 경우 보건복지부장관은 관계 중앙행정기관의 장의 의견을 들을 수 있다.

⑦ 지역사회보장계획의 수립 및 지역사회보장조사의 시기 · 방법 등에 필요한 사항은 대통령령으로 정한다.

### (2) 지역사회보장계획의 내용(동법 제36조)

시 · 군 · 구 지역사회보장계획은 다음의 사항을 포함하여야 한다.

① 지역사회보장 수요의 측정, 목표 및 추진전략

② 지역사회보장의 목표를 점검할 수 있는 지표의 설정 및 목표

③ 지역사회보장의 분야별 추진전략, 중점 추진사업 및 연계협력 방안

④ 지역사회보장 전달체계의 조직과 운영

⑤ 사회보장급여의 사각지대 발굴 및 지원 방안

⑥ 지역사회보장에 필요한 재원의 규모와 조달방안

⑦ 지역사회보장에 관련한 통계 수집 및 관리방안

⑧ 지역 내 부정수급 발생현황 및 방지대책

⑨ 그 밖에 대통령령으로 정하는 사항

### (3) 지역사회보장계획의 시행·변경·평가

시·도지사 또는 시장·군수·구청장은 지역사회보장계획을 시행하여야 한다. 시·도지사 또는 시장·군수·구청장은 지역사회보장계획을 시행할 때 필요하다고 인정하는 경우에는 사회보장 관련 민간 법인·단체·시설에 인력, 기술, 재정 등의 지원을 할 수 있다(동법 제37조). 그리고 시·도지사 또는 시장·군수·구청장은 사회보장의 환경변화, 사회보장기본법 제16조에 따른 사회보장에 관한 기본 계획의 변경 등이 있는 경우에는 지역사회보장계획을 변경할 수 있으며, 그 변경절차는 제35조를 준용한다(제38조). 시행결과의 평가에 대해서 보건복지부장관은 시·도 지역사회보장계획의 시행결과를, 시·도지사는 시·군·구 지역사회보장계획의 시행결과를 각각 보건복지부령으로 정하는 바에 따라 평가할 수 있다.

## 2) 지역사회보장 운영체계

### (1) 시·도사회보장위원회(제40조)

① 시·도지사는 시·도의 사회보장 증진을 위하여 시·도사회보장위원회를 둔다.

② 시·도사회보장위원회는 다음 각 호의 업무를 심의·자문한다.

가. 시·도의 지역사회보장계획 수립, 시행 및 평가에 관한 사항

나. 시·도의 지역사회보장조사 및 지역사회보장지표에 관한 사항

다. 시·도의 사회보장급여 제공에 관한 사항

라. 시·도의 사회보장 추진과 관련한 중요 사항

마. 그 밖에 위원장이 필요하다고 인정되는 사항

③ 시·도사회보장위원회는 다음 각 호의 사람 중 시·도지사가 임명 또는 위촉한 사람으로 구성한다.

가. 사회보장에 관한 전문적 지식이나 경험을 가진 사람

나. 사회보장 관련 기관 및 단체의 대표자

다. 사회보장을 필요로 하는 사람의 이익 등을 대표하는 사람

라. 지역사회보장협의체의 대표자

마. 비영리민간단체에서 추천한 사람

바. 사회복지공동모금지회에서 추천한 사람

사. 사회보장에 관한 업무를 담당하는 공무원

④ 다음 각 호의 어느 하나에 해당하는 사람은 시 · 도사회보장위원회의 위원이 될 수 없다.

가. 미성년자

나. 피성년후견인, 피한정후견인

다. 파산선고를 받고 복권되지 아니한 사람

라. 법원의 판결에 따라 자격이 상실되거나 정지된 사람

마. 금고 이상의 실형을 선고받고 그 집행이 끝나거나 집행이 면제된 날부터 3년이 지나지 아니한 사람

바. 금고 이상의 형의 집행유예를 선고받고 그 유예기간 중에 있는 사람

사. 마 및 바에도 불구하고 사회복지사업 또는 그 직무와 관련하여 아동복지법 제71조, 「보조금 관리에 관한 법률」 제40조부터 제42조까지 또는 형법 제28장 · 제40장(제360조는 제외한다)의 죄를 범하거나 이 법을 위반하여 100만 원 이상의 벌금형의 선고를 받고 그 형이 확정된 후 5년이 지나지 아니한 사람이나 금고 이상의 형의 집행유예를 선고받고 그 유예기간이 끝난 날부터 7년이 지나지 아니한 사람이나, 금고 이상의 실형을 선고받고 그 집행이 끝나거나 집행이 면제된 날부터 7년이 지나지 않은 사람

아. 성폭력범죄 또는 아동 · 청소년대상 성범죄를 저지른 사람으로서 형 또는 치료감호를 선고받고 확정된 후 그 형 또는 치료감호의 전부 또는 일부의 집행이 끝나거나 집행이 면제되거나 집행의 유예기간이 끝난 날부터 10년이 지나지 아니한 사람

⑤ 보장기관의 장은 시 · 도사회보장위원회의 효율적 운영을 위하여 필요한 운영비 등 경비를 지원할 수 있다.

⑥ 시 · 도사회보장위원회의 조직 · 운영에 필요한 사항은 보건복지부령으로 정하는 바에 따라 해당 시 · 도의 조례로 정한다.

### (2) 지역사회보장협의체(제41조)

① 시장·군수·구청장은 지역의 사회보장을 증진하고, 사회보장과 관련된 서비스를 제공하는 관계 기관·법인·단체·시설과 연계·협력을 강화하기 위하여 해당 시·군·구에 지역사회보장협의체를 둔다.

② 지역사회보장협의체는 다음의 업무를 심의·자문한다.

가. 시·군·구의 지역사회보장계획 수립, 시행 및 평가에 관한 사항

나. 시·군·구의 지역사회보장조사 및 지역사회보장지표에 관한 사항

다. 시·군·구의 사회보장급여 제공에 관한 사항

라. 시·군·구의 사회보장 추진에 관한 사항

마. 읍·면·동 단위 지역사회보장협의체의 구성 및 운영에 관한 사항

바. 그 밖에 위원장이 필요하다고 인정하는 사항

③ 지역사회보장협의체의 위원은 다음의 사람 중 시장·군수·구청장이 임명 또는 위촉한다. 다만, 제40조 제4항에 해당되는 사람은 위원이 될 수 없다.

가. 사회보장에 관한 학식과 경험이 풍부한 사람

나. 지역의 사회보장 활동을 수행하거나 서비스를 제공하는 기관·법인·단체·시설의 대표자

다. 비영리민간단체에서 추천한 사람

라. 읍·면·동 단위 지역사회보장협의체의 위원장

마. 사회보장에 관한 업무를 담당하는 공무원

④ 지역사회보장협의체의 업무를 효율적으로 수행하기 위하여 지역사회보장협의체에 실무협의체를 둔다.

⑤ 보장기관의 장은 지역사회보장협의체의 효율적 운영을 위하여 필요한 인력 및 운영비 등 재정을 지원할 수 있다.

⑥ 규정된 사항 외에 지역사회보장협의체, 실무협의체 및 읍·면·동 단위 지역사회보장협의체의 조직·운영에 필요한 사항은 보건복지부령으로 정하는 바에 따라 해당 시·군·구의 조례로 정한다.

### (3) 사회보장사무 전담기구(제42조)

① 시장·군수·구청장은 사회보장에 관한 업무를 효율적으로 수행하기 위하여 관련 조직, 인력, 관계 기관 간 협력체계 등을 마련하여야 하며, 필요한 경우에는 사회보장에 관한 사무를 전담하는 기구를 별도로 설치할 수 있다.
② 사회보장사무 전담기구는 사회보장정보시스템을 활용하여 수급권자에게 필요한 정보를 종합 안내하고, 사회보장급여에 대한 신청 등이 편리하게 이루어질 수 있도록 운영되어야 한다.
③ 사회보장사무 전담기구의 사무범위, 조직 및 운영 등에 필요한 사항은 해당 시·군·구의 조례로 정한다.

### (4) 통합사례관리

보건복지부장관, 시·도지사, 시장·군수·구청장은 지원당사자의 사회보장 수준을 높이기 위해 지원당사자의 다양하고 복합적인 특성에 따른 상담과 지도, 사회보장에 대한 욕구조사, 서비스 제공 계획의 수립을 실시하고, 그 계획에 따라 지원당사자에게 보건·복지·고용·교육 등에 대한 사회보장급여 및 민간법인·단체·시설 등이 제공하는 서비스를 종합적으로 연계·제공하는 통합사례관리를 실시할 수 있다. 따라서 통합사례관리를 실시하기 위하여 필요한 경우에는 특별자치시, 시·군·구에 통합사례관리사를 둘 수 있다(동법 제42조의2).

### (5) 사회복지전담공무원(제43조)

① 사회복지사업에 관한 업무를 담당하게 하기 위하여 시·도, 시·군·구, 읍·면·동 또는 사회보장사무 전담기구에 사회복지전담공무원을 둘 수 있다.
② 사회복지전담공무원은 사회복지사업법 제11조에 따른 사회복지사의 자격을 가진 사람으로 하며, 그 임용 등에 필요한 사항은 대통령령으로 정한다.
③ 사회복지전담공무원은 사회보장급여에 관한 업무 중 취약계층에 대한 상담과 지도, 생활실태의 조사 등 보건복지부령으로 정하는 사회복지에 관

한 전문적 업무를 담당한다.

④ 국가는 사회복지전담공무원의 보수 등에 드는 비용의 전부 또는 일부를 보조할 수 있다.

⑤ 시 · 도지사 및 시장 · 군수 · 구청장은 지방공무원 교육훈련법 제3조에 따라 사회복지전담공무원의 교육훈련에 필요한 시책을 수립 · 시행하여야 한다.

### 3) 지역사회보장 및 균형발전

#### (1) 지역사회보장의 균형발전

중앙행정기관의 장 및 시 · 도지사는 시 · 도 및 시 · 군 · 구 간 사회보장 수준의 차이를 최소화하기 위하여 예산 배분, 사회보장급여의 제공기관 등의 배치 등에 필요한 조치를 하여야 한다(동법 제45조).

#### (2) 지역사회보장균형발전지원센터(동법 제46조)

① 보건복지부장관은 시 · 도 및 시 · 군 · 구의 사회보장 추진현황 분석, 지역사회보장계획의 평가, 지역 간 사회보장의 균형발전 지원 등의 업무를 효과적으로 수행하기 위하여 지역사회보장균형발전지원센터를 설치 · 운영할 수 있다.

② 보건복지부장관은 지역사회보장균형발전지원센터의 운영을 관련 전문기관에 위탁할 수 있다.

③ 지역사회보장균형발전지원센터의 설치 · 운영과 운영의 위탁 등에 필요한 사항은 보건복지부령으로 정한다.

#### (3) 지방자치단체에 대한 지원

중앙행정기관의 장은 시 · 도지사 및 시장 · 군수 · 구청장에게 사회보장사업의 수행에 필요한 비용을 지원할 수 있으며, 이 경우 제39조에 따른 평가결과를 반영할 수 있다(동법 제47조).

### (4) 사회보장 특별지원구역 운영(동법 제48조)

① 중앙행정기관의 장 또는 시·도지사는 공공주택 특별법에 따른 영구임대주택단지, 저소득층 밀집 거주지, 그 밖에 보건, 복지, 고용, 주거, 문화 등 특정 분야의 서비스가 취약한 지역을 사회보장 특별지원구역으로 선정하여 지원할 수 있다. 이 경우 중앙행정기관의 장 또는 시·도지사는 사회보장 특별지원구역을 선정할 때 관계 행정기관의 장과 협의하여야 한다.

② 사회보장 특별지원구역의 선정 및 지원 등에 필요한 사항은 대통령령으로 정한다.

# 제12장 사회보험법

## 제1절 국민연금법(2023. 12. 26. 개정 시행)

### 1. 국민연금법의 의의

국민연금법은 국민들이 소득이 있는 동안 일정액의 돈을 내어 공동의 기금을 만들어 두었다가 그들이 나이가 들어 은퇴한 뒤 지급받는 제도이다. 또한 그 전에 소득 능력을 상실하였을 경우, 또는 사망할 경우 본인 또는 그 가족이 일정액의 연금을 받아 안정된 생활을 꾸려갈 수 있도록 하는 소득보장제도이다. 주요 연혁은 다음과 같다.

| | |
|---|---|
| 1986. 12. | 국민연금법 제정 및 구법인 국민복지연금법 폐지 |
| 1988. 1. | 상시 근로자 10인 이상 사업근로자, 보험료율 3%로 시작 |
| 1998. 1. | 연금보험료율 9% 인상 |
| 1999. 4. | 전 국민 대상 연금 확대 |
| 2014. 1. | 국민연금 지급보장에 대한 국가의 책무와 국민의 신뢰 강화 |
| 2016. 5. | 현역병과 사회복무요원 외에 전환복무를 한 사람, 상근예비역 등의 가입기간 추가산입 대상에 포함 |
| 2017. 10. | 반환일시금 소멸시효를 현행 5년에서 10년으로 연장 |

## 2. 국민연금의 목적 및 용어 정의

### (1) 목적

국민연금법은 국민의 노령, 장애 또는 사망에 대하여 연금 급여를 실시함으로써 국민의 생활 안정과 복지증진에 이바지하는 것을 목적으로 한다(동법 제1조). 국민연금사업은 보건복지부장관이 맡아 주관하며(동법 제2조), 국가는 이 법에 따른 연금급여가 안정적·지속적으로 지급되도록 필요한 시책을 수립·시행하여야 한다(동법 제3조의2).

### (2) 용어 정의(동법 제3조)

① 근로자란 직업의 종류가 무엇이든 사업장에서 노무를 제공하고, 그 대가로 임금을 받아 생활하는 자(법인의 이사와 그 밖의 임원을 포함한다)를 말한다. 다만, 대통령령으로 정하는 자는 제외한다.

② 사용자(使用者)란 해당 근로자가 소속되어 있는 사업장의 사업주를 말한다.

③ 평균소득월액이란 매년 사업장가입자 및 지역가입자 전원(全員)의 기준소득월액을 평균한 금액을 말한다.

④ 기준소득월액이란 연금보험료와 급여를 산정하기 위하여 국민연금가입자의 소득월액을 기준으로 하여 정하는 금액을 말한다.

⑤ 사업장가입자란 사업장에 고용된 근로자 및 사용자로서 국민연금에 가입된 자를 말한다.

⑥ 지역가입자란 사업장가입자가 아닌 자로서 국민연금에 가입된 자를 말한다.

⑦ 임의가입자란 사업장가입자 및 지역가입자 외의 자로서 국민연금에 가입된 자를 말한다.

⑧ 임의계속가입자란 국민연금 가입자 또는 가입자였던 자가 가입자로 된 자를 말한다.

⑨ 연금보험료란 국민연금 사업에 필요한 비용으로서 사업장가입자의 경우에는 부담금 및 기여금의 합계액을, 지역가입자·임의가입자 및 임의계

속가입자의 경우에는 본인이 내는 금액을 말한다.

⑩ 수급권이란 이 법에 따른 급여를 받을 권리를 말하고, 수급권자란 수급권을 가진 자를 말한다. 또 수급자란 이 법에 따른 급여를 받고 있는 자를 말한다.

⑪ 부담금이란 사업장가입자의 사용자가 부담하는 금액을 말하고, 기여금이란 사업장가입자(근로자)가 부담하는 금액을 말한다.

### (3) 국민연금 가입자

국내에 거주하는 국민으로서 18세 이상 60세 미만인 자는 국민연금 가입 대상이 된다. 다만, 공무원연금법, 군인연금법, 사립학교교직원 연금법 및 별정우체국법을 적용받는 공무원, 군인, 교직원 및 별정우체국 직원, 그 밖에 대통령령으로 정하는 자는 제외한다(동법 제6조). 가입자는 사업장가입자, 지역가입자, 임의가입자 및 임의계속가입자로 구분한다(동법 제7조).

#### ① 사업장 가입자

사업의 종류, 근로자의 수 등을 고려하여 대통령령으로 정하는 사업장(당연적용사업장)의 18세 이상 60세 미만인 근로자와 사용자는 당연히 사업장가입자가 된다(동법 제8조).

#### ② 지역가입자

사업장가입자가 아닌 자로서 18세 이상 60세 미만인 자는 당연히 지역가입자가 된다(동법 제9조).

#### ③ 임의가입자

사업장가입자, 지역가입자 외의 자로서 18세 이상 60세 미만인 자는 보건복지부령으로 정하는 바에 따라 국민연금공단에 가입을 신청하면 임의가입자가 될 수 있다(동법 제10조).

#### ④ 임의계속가입자

국민연금 가입자 또는 가입자였던 자로서 60세가 된 자가 계속해서 연금을 납부하기를 원하면, 65세가 될 때까지 보건복지부령으로 정하는 바에 따라 국민연금공단에 가입을 신청하면 임의계속가입자가 될 수 있다(동법 제13조).

### (4) 국민연금 가입 자격취득 및 상실시기

① 자격 취득시기

사업장가입자는 ㉠ 사업장에 고용된 때 또는 그 사업장의 사용자가 된 때, ㉡ 당연적용사업장으로 된 때, 지역가입자는 ㉠ 사업장가입자의 자격을 상실한 때, ㉡ 국민연금 가입 대상 제외자에 해당하지 아니하게 된 때, ㉢ 배우자가 별도의 소득이 있게 된 때, ㉣ 18세 이상 27세 미만인 자가 소득이 있게 된 때, 임의가입자는 가입신청이 수리된 날에 그 자격을 취득한다(동법 제11조).

② 자격 상실시기

사업장가입자는 ㉠ 사망한 때, ㉡ 국적을 상실하거나 국외로 이주한 때, ㉢ 사용 관계가 끝난 때, ㉣ 60세가 된 날의 다음 날에 자격을 상실한다. 지역가입자는 ㉠ 사망한 때, ㉡ 국적을 상실하거나 국외로 이주한 때, ㉢ 국민연금 가입 대상 제외자에 해당하게 된 때, ㉣ 사업장가입자의 자격을 취득한 때, ㉤ 배우자로서 별도의 소득이 없게 된 때, ㉥ 60세가 된 날의 다음 날에 자격을 상실한다(동법 제12조).

### (5) 국민연금 가입기간

① 가입 기간 계산

국민연금 가입기간은 월 단위로 계산하되, 가입자의 자격을 취득한 날이 속하는 달의 다음 달부터 자격을 상실한 날의 전날이 속하는 달까지로 한다. 가입 기간을 계산할 때 연금보험료를 내지 아니한 기간은 가입 기간에 산입하지 아니한다. 다만, 사용자가 근로자의 임금에서 기여금을 공제하고 연금보험료를 내지 아니한 경우에는 그 내지 아니한 기간의 2분의 1에 해당하는 기간을 근로자의 가입 기간으로 산입한다. 이 경우 1개월 미만의 기간은 1개월로 한다(동법 제17조).

② 국민연금가입 추가 산입

국민연금은 군복무나 출산, 실업에 대한 추가산입제도를 가지고 있으며, 구체적인 내용은 다음과 같다(동법 제18 · 19조).

| 구분 | 군복무 기간에 대한 추가산입 | 출산에 대한 추가산입 | 실업에 대한 추가산입 |
|---|---|---|---|
| 대상 | • 현역병<br>• 전환복무를 한 사람<br>• 상근예비역<br>• 사회복무요원 | • 2명 이상의 자녀가 있는 가입자 또는 가입자였던 자가 노령연금수급권을 취득한 때 | • 18세 이상 60세 미만인 사람 중 가입자 또는 가입자였으며, 재산 또는 소득이 기준 이하인 사람이 고용보험의 구직급여를 받는 경우 |
| 기간 | • 6개월 | • 자녀가 2명인 경우 : 12개월<br>• 자녀가 3명인 경우 : 2자녀 12개월에 초과하는 자녀 1명마다 18개월 더한 개월 수 최대 50개월 | • 추가로 산입하는 기간은 1년을 초과할 수 없음 |
| 재원 | 국가가 전부 부담 | 국가가 전부 또는 일부 부담 | 개인 부담 및 일부 국가에서 지원 가능 |

## 3. 국민연금의 급여 종류

### (1) 노령연금

① 노령연금 수급권자

가입 기간이 10년 이상인 가입자 또는 가입자였던 자에 대하여는 60세(특수직종근로자는 55세)가 된 때부터 그가 생존하는 동안 노령연금을 지급한다. 가입 기간이 10년 이상인 가입자 또는 가입자였던 자로서 55세 이상인 자가 대통령령으로 정하는 소득이 있는 업무에 종사하지 아니하는 경우 본인이 희망하면 60세가 되기 전이라도 본인이 청구한 때부터 그가 생존하는 동안 일정한 금액의 연금(조기노령연금, 55세부터는 1천분의 700, 56세는 1천분의 760, 57세는 1천분의 820, 58세는 1천분의 880, 59세는 1천분의 940)을 받을 수 있다(동법 제61조). 노령연금 수급권자가 대통령령이 정하는 소득이 있는 업무에 종사하면 60세 이상 65세 미만인 기간에는 노령연금액에서 일정 금액을 뺀 금액을 지급한다(동법 제63조의2).

② 분할연금 수급권자

혼인 기간(배우자의 가입 기간 중의 혼인 기간으로서 별거, 가출 등의 사유로 인하여 실질적인 혼인관계가 존재하지 아니하였던 기간을 제외한 기간을 말한다)이 5년 이상인 자가 ㉠ 배우자와 이혼하였을 것, ㉡ 배우자였던 사람이 노령연금 수급권자일 것, ㉢ 60세가 되었을 때의 요건을 모두 갖추면 그때부터 그가 생존하는 동안 배우자였던 자의 노령연금을 분할한 일정한 금액의 연금(분할연금)을 받을 수 있다(동법 제64조).

### (2) 장애연금

가입자 또는 가입자였던 자가 질병이나 부상으로 신체상 또는 정신상의 장애가 있고, 요건을 모두 충족하는 경우에는 장애 정도를 결정하는 기준이 되는 날(장애결정 기준일)부터 그 장애가 계속되는 기간 동안 장애 정도에 따라 장애연금을 지급한다(동법 제67조).

### (3) 유족연금

① 유족연금의 수급권자

다음 어느 하나에 해당하는 사람이 사망하면 그 유족에게 유족연금을 지급한다. ㉠ 노령연금 수급권자, ㉡ 가입 기간이 10년 이상인 가입자 또는 가입자였던 자, ㉢ 연금보험료를 낸 기간이 가입 대상 기간의 3분의 1 이상인 가입자 또는 가입자였던 자, ㉣ 사망일 5년 전부터 사망일까지의 기간 중 연금보험료를 낸 기간이 3년 이상인 가입자 또는 가입자였던 자. 다만, 가입 대상기간 중 체납기간이 3년 이상인 사람은 제외한다(동법 제72조).

② 유족의 범위

유족연금을 지급받을 수 있는 유족은 다음과 같다. ㉠ 배우자, ㉡ 자녀. 다만,

25세 미만이거나 장애등급 2급 이상인 자만 해당한다. ㉢ 부모(배우자의 부모를 포함). 다만, 60세 이상이거나 장애등급 2급 이상인 자만 해당한다. ㉣ 손자녀. 다만, 19세 미만이거나 장애등급 2급 이상인 자만 해당한다. ㉤ 조부모(배우자의 조부모를 포함). 다만, 60세 이상이거나 장애등급 2급 이상인 자만 해당한다(동법 제73조). 유족연금은 각 호의 순위에 따라 최우선순위자에게만 지급한다. 같은 순위의 유족이 2명 이상이면 그 유족연금액을 똑같이 나누어 지급하되 지급방법은 대통령령으로 정한다. 유족연금은 수급권자가 사망하거나, 배우자인 수급권자가 재혼할 때, 자녀나 손자녀인 수급권자가 파양될 때 수급권이 소멸한다.

### (4) 반환일시금

가입자 또는 가입자였던 자가 ① 가입 기간이 10년 미만인 자가 60세가 된 때, ② 가입자 또는 가입자였던 자가 사망한 때, ③ 국적을 상실하거나 국외로 이주한 때, 어느 하나에 해당하게 되면 본인이나 그 유족의 청구에 의하여 반환일시금을 지급받을 수 있다(동법 제77조).

## 4. 국민연금 운영체계

### (1) 국민연금공단의 설립

보건복지부장관의 위탁을 받아 국민연금법의 목적을 달성하기 위한 사업을 효율적으로 수행하기 위하여 국민연금공단을 설립한다(동법 제24조).

### (2) 공단의 업무(동법 제25조)

① 가입자에 대한 기록의 관리 및 유지
② 연금보험료의 부과 및 급여의 결정, 지급
③ 가입자, 가입자였던 자, 수급권자 및 수급자를 위한 자금의 대여와 복지시설의 설치·운영 등 복지사업

④ 가입자 및 가입자였던 자에 대한 기금증식을 위한 자금 대여사업
⑤ 가입 대상과 수급권자 등을 위한 노후준비서비스 사업
⑥ 국민연금제도・재정계산・기금운용에 관한 조사연구
⑦ 국민연금기금 운용 전문인력 양성 등

### (3) 국민연금심의위원회(동법 제5조)

국민연금사업에 관한 사항을 심의하기 위하여 보건복지부에 국민연금심의위원회를 둔다.

① 심의사항

㉠ 국민연금제도 및 재정 계산에 관한 사항, ㉡ 급여에 관한 사항, ㉢ 연금보험료에 관한 사항, ㉣ 국민연금기금에 관한 사항, ㉤ 그 밖에 국민연금제도의 운영과 관련하여 보건복지부장관이 회의에 부치는 사항

② 국민연금심의위원회 구성

위원장은 보건복지부차관이 되고, 부위원장은 공익을 대표하는 위원 중에서 호선(互選)하며, 위원은 보건복지부장관이 지명하거나 위촉한다(사용자 및 근로자 단체 추천 각 4명, 지역가입자 추천 6명, 수급자 대표 4명, 공익대표자 5명).

## 5. 국민연금기금

### (1) 기금의 설치 및 조성(동법 제101조)

보건복지부장관은 국민연금사업에 필요한 재원을 원활하게 확보하고, 이 법에 따른 급여에 충당하기 위한 책임준비금으로서 국민연금기금을 설치한다. 기금은 다음 각 호의 재원으로 조성한다. ㉠ 연금보험료, ㉡ 기금 운용 수익금, ㉢ 적립금, ㉣ 공단의 수입지출 결산상의 잉여금

### (2) 기금의 관리 및 운용

기금은 보건복지부장관이 관리·운용하며, 보건복지부장관은 국민연금 재정의 장기적인 안정을 유지하기 위하여 그 수익을 최대로 증대시킬 수 있도록 국민연금기금운용위원회에서 의결한 바에 따라 다음의 방법으로 기금을 관리·운용하되, 가입자, 가입자였던 자 및 수급권자의 복지증진을 위한 사업에 대한 투자는 국민연금 재정의 안정을 해치지 아니하는 범위에서 하여야 한다(동법 제102조).

## 6. 국민연금 심사청구와 재심사청구

### (1) 심사청구

가입자의 자격, 기준소득월액, 연금보험료, 그 밖의 이 법에 따른 징수금과 급여에 관한 공단 또는 건강보험공단의 처분에 이의가 있는 자는 그 처분을 한 공단 또는 건강보험공단에 심사청구를 할 수 있다. 심사청구는 그 처분이 있음을 안 날부터 90일 이내에 문서로 하여야 하며, 처분이 있은 날부터 180일을 경과하면 이를 제기하지 못한다(동법 제108조).

### (2) 재심사청구

국민연금법 제108조에 따른 심사청구에 대한 결정에 불복하는 자는 그 결정통지를 받은 날부터 90일 이내에 대통령령으로 정하는 사항을 적은 재심사청구서에 따라 국민연금재심사위원회에 재심사를 청구할 수 있다(동법 제110조).

# 제2절 국민건강보험법(2024. 2. 20. 개정 시행)

## 1. 국민건강보험제도의 의의

현대 국가는 의료서비스를 사회서비스의 일환으로 제공하여 국민의 생존권을 확보하려는 입장을 표명하고 있다. 또한 종래의 질병의 방지라는 소극적인 방식에서 건강 보장이라는 보다 적극적인 정책목표를 설정하여 국민의 복지를 증진시키려는 데에서 국민건강보험제도의 의미를 찾을 수 있다. 한편 의료서비스 혹은 건강서비스는 비용이 고가이므로 개별 가계가 겪게 되는 과중한 부담을 방지하여 국민건강과 함께 생활의 안정을 도모하려는 측면에서 건강보험의 사회복지적 의미를 발견할 수 있다.

국민건강보험공단은 2000년 7월에 국민건강보험법에 의거하여 기존의 국민의료보험관리공단과 139개 직장조합을 통합하여 출범했다. 국민건강보험제도의 주요 연혁을 보면 다음과 같다.

| | |
|---|---|
| 1963. 12. | 의료보험법 제정 |
| 1977. 7. | 최초 의료보험 실시(종업원 500인 이상 사업장), 전 국민 강제가입 |
| 1981. 1. | 100인 이상 사업장 의료보험 적용 확대 |
| 1989. 7. | 전 국민 의료보험 달성 |
| 1997. 12. | 국민의료보험법 - 국민의료보험관리공단 신설 |
| 1999. 2. | 국민건강보험법 제정 |
| 2000. 7. | 국민건강보험공단 출범 |
| 2008. 7. | 노인장기요양보험 실시 |
| 2011. 1. | 사회보험 징수 통합 |

## 2. 국민건강보험의 목적 및 용어 정의

### (1) 목적

국민건강보험법은 국민의 질병·부상에 대한 예방·진단·치료·재활과 출산·사망 및 건강증진에 대하여 보험급여를 실시함으로써 국민 보건 향상과 사회보장 증진에 이바지함을 목적으로 한다(동법 제1조).

### (2) 용어 정의(동법 제3조)

① 근로자란 직업의 종류와 관계없이 근로의 대가로 보수를 받아 생활하는 사람(법인의 이사와 그 밖의 임원을 포함한다)으로서 공무원 및 교직원을 제외한 사람을 말한다.

② 사용자란 다음 각 항의 어느 하나에 해당하는 자를 말한다. ㉠ 근로자가 소속되어 있는 사업장의 사업주, ㉡ 공무원이 소속되어 있는 기관의 장으로서 대통령령으로 정하는 사람, ㉢ 교직원이 소속되어 있는 사립학교를 설립·운영하는 자

③ 사업장이란 사업소나 사무소를 말한다.

④ 공무원이란 국가나 지방자치단체에서 상시 공무에 종사하는 사람을 말한다.

⑤ 교직원이란 사립학교나 사립학교의 경영기관에서 근무하는 교원과 직원을 말한다.

### (3) 건강보험의 가입대상

건강보험 가입자는 직장가입자와 지역가입자로 구분한다. 직장가입자는 모든 사업장의 근로자 및 사용자와 공무원 및 교직원이 해당된다. 지역가입자는 직장가입자와 그 피부양자를 제외한 가입자를 말한다(동법 제6조). 국내에 거주하는 국민은 건강보험의 가입자 또는 피부양자가 된다.

### (4) 자격의 취득과 변동시기

① 자격의 취득시기

가입자는 국내에 거주하게 된 날에 직장가입자 또는 지역가입자의 자격을 얻는다. 다만, ㉠ 수급권자이었던 사람은 그 대상자에서 제외된 날, ㉡ 직장가입자의 피부양자이었던 사람은 그 자격을 잃은 날, ㉢ 유공자 등 의료보호대상자이었던 사람은 그 대상자에서 제외된 날에 각각 자격을 얻는다(동법 제8조).

② 자격변동시기

㉠ 지역가입자가 적용대상 사업장의 사용자로 되거나, 근로자·공무원 또는 교직원으로 사용된 날, ㉡ 직장가입자가 다른 적용대상 사업장의 사용자로 되거나 근로자 등으로 사용된 날, ㉢ 직장가입자인 근로자 등이 그 사용 관계가 끝난 날의 다음 날, ㉣ 적용대상 사업장에 휴업·폐업 등에 따른 사유가 발생한 날의 다음 날, ㉤ 지역가입자가 다른 세대로 전입한 날(동법 제9조)

③ 자격상실시기

㉠ 사망한 날의 다음 날, ㉡ 국적을 잃은 날의 다음 날, ㉢ 국내에 거주하지 아니하게 된 날의 다음 날, ㉣ 직장가입자의 피부양자가 된 날, ㉤ 수급권자가 된 날, ㉥ 건강보험을 적용받고 있던 사람이 유공자 등 의료보호대상자가 되어 건강보험의 적용 배제신청을 한 날(동법 제10조)

## 3. 건강보험의 급여

### (1) 요양급여

① 요양급여(동법 제41조)와 본인의 일부 부담(동법 제44조)

건강보험은 가입자와 피부양자의 질병, 부상, 출산 등에 대하여 다음의 요양급여를 실시한다. ㉠ 진찰·검사, ㉡ 약제(藥劑)·치료 재료의 지급, ㉢ 처치·수술 및 그 밖의 치료, ㉣ 예방·재활, ㉤ 입원 ㉥ 간호, ㉦ 이송(移送)의 급여를 실시한다(제41조). 요양급여를 받는 자는 비용의 일부를 본인이 부담한다(제44조). 가입자 또는 피부양자가 질병이나 부상으로 거동이 불편한 경우 보건복지부령으로 정하는 사유에 해당하는 경우에는 가입자 또는 피부양자를 직접 방문하여 요양급여를 실시할 수 있다(동법 제41조의5).

② 선별급여

요양급여를 결정함에 있어 경제성 또는 치료 효과성 등이 불확실하여 그 검증을 위하여 추가적인 근거가 필요하다. 경제성이 낮아도 가입자와 피부양자의 건강회복에 잠재적인 이득이 있는 등 대통령령으로 정하는 경우에는 예비적인 요양급여인 '선별급여'로 지정하여 실시할 수 있다(동법 제41조의4).

### (2) 요양비

공단은 가입자나 피부양자가 보건복지부령으로 정하는 긴급하거나 그 밖의 부득이한 사유로 요양기관과 비슷한 기능을 하는 기관으로서 보건복지부령으로 정하는 기관에서 질병・부상・출산 등에 대하여 요양을 받거나, 요양기관이 아닌 장소에서 출산한 경우에는, 그 요양급여에 상당하는 금액을 보건복지부령으로 정하는 바에 따라 가입자나 피부양자에게 요양비로 지급한다(동법 제49조).

### (3) 건강검진

공단은 가입자와 피부양자에 대하여 질병의 조기 발견과 그에 따른 요양급여를 위하여 건강검진을 실시한다(동법 제52조).

### (4) 부가급여

공단은 이 법에서 정한 요양급여 외에 대통령령으로 정하는 바에 따라 임신・출산(유산 및 사산) 진료비, 그 밖의 급여를 실시할 수 있다(동법 제50조).

### (5) 장애인에 대한 특례

공단은 장애인복지법에 따라 등록한 장애인인 가입자 및 피부양자에게는 보조기기에 대하여 보험급여를 할 수 있다(동법 제51조).

### (6) 급여의 제한

공단은 보험급여를 받을 수 있는 사람이 다음에 해당하면 보험급여를 하지 아니한다.

① 고의 또는 중대한 과실로 인한 범죄행위에 그 원인이 있거나 고의로 사고를 일으킨 경우, 공단이나 요양기관의 요양에 관한 지시에 따르지 아니한 경우
② 고의 또는 중대한 과실로 문서와 그 밖의 물건의 제출을 거부하거나 질문 또는 진단을 기피한 경우
③ 업무 또는 공무로 생긴 질병·부상·재해로 다른 법령에 따른 보험급여나 보상(報償) 또는 보상(補償)을 받게 되는 경우
④ 공단은 가입자가 대통령령으로 정하는 기간 이상 보험료를 체납한 경우 그 체납한 보험료를 완납할 때까지 그 가입자 및 피부양자에 대하여 보험급여를 실시하지 아니할 수 있다(동법 제53조).

### (7) 급여의 정지

보험급여를 받을 수 있는 사람이 ① 국외에 여행 중인 경우, ② 국외에서 업무에 종사하고 있는 경우, ③ 병역법에 따른 현역병, ④ 교도소, 그 밖에 이에 준하는 시설에 수용되어 있는 경우 그 기간에는 보험급여를 하지 아니한다.

## 4. 보험료와 보험료율

### (1) 보험료

공단은 건강보험사업에 드는 비용에 충당하기 위하여 보험료의 납부의무자로부터 보험료를 징수한다(제69조). 직장가입자의 월별 보험료액은 다음에 따라 산정한 금액으로 한다.

① **보수월액보험료**[1) ] : 산정한 보수월액에 보험료율을 곱하여 얻은 금액
② **소득월액보험료**[2)] : 산정한 소득월액에 보험료율을 곱하여 얻은 금액

그리고 지역가입자의 월별 보험료액은 세대 단위로 산정하되, 지역가입자가 속한 세대의 월별 보험료액은 산정한 보험료 부과 점수(소득 및 재산 기준)에 보험료 부과 점수당 금액을 곱한 금액으로 한다(동법 제69조).

보건복지부장관은 피부양자 인정 기준과 보험료, 월보수액, 소득월액 및 재산보험료 부과 점수의 산정 기준 및 방법 등에 대하여 적정성을 평가하고 이 법 시행일로부터 4년이 경과한 때 이를 조정하여야 한다(동법 제72조의3).

### (2) 보험료율과 보험료 부과 점수당 금액

① 보험료율

직장가입자의 보험료율은 1천분의 80의 범위에서 심의위원회의 의결을 거쳐 대통령령으로 정한다. 지역가입자의 보험료 부과 점수당 금액은 심의위원회의 의결을 거쳐 대통령령으로 정한다(동법 제73조).

② 보험료 경감

㉠ 섬・벽지(僻地)・농어촌 등 대통령령으로 정하는 지역에 거주하는 사람과 65세 이상인 사람, ㉡ 장애인복지법에 따라 등록한 장애인, ㉢ 국가유공자, ㉣ 휴직자, ㉤ 그 밖에 생활이 어렵거나 천재지변 등의 사유로 보험료를 경감할 필요가 있다고 보건복지부장관이 정하여 고시하는 사람에 대하여는 그 가입자 또는 그 가입자가 속한 세대의 보험료의 일부를 경감할 수 있다.

---

1) 직장가입자의 보수월액은 직장가입자가 지급받는 보수를 기준으로 하여 산정한다.
2) 소득월액은 보수월액의 산정에 포함된 보수를 제외한 직장가입자의 소득(보수외 소득)이 대통령령으로 정하는 금액을 초과하는 경우 다음의 계산식에 따라 산정한다.

| (연간 보수외소득－대통령령으로 정하는 금액)×1/12 |
|---|

## 5. 건강보험 운영체계

### (1) 국민건강보험공단

건강보험의 보험자는 국민건강보험공단으로 하며(동법 제13조), 공단은 다음의 업무를 관장한다. ① 가입자 및 피부양자의 자격 관리, ② 보험료와 그 밖에 이 법에 따른 징수금의 부과·징수, ③ 보험급여의 관리, ④ 가입자 및 피부양자의 질병의 조기발견·예방 및 건강관리를 위하여 요양급여 실시 현황과 건강검진 결과 등을 활용하여 실시하는 예방사업으로서 대통령령으로 정하는 사업, ⑤ 보험급여 비용의 지급, ⑥ 자산의 관리·운영 및 증식사업, ⑦ 의료시설의 운영, ⑧ 건강보험에 관한 교육훈련 및 홍보 등(동법 제14조)

### (2) 건강보험심사평가원

요양급여비용을 심사하고 요양급여의 적정성을 평가하기 위하여 건강보험심사평가원을 설립한다(동법 제62조). 심사평가원은 다음의 업무를 관장한다(동법 제63조). ① 요양급여비용의 심사, ② 요양급여의 적정성 평가, ③ 심사기준 및 평가기준의 개발, ④ ①~③에 따른 업무와 관련된 조사연구 및 국제협력, ⑤ 다른 법률에 따라 지급되는 급여비용의 심사 또는 의료의 적정성 평가에 관하여 위탁받은 업무, ⑥ 건강보험과 관련하여 보건복지부장관이 필요하다고 인정한 업무 등

## 6. 부당이득 징수, 이의신청 및 심판청구

### (1) 부당이득 징수

공단은 속임수나 그 밖의 부당한 방법으로 보험급여를 받은 사람이나 보험급여 비용을 받은 요양기관에 대하여 그 보험급여나 보험급여 비용에 상당하는 금액의 전부 또는 일부를 징수한다(동법 제57조). 사용자나 가입자의 거짓 보

고나 거짓 증명 또는 요양기관의 거짓 진단에 따라 보험급여가 실시된 경우 공단은 이들에게 보험급여를 받은 사람과 연대하여 징수금을 내게 할 수 있다.

### (2) 이의신청 및 심판청구

#### ① 이의신청

가입자 및 피부양자의 자격, 보험료 등, 보험급여, 보험급여 비용에 관한 공단의 처분에 이의가 있는 자는 공단에 이의신청을 할 수 있다. 이의신청은 처분이 있음을 안 날부터 90일 이내에 문서로 하여야 하며 처분이 있은 날부터 180일을 지나면 제기하지 못한다(동법 제87조).

#### ② 심판청구

이의신청에 대한 결정에 불복하는 자는 건강보험분쟁조정위원회에 심판청구를 할 수 있다. 이 경우 심판청구는 처분이 있음을 안 날부터 90일 이내에 문서(전자문서를 포함)로 하여야 하며 처분이 있은 날부터 180일을 지나면 제기하지 못한다(동법 제88조).

## 제3절 산업재해보상보험법(2023. 8. 8. 개정 시행)

### 1. 산업재해보상보험제도의 의의

산업재해보상보험은 산업재해로 인적·물적 손해를 입었을 때, 사용자가 현실적인 재해보상의 책임을 다할 수 없는 경우를 대비하여 지불 보증을 위해 마련되었다. 산업재해보상보험법은 사업주가 보험가입자가 되고 국가나 공공단체가 보험자가 되어 재해 발생 시 적절한 보상을 위한 법적 장치이다.

| | |
|---|---|
| 1963. 11. | 최초의 사회보험인 산업재해보상보험법 제정 및 시행 |
| 1994. 12. | 근로복지공사→근로복지공단 |
| 1999. 12. | 적용 확대(1인 이상 전 사업장) |
| 2010. 1. | 보험료 통합징수 |
| 2010. 5. | 진폐연금제도 도입(진폐보상연금, 진폐유족연금) |
| 2017. 10. | 출퇴근 정의 신설 및 산업재해의 한 종류로 출퇴근 재해 신설 |

## 2. 산업재해보상보험의 목적 및 용어 정의

### (1) 목적

이 법은 산업재해보상보험 사업을 시행하여 근로자의 업무상의 재해를 신속하고 공정하게 보상하기 위한 법이다. 또한 재해근로자의 재활 및 사회 복귀를 촉진하기 위하여 이에 필요한 보험시설을 설치·운영하고, 재해 예방과 그 밖에 근로자의 복지 증진을 위한 사업을 시행하여 근로자 보호에 이바지하는 것을 목적으로 한다(동법 제1조). 이 보험은 고용노동부장관이 관장한다(동법 제2조).

### (2) 용어 정의(동법 제5조)

① 업무상의 재해란 업무상의 사유에 따른 근로자의 부상·질병·장해 또는 사망을 말한다.

② 근로자·임금·평균임금·통상임금이란 각각 근로기준법에 따른 근로자·임금·평균임금·통상임금을 말한다. 다만, 근로기준법에 따라 임금 또는 평균임금을 결정하기 어렵다고 인정되면 고용노동부장관이 정하여 고시하는 금액을 해당 임금 또는 평균임금으로 한다.

③ 유족이란 사망한 자의 배우자(사실상 혼인 관계에 있는 자를 포함)·자녀·부모·손자녀·조부모 또는 형제자매를 말한다.

④ 치유란 부상 또는 질병이 완치되거나 치료의 효과를 더 이상 기대할 수 없고 그 증상이 고정된 상태에 이르게 된 것을 말한다.

⑤ 장해란 부상 또는 질병이 치유되었으나 정신적 또는 육체적 훼손으로 인하여 노동능력이 상실되거나 감소된 상태를 말한다.

⑥ 중증요양상태란 업무상의 부상 또는 질병에 따른 정신적 또는 육체적 훼손으로 노동능력이 상실되거나 감소된 상태로서 그 부상 또는 질병이 치유되지 아니한 상태를 말한다.

⑦ 진폐(塵肺)란 분진을 흡입하여 폐에 생기는 섬유증식성(纖維增殖性) 변화를 주된 증상으로 하는 질병을 말한다.

⑧ 출퇴근이란 취업과 관련하여 주거와 취업 장소 사이의 이동 또는 한 취업 장소에서 다른 취업 장소로의 이동을 말한다.

### (3) 적용범위

이 법은 근로자를 사용하는 모든 사업 또는 사업장에 적용한다. 다만, 위험률·규모 및 장소 등을 고려하여 대통령령으로 정하는 사업에 대하여는 이 법을 적용하지 아니한다(동법 제6조).

| 구 분 | 산업재해보상보험 가입자 · 피보험자 |
|---|---|
| 가입대상 | • 근로기준법상 근로자를 사용하는 모든 사업 또는 사업장 |
| 가입자 · 피보험자 | • 보험가입자 : 산업재해보상보험법의 적용을 받는 사업의 사업주<br>• 피보험자(급여수급자) : 근로자 |

### (4) 보험료 부과 기준

| 구 분 | 보험료 부과의 기준 | 보험료 부과방식 |
|---|---|---|
| 산재보험 | 사업에 종사하는 근로자의 개인별 보수총액 | 사업장별 보수총액×산재보험료율 |

## 3. 보험관계의 성립과 소멸, 업무상 재해인정기준

### (1) 보험관계의 성립

이 법에 따른 보험 관계의 성립과 소멸에 대하여는 고용산재보험료징수법(제

7조)으로 정하는 바에 따르는데, 보험관계는 다음 어느 하나에 해당하는 날에 성립한다.

① 사업주 및 근로자가 고용보험의 당연가입자가 되는 사업의 경우에는 그 사업이 시작된 날
② 사업주가 산재보험의 당연가입자가 되는 사업의 경우에는 그 사업이 시작된 날
③ 보험에 가입한 사업의 경우에는 공단이 그 사업의 사업주로부터 보험가입 승인신청서를 접수한 날의 다음 날
④ 일괄적용을 받는 사업의 경우에는 처음 하는 사업이 시작된 날
⑤ 도급사업의 일괄적용에 따라 보험에 가입한 하수급인의 경우에는 그 하도급공사의 착공일. 이 법에 따른 보험관계의 성립과 소멸에 대하여는 보험료징수법으로 정하는 바에 따른다.

### (2) 보험관계의 소멸(고용산재보험료징수법 제10조)

보험관계는 다음 어느 하나에 해당하는 날에 소멸한다.

① 사업이 폐업되거나 끝난 날의 다음 날
② 공단의 승인을 받아 임의로 가입한 가입자가 보험계약을 해지하는 경우에는 그 해지에 관하여 공단의 승인을 받은 날의 다음 날
③ 사업의 실체가 없는 등의 사유로 공단이 보험관계를 소멸시키는 경우에는 그 소멸을 결정·통지한 날의 다음 날

### (3) 산재보험의 업무상 재해 인정기준(동법 제37조)

산재보험의 급여는 기본적으로 업무상의 재해에 해당하는 경우에 지급한다. 그 기준을 보면 근로자가 부상·질병 또는 장해가 발생하거나 사망하면 업무상의 재해로 본다. 다만, 업무와 재해 사이에 상당인과관계(相當因果關係)가 있어야 한다.

① 업무상 사고

㉠ 근로자가 근로계약에 따른 업무나 그에 따르는 행위를 하던 중 발생한 사고, ㉡ 사업주가 제공한 시설물 등을 이용하던 중 그 시설물 등의 결함이나 관리소홀로 발생한 사고, ㉢ 사업주가 주관하거나 사업주의 지시에 따라 참여한 행사나 행사준비 중에 발생한 사고, ㉣ 휴게시간 중 사업주의 지배·관리하에 있다고 볼 수 있는 행위로 발생한 사고, ㉤ 그 밖에 업무와 관련하여 발생한 사고

② 업무상 질병

㉠ 업무수행 과정에서 물리적 인자(因子), 화학물질, 분진, 병원체, 신체에 부담을 주는 업무 등 근로자의 건강에 장해를 일으킬 수 있는 요인을 취급하거나 그에 노출되어 발생한 질병, ㉡ 업무상 부상이 원인이 되어 발생한 질병, ㉢ 근로기준법 제76조의2에 따른 직장 내 괴롭힘, 고객의 폭언 등으로 인한 업무상 정신적 스트레스가 원인이 되어 발생한 질병, ㉣ 그 밖에 업무와 관련하여 발생한 질병

③ 출퇴근 재해

㉠ 사업주가 제공한 교통수단이나 그에 준하는 교통수단을 이용하는 등 사업주의 지배·관리하에서 출퇴근하는 중 발생한 사고, ㉡ 그 밖에 통상적인 경로와 방법으로 출퇴근하는 중 발생한 사고. 근로자의 고의·자해행위나 범죄행위 또는 그것이 원인이 되어 발생한 부상·질병·장해 또는 사망은 업무상의 재해로 보지 아니한다.

## 4. 산재보험의 급여 종류

### (1) 요양급여(동법 제40조)

요양급여는 근로자가 업무상의 사유로 부상을 당하거나 질병에 걸린 경우에 그 근로자에게 지급한다. 요양급여는 산재보험 의료기관에서 요양을 하게

되며, 부상 또는 질병이 3일 이내의 요양으로 치유될 수 있으면 요양급여를 지급하지 아니한다. 요양급여의 범위는 ㉠ 진찰 및 검사, ㉡ 약제 또는 진료재료와 의지(義肢) 그 밖의 보조기의 지급, ㉢ 처치, 수술, 그 밖의 치료, ㉣ 재활치료, ㉤ 입원, ㉥ 간호 및 간병, ㉦ 이송, ㉧ 그 밖에 고용노동부령으로 정하는 사항이다.

### (2) 휴업급여

휴업급여는 업무상 사유로 부상을 당하거나 질병에 걸린 근로자에게 요양으로 취업하지 못한 기간에 대하여 지급하되, 1일당 지급액은 평균임금의 100분의 70에 상당하는 금액으로 한다(동법 제52조). 휴업급여의 종류는 부분휴업급여(동법 제53조), 저소득근로자 휴업급여(동법 제54조), 고령자 휴업급여(동법 제55조), 재요양기간 중의 휴업급여(동법 제56조) 등으로 분류할 수 있다.

### (3) 장해급여

장해급여는 근로자가 업무상의 사유로 부상을 당하거나 질병에 걸려 치유된 후 신체 등에 장해가 있는 경우에 그 근로자에게 지급한다. 장해급여는 장해등급에 따라 장해보상연금 또는 장해보상일시금으로 하되, 장해보상연금 또는 장해보상일시금은 수급권자의 선택에 따라 지급한다(동법 제57조).

### (4) 간병급여

간병급여는 요양급여를 받은 자 중 치유 후 의학적으로 상시 또는 수시로 간병이 필요하여 실제로 간병을 받는 자에게 지급한다(동법 제61조).

### (5) 유족급여

유족급여는 근로자가 업무상의 사유로 사망한 경우에 유족에게 지급한다. 유족급여는 유족보상연금이나 유족보상일시금으로 하되, 유족보상일시금은 근로자가 사망할 당시 유족보상연금을 받을 수 있는 자격이 있는 자가 없는 경우에 지급한다(동법 제62조).

### (6) 상병보상연금

요양급여를 받는 근로자가 요양을 시작한 지 2년이 지난날 이후에 다음의 요건 모두에 해당하는 상태가 계속되면 휴업급여 대신 상병보상연금을 그 근로자에게 지급한다. ① 그 부상이나 질병이 치유되지 아니한 상태일 것, ② 그 부상이나 질병에 따른 중증요양상태의 정도가 대통령령으로 정하는 중증요양상태등급 기준에 해당할 것, ③ 요양으로 인하여 취업하지 못하였을 것(동법 제66조)

### (7) 장의비

장의비는 근로자가 업무상의 사유로 사망한 경우에 지급하되, 평균임금의 120일분에 상당하는 금액을 그 장제(葬祭)를 지낸 유족에게 지급한다. 다만, 장제를 지낼 유족이 없거나 그 밖에 부득이한 사유로 유족이 아닌 자가 장제를 지낸 경우에는 평균임금의 120일분에 상당하는 금액의 범위에서 실제 드는 비용을 그 장제를 지낸 자에게 지급한다(동법 제71조).

### (8) 직업재활급여

① 장해급여 또는 진폐보상연금을 받은 자나 장해급여를 받을 것이 명백한 자로서 대통령령으로 정하는 자 중 취업을 위하여 직업훈련이 필요한 자에 대하여 실시하는 직업훈련에 드는 비용 및 직업훈련수당, ② 업무상의 재해가 발생할 당시의 사업에 복귀한 장해급여자에 대하여 사업주가 고용을 유지하거나 직장적응훈련 또는 재활운동을 실시하는 경우에 각각 지급하는 직장복귀지원금, 직장적응훈련비 및 재활운동비를 말한다(동법 제72조).

훈련대상자에 대한 직업훈련은 공단과 계약을 체결한 직업훈련기관에서 실시한다. 직업훈련에 드는 비용은 직업훈련을 실시한 직업훈련기관에 지급한다.

## 5. 산재보험 운영체계

### (1) 근로복지공단

고용노동부장관은 산재보험의 목적을 달성하기 위한 사업을 효율적으로 수행하기 위하여 근로복지공단을 설립한다(동법 제10조). 공단은 법인으로 하며, 다음과 같은 사업을 실시한다(동법 제11조).

① 보험가입자와 수급권자에 관한 기록의 관리·유지
② 보험료징수법에 따른 보험료와 그 밖의 징수금의 징수
③ 보험급여의 결정과 지급
④ 보험급여 결정 등에 관한 심사 청구의 심리·결정
⑤ 산업재해보상보험 시설의 설치·운영 등

### (2) 산업재해보상보험 및 예방심의위원회

산업재해보상보험 및 예방에 관한 중요 사항을 심의하기 위하여 고용노동부에 산업재해보상보험 및 예방심의위원회를 둔다. 위원회는 근로자를 대표하는 자, 사용자를 대표하는 자 및 공익을 대표하는 자로 구성하되, 그 수는 각각 같은 수로 한다(동법 제8조).

# 제4절 고용보험법(2023. 8. 8. 개정 시행)

## 1. 고용보험제도의 의의와 연혁

### (1) 고용보험의 의의

고용보험이란 정부에서 실업문제의 해소와 고용안정, 직업능력개발을 위해 도입한 제도이다. 이는 근로자가 실직한 경우에 생활안정을 위하여 일정 기간

동안 급여를 지급하는 실업급여사업과, 구직자에 대한 직업능력 개발 및 적극적인 취업알선을 통한 재취업의 촉진을 위한 직업능력개발사업 등의 실시를 목적으로 하는 사회보험이다. 우리나라 고용보험은 전통적 의미의 실업보험사업을 비롯하여 고용안정사업과 직업능력사업 등의 노동시장 정책을 적극적으로 연계하여 통합적으로 실시하는 사업이다.

| | | |
|---|---|---|
| 실업보험<br>(사후적/ 소극적 사회보장) | | |
| + | = | 고용보험 |
| 고용안정사업/ 직업능력개발사업<br>(사전적/ 적극적 노동시장정책) | | |

주요 연혁을 보면 다음과 같다.

| | |
|---|---|
| 1993. 12. | 고용보험법 제정 |
| 1995. 7. | 고용보험법 시행 |
| 1998. 10. | 1인 이상 전 사업장으로 고용보험 적용 확대 |
| 2001. 11. | 고용보험을 통해 모성보호급여(육아휴직, 출산전후 휴가급여) 지급 |
| 2016. 5. | 실업크레딧 제도 도입 |
| 2019. 8. | 구직급여 소정급여일수를 30일 연장 |

## 2. 고용보험의 목적 및 용어 정의

### (1) 목적

고용보험법은 실업의 예방, 고용의 촉진 및 근로자의 직업능력의 개발과 향상을 꾀하고, 국가의 직업지도와 직업소개 기능을 강화하며, 근로자가 실업한 경우에 생활에 필요한 급여를 실시하여 근로자의 생활안정과 구직 활동을 촉진함으로써 경제 · 사회 발전에 이바지하는 것을 목적으로 한다(동법 제1조). 고용보험은 고용노동부장관이 관장한다(동법 제3조).

### (2) 용어 정의(동법 제2조)

① 피보험자란 보험에 가입되거나 가입된 것으로 보는 근로자와 자영업자를 말한다.

② 이직(離職)이란 피보험자와 사업주 사이의 고용관계가 끝나게 되는 것을 말한다.

③ 실업이란 근로의 의사와 능력이 있음에도 불구하고 취업하지 못한 상태에 있는 것을 말한다.

④ 실업의 인정이란 직업안정기관의 장이 수급자격자가 실업한 상태에서 적극적으로 직업을 구하기 위하여 노력하고 있다고 인정하는 것을 말한다.

⑤ 보수란 근로소득에서 대통령령으로 정하는 금품을 뺀 금액을 말한다. 다만, 휴직이나 그 밖에 이와 비슷한 상태에 있는 기간 중에 사업주 외의 자로부터 지급받는 금품 중 고용노동부장관이 정하여 고시하는 금품은 보수로 본다.

⑥ 일용근로자란 1개월 미만 동안 고용되는 자를 말한다.

### (3) 고용보험 사업

고용보험은 목적을 이루기 위하여 고용보험사업으로 고용안정・직업능력개발 사업, 실업급여, 육아휴직 급여 및 출산전후휴가 급여 등을 실시한다.

## 3. 가입대상 및 보험료

### (1) 가입대상

| 구 분 | 고용보험 |
|---|---|
| 가입대상 | • 근로기준법상 근로자를 사용하는 모든 사업 또는 사업장 |
| 가입자・피보험자 | • 보험가입자 : 고용보험법을 적용받는 사업의 사업주와 근로자<br>• 피보험자 : 보험에 가입되거나 가입된 것으로 보는 근로자, 자영업자 |

### (2) 고용보험법 적용대상 제외자

① 소정(所定)근로시간이 대통령령으로 정하는 시간 미만인 자(1개월간 근로시간이 60시간 미만자, 일용근로자), ② 공무원, ③ 사립학교교직원 연금법의 적용을 받는 자, ④ 그 밖에 대통령령으로 정하는 자

### (3) 자영업자에 대한 가입특례

산재보험과 고용보험은 원칙적으로 근로자에게 급여를 행하는 보험으로 사업주는 그 대상에서 제외된다. 다만, 고용보험 및 산업재해보상보험의 보험료 징수 등에 관한 법률에 따라 자영업자에 대한 특례를 두고 있다(보험료징수법 제49조의2).

### (4) 보험료

| 구 분 | | 보험료 부과의 기준 | 보험료 부과방식 |
|---|---|---|---|
| 고용보험 | 근로자 | 보수총액 | • 보수총액 × 실업급여 보험료율의 1/2 |
| | 사업주 | 가입근로자의 개인별 보수총액 | • 사업장별 보수총액 × 실업급여 보험료율의 1/2<br>• 고용안정 · 직업능력개발 사업의 보험료율 |

고용보험은 고용안정 · 직업능력개발사업의 보험료, 실업급여의 보험료를 따로 징수하여 각각 그 사업에 소요되는 비용에 충당한다. 이 경우 근로자는 실업급여의 보험료 절반만 부담하며, 나머지는 사업주가 부담한다.

### (5) 고용보험자격 취득과 상실

#### ① 고용보험의 피보험자격취득

사업장 단위로 관리하는 산재보험과는 달리 고용보험법에서는 개별 근로자의 피보험자격의 취득과 상실을 따로 정하고 있다. 피보험자는 이 법이 적용되는 사업에 고용된 날에 피보험자격을 취득한다(동법 제13조).

#### ② 고용보험의 피보험자격상실

피보험자는 다음 하나에 해당하는 날에 각각 그 피보험자격을 상실한다. ㉠

피보험자가 적용 제외 근로자에 해당하게 된 경우에는 그 적용 제외 대상자가 된 날, ㉡ 보험관계가 소멸한 경우에는 그 보험관계가 소멸한 날, ㉢ 피보험자가 이직한 경우에는 이직한 날의 다음 날, ㉣ 피보험자가 사망한 경우에는 사망한 날의 다음 날, ㉤ 자영업자인 피보험자는 보험료징수법에 따라 보험관계가 소멸한 날에 피보험자격을 상실한다(동법 제14조).

## 4. 고용보험의 급여

### (1) 고용안정 · 직업능력개발사업

고용노동부장관은 피보험자 및 피보험자였던 자, 그 밖에 취업할 의사를 가진 자에 대한 실업의 예방, 취업의 촉진, 고용기회의 확대, 직업능력개발·향상의 기회 제공 및 지원, 그 밖에 고용안정과 사업주에 대한 인력 확보를 지원하기 위하여 고용안정·직업능력개발 사업을 실시한다(동법 제19조). 고용노동부장관은 고용환경 개선, 근무형태 변경 등으로 고용의 기회를 확대한 사업주에게 대통령령으로 정하는 바에 따라 필요한 지원을 할 수 있다.

### (2) 실업급여

#### ① 실업급여의 의의

구직급여와 취업촉진 수당으로 구분하며, 취업촉진 수당은 ㉠ 조기(早期)재취업 수당, ㉡ 직업능력개발 수당, ㉢ 광역 구직활동비, ㉣ 이주비가 있다(제37조). 단, 실업의 신고일부터 계산하기 시작하여 7일간은 대기기간으로 보아 구직급여를 지급하지 아니한다(동법 제49조). 다만, 최종 이직 당시 건설일용근로자였던 사람에 대해서는 실업의 신고일부터 계산하여 구직급여를 지급한다.

#### ② 구직급여

구직급여는 이직한 피보험자가 다음의 요건을 모두 갖춘 경우에 지급한다. ㉠ 이직일 이전 피보험 단위기간이 통산(通算)하여 180일 이상일 것, ㉡ 근로의 의사와 능력이 있음에도 불구하고 취업하지 못한 상태에 있을 것, ㉢ 이직사유가 수급자격의 제한 사유에 해당하지 아니할 것, ㉣ 재취업을 위한 노력을 적극적으로 할 것(동법 제40조)

*** 구직급여 수급자격 제한(동법 제58조)**

피보험자가 다음의 어느 하나에 해당한다고 직업안정기관의 장이 인정하는 경우에는 수급자격이 없는 것으로 본다.

① 중대한 귀책사유(歸責事由)로 해고된 피보험자로서 다음 어느 하나에 해당하는 경우

- 형법 또는 직무와 관련된 법률을 위반하여 금고 이상의 형을 선고받은 경우
- 사업에 막대한 지장을 초래하거나 재산상 손해를 끼친 경우로서 고용노동부령으로 정하는 기준에 해당하는 경우
- 정당한 사유 없이 근로계약 또는 취업규칙 등을 위반하여 장기간 무단 결근한 경우

② 자기 사정으로 이직한 피보험자로서 다음 어느 하나에 해당하는 경우

- 전직 또는 자영업을 하기 위하여 이직한 경우
- 중대한 귀책사유가 있는 자가 해고되지 아니하고 사업주의 권고로 이직한 경우
- 그 밖에 고용노동부령으로 정하는 정당한 사유에 해당하지 아니하는 사유로 이직한 경우

### ③ 취업촉진수당

취업을 장려하기 위한 취업촉진수당은 다음과 같다.

㉠ **조기재취업 수당** : 조기재취업 수당은 수급자격자가 안정된 직업에 재취직하거나 스스로 영리를 목적으로 하는 사업을 영위하는 경우에 해당하면 지급한다(동법 제64조).

㉡ **직업능력개발 수당** : 직업능력개발 수당은 수급자격자가 직업안정기관의 장이 지시한 직업능력개발 훈련 등을 받는 경우에 그 직업능력개발 훈련 등을 받는 기간에 대하여 지급한다(동법 제65조).

㉢ **광역 구직활동비** : 광역 구직활동비는 수급자격자가 직업안정기관의

소개에 따라 광범위한 지역에 걸쳐 구직 활동을 하는 경우로서 직업안정기관의 장이 필요하다고 인정하면 지급할 수 있다(동법 제66조). 광역구직활동비의 금액은 구직활동에 통상 드는 비용으로 하되, 그 금액의 산정은 고용노동부령으로 정하는 바에 따른다.

㉣ 이주비 : 이주비는 수급자격자가 취업하거나 직업안정기관의 장이 지시한 직업능력개발 훈련 등을 받기 위하여 그 주거를 이전하는 경우로서 직업안정기관의 장이 필요하다고 인정하면 지급할 수 있다(동법 제67조).

### (3) 육아휴직급여 등

#### ① 육아휴직급여 등

고용노동부장관은 「남녀고용평등과 일·가정 양립 지원에 관한 법률」 제19조에 따른 육아휴직을 30일 이상 부여받은 피보험자 중 육아휴직을 시작한 날 이전에 피보험 단위기간이 통산하여 180일 이상인 피보험자에게 육아휴직 급여를 지급한다. 육아휴직급여를 지급받으려는 사람은 육아휴직을 시작한 날 이후 1개월부터 육아휴직이 끝난 날 이후 12개월 이내에 신청하여야 한다(동법 제70조). 피보험자가 육아휴직 기간 중에 그 사업에서 이직한 경우에는 그 이직하였을 때부터 육아휴직급여를 지급하지 아니한다(동법 제73조).

#### ② 육아근로시간 단축 급여

고용노동부장관은 「남녀고용평등과 일·가정 양립 지원에 관한 법률」 제19조의2에 따른 육아기 근로시간 단축을 30일 이상 실시한 피보험자 중 육아기 근로시간 단축을 시작한 날 이전에 피보험 단위기간이 통산하여 180일 이상인 피보험자에게 육아기 근로시간 단축 급여를 지급한다. 육아기 근로시간 단축 급여를 지급받으려는 사람은 육아기 근로시간 단축을 시작한 날 이후 1개월부터 끝난 날 이후 12개월 이내에 신청하여야 한다(동법 제73조의2).

#### ③ 출산전후 휴가급여

고용노동부장관은 「남녀고용평등과 일·가정 양립 지원에 관한 법률」 제18조에 따라 피보험자가 근로기준법 제74조에 따른 출산전후 휴가 또는 유산·

사산휴가를 받은 경우와 「남녀고용평등과 일·가정 양립 지원에 관한 법률」 제18조의2에 따른 배우자 출산휴가를 받은 경우로서 다음의 요건을 모두 갖춘 경우에 출산전후 휴가급여 등을 지급한다.

㉠ 휴가가 끝난 날 이전 피보험 단위기간이 통산하여 180일 이상일 것, ㉡ 휴가를 시작한 날(우선지원 대상기업이 아닌 경우에는 휴가 시작 후 60일, 한 번에 둘 이상의 자녀를 임신한 경우에는 75일) 이후 1개월부터 휴가가 끝난 날 이후 12개월 이내에 신청할 것(동법 제75조). 출산전후 휴가급여 등은 휴가 기간에 대하여 근로기준법의 통상임금에 해당하는 금액을 지급한다(동법 제76조).

## 5. 고용보험 기금 및 운영체계

### (1) 고용보험기금

#### ① 기금의 설치 및 조성

고용노동부장관은 보험사업에 필요한 재원에 충당하기 위하여 고용보험기금을 설치한다. 기금은 보험료와 이 법에 따른 징수금·적립금·기금운용 수익금과 그 밖의 수입으로 조성한다(동법 제78조).

#### ② 기금의 관리·운용

고용노동부장관은 다음 방법에 따라 기금을 관리·운용한다. ㉠ 금융기관에의 예탁, ㉡ 재정자금에의 예탁, ㉢ 국가·지방자치단체 또는 금융기관에서 직접 발행하거나 채무이행을 보증하는 유가증권의 매입, ㉣ 보험사업의 수행 또는 기금 증식을 위한 부동산의 취득 및 처분 등(동법 제79조).

#### ③ 기금의 용도

기금은 다음 용도에 사용하여야 한다. ㉠ 고용안정·직업능력개발 사업에 필요한 경비, ㉡ 실업급여의 지급, ㉢ 국민연금 보험료의 지원, ㉣ 육아휴직 급여 및 출산전후 휴가급여 등의 지급, ㉤ 보험료의 반환, ㉥ 일시 차입금의 상환금과 이자 등(제80조)

### (2) 고용보험위원회

① 고용보험위원회 심의사항

㉠ 보험제도 및 보험사업의 개선에 관한 사항, ㉡ 보험료징수법에 따른 보험료율의 결정에 관한 사항, ㉢ 보험사업의 평가에 관한 사항, ㉣ 기금운용 계획의 수립 및 기금의 운용 결과에 관한 사항 등

② 위원회 구성

위원회는 위원장 1명을 포함한 20명 이내의 위원으로 구성하며, 위원장은 고용노동부차관이 되고, 근로자 대표, 사용자 대표, 공익을 대표하는 사람, 정부를 대표하는 사람 등으로 구성된다(동법 제7조).

## 제5절 노인장기요양보험법(2021. 12. 21. 개정 시행)

## 1. 노인장기요양보험제도의 의의

우리나라는 고령화로 인해 사회적으로 비중이 커진 노인 요양을 국가적 차원에서 감당함으로써 가족들의 부양 부담을 줄이고, 노인들의 자립을 지원하기 위해 2007년 4월 제정된 노인장기요양법에 의거해 2008년 7월부터 시행되었다. 장기요양보험은 65세 이상 노인이나 노인성 질환을 가진 대상자를 중심으로 급여를 제공하는 제도이다.

장기요양급여에는 재가급여와 시설급여, 특별현금급여가 있다. 재가급여 비용의 15%, 시설급여비용 20%는 이용자가 부담해야 한다. 장기요양 신청은 고령으로 인해 일상생활을 영위하기 힘든 65세 이상의 노인이나 중풍·치매·파킨슨병 등 노인성 질환을 가진 65세 미만의 노인이 할 수 있다. 장기요양을 인정받기 위해서는 장기요양인정신청서를 국민건강보험공단에 제출해야 한다.

## 2. 노인장기요양보험의 목적 및 용어 정의

### (1) 목적

이 법은 고령이나 노인성 질병 등의 사유로 일상생활을 혼자서 수행하기 어려운 노인 등에게 제공하는 신체활동 또는 가사활동 지원 등의 장기요양급여에 관한 사항을 규정하여 노후의 건강증진 및 생활안정을 도모하고 그 가족의 부담을 덜어줌으로써 국민의 삶의 질을 향상하도록 함을 목적으로 한다(동법 제1조).

### (2) 용어 정의(동법 제2조)

① 노인 등이란 65세 이상의 노인 또는 65세 미만의 자로서 치매·뇌혈관성 질환 등 대통령령으로 정하는 노인성 질병을 가진 자를 말한다.

② 장기요양급여란 6개월 이상 동안 혼자서 일상생활을 수행하기 어렵다고 인정되는 자에게 신체활동·가사활동의 지원 또는 간병 등의 서비스나 이에 갈음하여 지급하는 현금 등을 말한다.

③ 장기요양사업이란 장기요양보험료, 국가 및 지방자치단체의 부담금 등을 재원으로 하여 노인 등에게 장기요양급여를 제공하는 사업을 말한다.

④ 장기요양기관이란 국가의 지정을 받은 기관으로서 장기요양급여를 제공하는 기관을 말한다.

⑤ 장기요양요원이란 장기요양기관에 소속되어 노인 등의 신체활동 또는 가사활동 지원 등의 업무를 수행하는 자를 말한다.

## 3. 급여제공 원칙과 보험료

### (1) 장기요양급여의 제공의 기본 원칙(동법 제3조)

① 장기요양급여는 노인 등이 자신의 의사와 능력에 따라 최대한 자립적으로 일상생활을 수행할 수 있도록 제공하여야 한다.

② 장기요양급여는 노인 등의 심신상태·생활환경과 노인 등 및 그 가족의 욕구·선택을 종합적으로 고려하여 필요한 범위 안에서 이를 적정하게 제공하여야 한다.
③ 장기요양급여는 노인 등이 가족과 함께 생활하면서 가정에서 장기요양을 받는 재가급여를 우선적으로 제공하여야 한다.
④ 장기요양급여는 노인 등의 심신 상태나 건강 등이 악화되지 아니하도록 의료서비스와 연계하여 이를 제공하여야 한다.

### (2) 장기요양보험료 징수 및 산정

① **보험료 징수** : 공단은 장기요양사업에 사용되는 비용에 충당하기 위하여 장기요양보험료를 징수한다(동법 제8조).
② **보험료 산정** : 장기요양보험료는 건강보험료액에서 장기요양보험료율을 곱하여 산정한 금액으로 한다(동법 제9조).

## 4. 급여의 종류

### (1) 재가급여

① **방문요양** : 장기요양요원이 수급자의 가정 등을 방문하여 신체활동 및 가사활동 등을 지원하는 장기요양급여
② **방문목욕** : 장기요양요원이 목욕설비를 갖춘 장비를 이용하여 수급자의 가정 등을 방문하여 목욕을 제공하는 장기요양급여
③ **방문간호** : 장기요양요원인 간호사 등이 의사, 한의사 또는 치과의사의 지시서에 따라 수급자의 가정 등을 방문하여 간호, 진료의 보조, 요양에 관한 상담 또는 구강위생 등을 제공하는 장기요양급여
④ **주·야간보호** : 수급자를 하루 중 일정한 시간 동안 장기요양기관에 보호하여 신체활동 지원 및 심신기능의 유지·향상을 위한 교육·훈련 등을 제공하는 장기요양급여

⑤ **단기보호** : 수급자를 일정 기간 동안 장기요양기관에 보호하여 신체활동 지원 및 심신기능의 유지·향상을 위한 교육·훈련 등을 제공하는 장기요양급여

⑥ **기타 재가급여** : 수급자의 일상생활·신체활동 지원 및 인지기능의 유지·향상에 필요한 용구를 제공하거나 가정을 방문하여 재활에 관한 지원 등을 제공하는 장기요양급여로서 대통령령으로 정하는 것

### (2) 시설급여

장기요양기관에 장기간 입소한 수급자에게 신체활동 지원 및 심신기능의 유지·향상을 위한 교육·훈련 등을 제공하는 장기요양급여를 말한다.

### (3) 특별현금급여

① **가족요양비** : 수급자가 가족 등으로부터 방문요양에 상당한 장기요양 급여를 받은 때에 대통령령에서 정하는 기준에 따라 가족요양비를 지급할 수 있다(동법 제24조).

**가족요양비 지급 기준**

㉠ 도서·벽지 등 장기요양기관이 현저히 부족한 지역으로서 보건복지부장관이 정하여 고시하는 지역에 거주하는 자

㉡ 천재지변이나 그 밖에 이와 유사한 사유로 인하여 장기요양기관이 제공하는 장기요양급여를 이용하기가 어렵다고 보건복지부장관이 인정하는 자

㉢ 신체·정신 또는 성격 등 대통령령으로 정하는 사유로 인하여 가족 등으로부터 장기요양을 받아야 하는 자

② **특례요양비** : 수급자가 장기요양기관이 아닌 노인요양시설 등의 기관 또는 시설에서 재가급여 또는 시설급여에 상당한 장기요양급여를 받은 경우에 장기요양급여 비용의 일부를 수급자에게 특례요양비로 지급할 수 있다(동법 제25조).

③ 요양병원 간병비 : 요양병원에 입원한 때에 대통령령으로 정하는 기준에 따라 장기요양에 사용되는 비용의 일부를 요양병원 간병비로 지급할 수 있다(동법 제26조).

## 5. 장기요양인정 신청과 등급판정

### 1) 장기요양인정 신청

#### (1) 장기요양인정 신청자격

장기요양인정을 신청할 수 있는 자는 노인 등으로서 ① 장기요양보험가입자 또는 그 피부양자, ② 의료급여법에 따른 수급권자가 신청할 수 있다(동법 제12조).

#### (2) 장기요양인정 신청의 조사

공단은 신청서를 접수한 때 보건복지부령으로 정하는 바에 따라 소속 직원으로 하여금 조사하게 하여야 한다. 다만, 지리적 사정 등으로 직접 조사하기 어려운 경우 또는 조사에 필요하다고 인정하는 경우 특별자치시・특별자치도・시・군・구에 조사를 의뢰하거나 공동으로 조사할 것을 요청할 수 있다(동법 제14조).

#### (3) 등급판정 등

공단은 조사가 완료된 때 조사결과서, 신청서, 의사소견서, 그 밖에 심의에 필요한 자료를 등급판정위원회에 제출하여야 한다. 등급판정위원회는 신청인이 신청자격 요건을 충족하고 6개월 이상 동안 혼자서 일상생활을 수행하기 어렵다고 인정하는 경우 심신상태 및 장기요양이 필요한 정도 등 대통령령으로 정하는 등급판정기준에 따라 수급자로 판정한다(동법 제15조).

### (4) 장기요양급여의 제한

공단은 장기요양급여를 받고 있는 자가 정당한 사유 없이 조사나 요구에 응하지 아니하거나 답변을 거절한 경우 장기요양급여의 전부 또는 일부를 제공하지 아니하게 할 수 있다(동법 제29조).

## 6. 장기요양기관

### (1) 장기요양기관 지정

장기요양보험사업에서 재가급여 또는 시설급여를 제공하는 장기요양기관을 운영하려는 자는 소재지를 관할하는 특별자치시장・특별자치도지사・시장・군수・구청장으로부터 지정을 받아야 한다(동법 제31조).

### (2) 장기요양기관 지정의 유효기간

장기요양기관 지정의 유효기간은 지정을 받은 날부터 6년으로 한다(동법 제32조의3). 장기요양기관의 장은 지정의 유효기간이 끝난 후에도 계속하여 그 지정을 유지하려는 경우에는 소재지를 관할구역으로 하는 특별자치시장・특별자치도지사・시장・군수・구청장에게 지정 유효기간이 끝나기 90일 전까지 지정 갱신을 신청하여야 한다(동법 제32조의4).

### (3) 장기요양기관의 의무

장기요양기관은 수급자로부터 장기요양급여 신청을 받은 때 장기요양급여의 제공을 거부하여서는 아니 된다. 다만, 입소정원에 여유가 없는 경우 등 정당한 사유가 있는 경우는 그러하지 아니하다. 장기요양기관은 면제받거나 감경받는 금액 외에 영리를 목적으로 수급자가 부담하는 재가 및 시설 급여비용(본인부담금)을 면제하거나 감경하는 행위를 하여서는 아니 된다. 누구든지 영리를 목적으로 금전, 물품, 노무, 향응, 그 밖의 이익을 제공하거나 제공할 것을 약속하는 방법으로 수급자를 장기요양기관에 소개, 알선 또는 유인하는 행위 및 이를 조장하는 행위를 하여서는 아니 된다(동법 제35조).

### (4) 장기요양기관 지정의 취소 등

특별자치시장·특별자치도지사·시장·군수·구청장은 장기요양기관이 다음 어느 하나에 해당하는 경우 그 지정을 취소하거나 6개월의 범위에서 업무정지를 명할 수 있다. ㉠ 거짓이나 그 밖의 부정한 방법으로 지정을 받은 경우, ㉡ 지정기준에 적합하지 아니한 경우, ㉢ 장기요양급여를 거부한 경우, ㉣ 거짓이나 그 밖의 부정한 방법으로 재가 및 시설 급여비용을 청구한 경우, ㉤ 자료제출 명령에 따르지 아니하거나 거짓으로 자료제출을 한 경우나 질문 또는 검사를 거부·방해 또는 기피하거나 거짓으로 답변한 경우, ㉥ 장기요양기관의 종사자 등이 수급자의 신체에 폭행을 가하거나 상해를 입히는 행위, 수급자에게 성적 수치심을 주는 성폭행, 성희롱 등의 행위, 자신의 보호·감독을 받는 수급자를 유기하거나 의식주를 포함한 기본적 보호 및 치료를 소홀히 하는 방임행위, 수급자를 위하여 증여 또는 급여된 금품을 그 목적 외의 용도에 사용하는 행위, 폭언, 협박, 위협 등으로 수급자의 정신건강에 해를 끼치는 정서적 학대행위를 한 경우, ㉦ 업무정지 기간 중에 장기요양급여를 제공한 경우(동법 제37조).

### (5) 인권교육과 장기요양요원의 보호

#### ① 인권교육

장기요양기관을 운영하는 자와 그 종사자는 인권에 관한 교육을 받아야 하고, 장기요양기관을 이용하고 있는 장기요양급여 수급자에게 인권교육을 실시할 수 있다.

#### ② 장기요양요원의 보호

장기요양기관의 장은 장기요양요원이 다음 어느 하나에 해당하는 경우로 인한 고충의 해소를 요청하는 경우 업무의 전환 등 적절한 조치를 하여야 한다. ㉠ 수급자 및 그 가족이 장기요양요원에게 폭언·폭행·상해 또는 성희롱·성폭력 행위를 하는 경우, ㉡ 수급자 및 그 가족이 장기요양요원에게 급여 외 행위의 제공을 요구하는 경우. 또한 장기요양기관의 장은 장기요양요원에게 다음과 같은 행위를 하여서는 아니 된다. ㉢ 장기요양요원에게 급여 외 행위의 제공을 요구하는 행위, 수급자가 부담하여야 할 본인부담금의 전부 또는 일부를 부담하도록 요구하는 행위(동법 제35조의4)

## 7. 장기요양기본계획과 실태조사

### (1) 장기요양기본계획

보건복지부장관은 노인 등에 대한 장기요양급여를 원활하게 제공하기 위하여 5년 단위로 장기요양기본계획을 수립·시행하여야 한다(동법 제6조).

### (2) 실태조사

보건복지부장관은 장기요양사업의 실태를 파악하기 위하여 3년마다 다음 사항에 관한 조사를 정기적으로 실시하고 그 결과를 공표하여야 한다. ㉠ 장기요양인정에 관한 사항, ㉡ 장기요양등급판정위원회의 판정에 따라 장기요양급여를 받을 사람의 규모, 그 급여의 수준 및 만족도에 관한 사항, ㉢ 장기요양기관에 관한 사항, ㉣ 장기요양요원의 근로조건, 처우 및 규모에 관한 사항 등(동법 제6조의2)

# 제13장 공공부조법

## 제1절 국민기초생활 보장법(2023. 8. 16. 개정 시행)

### 1. 개 요

국민기초생활 보장법은 빈곤선 이하의 저소득 국민에게 국가가 기본적인 경비를 제공함으로써 최소한의 기초생활을 보장하기 위해 만들어졌다. 1999년 9월 7일에 제정해 2000년 10월부터 시행했다. 연령이나 근로 능력을 구분하지 않고 가구의 소득이나 재산 등을 기준으로 지원 여부를 결정한다.

총 9장 51조와 부칙으로 이루어져 있다. 제1장 총칙은 목적, 정의, 급여의 기본 원칙, 수급권자의 범위 등을 규정하고 있다. 제2장은 급여의 종류와 방법, 제3장은 보장기관, 제4장은 급여의 실시에 관한 내용을 다루고 있다. 제5장은 보장시설에 대한 규정이고, 제6장은 수급자의 권리와 의무를 담고 있다. 제7장은 이의 신청에 대한 규정이고, 제8장은 보장 비용에 관련된 규정이다. 제9장은 부정한 수급 등에 대한 벌칙 및 양벌규정을 다루고 있다.

### 2. 목적 및 용어 정의

#### (1) 목적

이 법은 생활이 어려운 사람에게 필요한 급여를 실시하여 이들의 최저생활을 보장하고 자활을 돕는 것을 목적으로 한다(동법 제1조).

### (2) 용어 정의(동법 제2조)

① 수급권자란 이 법에 따른 급여를 받을 수 있는 자격을 가진 사람을 말한다.

② 수급자란 이 법에 따른 급여를 받는 사람을 말한다.

③ 수급품이란 이 법에 따라 수급자에게 지급하거나 대여하는 금전 또는 물품을 말한다.

④ 보장기관이란 이 법에 따른 급여를 실시하는 국가 또는 지방자치단체를 말한다.

⑤ 부양의무자란 수급권자를 부양할 책임이 있는 사람으로서 수급권자의 1촌의 직계혈족 및 그 배우자를 말한다. 다만, 사망한 1촌의 직계혈족의 배우자는 제외한다.

⑥ 최저보장수준이란 국민의 소득·지출 수준과 수급권자의 가구 유형 등 생활실태, 물가상승률 등을 고려하여 급여의 종류별로 공표하는 금액이나 보장수준을 말한다.

⑦ 최저생계비란 국민이 건강하고 문화적인 생활을 유지하기 위하여 필요한 최소한의 비용으로서 보건복지부장관이 계측하는 금액을 말한다.

## 3. 보장기관과 보장시설

### (1) 보장기관

국민기초생활 보장법에 따른 급여는 수급권자 또는 수급자의 거주지를 관할하는 시·도지사와 시장·군수·구청장, 교육급여인 경우에는 시·도교육감이 실시한다. 다만, 주거가 일정하지 아니한 경우에는 수급권자 또는 수급자가 실제 거주하는 지역을 관할하는 시장·군수·구청장이 실시한다.

### (2) 보장시설(동법 제32조)

국민기초생활 보장법에 따른 보장시설이란 장애인복지법의 장애인 거주시설, 노인복지법의 노인의료복지시설, 아동복지법에 따른 아동복지시설 및 통합시설, 정신재활시설, 노숙인재활시설 및 노숙인요양시설, 가정폭력피해자 보호시설, 성매매피해자 등을 위한 지원시설 등을 말한다. 보장시설의 장은 보장기관으로부터 수급자에 대한 급여를 위탁받은 경우에는 정당한 사유 없이 이를 거부하여서는 아니 된다(동법 제33조).

## 4. 부양의무자

부양의무자가 다음 각호의 어느 하나에 해당하는 경우에는 부양능력이 없는 것으로 본다.

### (1) 부양능력이 없는 경우(동법 제8조의2)

① 기준중위소득 수준을 고려하여 대통령령으로 정하는 소득·재산 기준 미만인 경우

② 직계존속 또는 장애인연금법의 중증장애인인 직계비속을 자신의 주거에서 부양하는 경우로서 보건복지부장관이 정하여 고시하는 경우

③ 그 밖에 질병, 교육, 가구 특성 등으로 부양 능력이 없다고 보건복지부장관이 정하는 경우

### (2) 부양받을 수 없는 경우(동법 제8조의2)

① 부양의무자가 병역법에 따라 징집되거나 소집된 경우

② 부양의무자가 해외이주법의 해외이주자에 해당하는 경우

③ 부양의무자가 교도소, 구치소, 치료감호시설 등에 수용 중인 경우

④ 부양의무자에 대하여 실종선고 절차가 진행 중인 경우

⑤ 부양의무자가 보장시설에서 급여를 받고 있는 경우

⑥ 부양의무자의 가출 또는 행방불명으로 확인이 된 경우

⑦ 부양의무자가 부양을 기피하거나 거부하는 경우 등

## 5. 최저보장수준과 최저생계비

### (1) 최저보장수준 결정

보건복지부장관 또는 소관 중앙행정기관의 장은 급여의 종류별 수급자 선정기준 및 최저보장수준을 결정하여야 한다. 보건복지부장관 또는 소관 중앙행정기관의 장은 매년 8월 1일까지 중앙생활보장위원회의 심의·의결을 거쳐 다음 연도의 급여의 종류별 수급자 선정기준 및 최저보장수준을 공표하여야 한다(동법 제6조).

### (2) 최저생계비

최저생계비란 국민이 건강하고 문화적인 생활을 유지하기 위하여 필요한 최소한의 비용으로 보건복지부장관이 계측하는 금액을 말한다. 보건복지부장관은 수급권자, 수급자 및 차상위계층 등의 규모·생활실태 파악, 최저생계비 계측 등을 위하여 3년마다 실태조사를 실시·공표하여야 한다(동법 제20조의2).

## 6. 소득인정액과 기준중위소득

### (1) 소득인정액의 산정(동법 제6조의3)

소득인정액이란 보장기관이 급여의 결정 및 실시 등에 사용하기 위하여 산출한 개별가구의 소득평가액과 재산의 소득환산액을 합한 금액을 말한다.

① 소득평가액

개별가구의 소득평가액은 개별가구의 실제소득에도 불구하고 보장기관이 급여의 결정 및 실시 등에 사용하기 위하여 산출한 금액으로 ㉠ 근로소득, ㉡ 사업소득(농업소득, 임업소득, 어업소득, 기타 사업소득), ㉢ 재산소득(임대소득, 이자소득, 연금소득), ㉣ 이전소득(친족 또는 후원자 등으로부터 정기적으로 받은 금품, 사회보장제도를 통해서 공적으로 이전받는 정기적으로 지급되는 각종 수당·연금·급여 또는 그 밖의 금품)을 합한 개별가구의 실제소득에서 장애·질병·양육 등 가구 특성에 따른 지출요인, 근로를 유인하기 위한 요인, 그 밖에 추가적인 지출요인에 해당하는 금액을 감하여 산정한다.

② 재산의 소득환산액

재산의 소득환산액은 개별가구의 재산가액에서 기본재산액(기초생활의 유지에 필요하다고 보건복지부장관이 정하여 고시하는 재산액을 말한다) 및 부채를 공제한 금액에 소득환산율을 곱하여 산정한다. 이 경우 소득으로 환산하는 재산의 범위는 ㉠ 일반재산(금융재산 및 자동차를 제외한 재산을 말한다), ㉡ 금융재산, ㉢ 자동차를 말한다.

### (2) 기준중위소득

기준중위소득[1])이란 보건복지부장관이 급여의 기준 등에 활용하기 위하여 매년 중앙생활보장위원회의 심의·의결을 거쳐 고시하는 국민가구소득의 중위값을 말한다. 기준중위소득을 간단하게 말하면 전체가구의 소득액을 순서대로 늘어놓고, 이 중 중간값에 위치한 소득액을 중위소득이라고 한다. 중앙생활위원회에서는 매년 9월 1일 이전에 다음해 기준중위소득을 공표하는데, 기존에는 보건복지부에서 결정한 최저생계비를 기준으로 각종 수급자를 결정하였으나 2015년 7월부터는 중위소득을 기준으로 결정하였다(동법 제6조의2).

**〈표 13-1〉 연도별 중위소득금액** (단위 : 원)

| 중위소득 | 1인 가구 | 2인 가구 | 3인 가구 | 4인 가구 | 5인 가구 |
|---|---|---|---|---|---|
| 2015 | 1,562,337 | 2,660,196 | 3,441,364 | 4,222,533 | 5,003,702 |
| 2020 | 1,757,194 | 2,991,980 | 3,870,577 | 4,749,174 | 5,627,771 |
| 2023 | 2,077,892 | 3,456,155 | 4,434,816 | 5,400,964 | 6,330,688 |
| 2024 | 2,228,445 | 3,682,609 | 4,714,657 | 5,729,913 | 6,695,735 |

주 : 기준중위소득은 총가구 중 소득순으로 순위를 매긴 다음 정확히 가운데를 차지한 가구의 소득을 말한다(전 국민이 100명일 때 50번째 사람의 소득). 이때 중위소득의 50% 미만은 빈곤층, 50~150%는 중산층, 150% 초과는 상류층으로 분류하게 된다.

1) 기준중위소득은 각종 급여뿐만 아니라 서민형 대출, 청년지원 등에 사용되며, 계산법은 다음과 같다. 2024년 4인 가족 기준으로 기준중위소득의 50%라고 하면 5,729,913원×0.5 = 2,864,956원이 된다.

### (3) 차상위계층

차상위계층이란 기초생활 수급권자에 해당하지 아니한 계층으로 소득인정액이 대통령령으로 정하는 기준인 기준중위소득의 100분의 50 이하인 사람을 말한다. 참고로 2024년 기준중위소득은 4인 가구 5,729,913원으로 이 중에 50% 이하(2,864,956원 이하)에 해당하는 계층을 말한다.

## 7. 급여원칙 및 종류

### (1) 급여원칙

급여원칙은 수급자가 자신의 생활의 유지·향상을 위하여 그의 소득, 재산, 근로능력 등을 활용하여 최대한 노력하는 것을 전제로 이를 보충·발전시키는 것을 기본 원칙으로 한다(동법 제3조).

### (2) 급여기준 등

급여기준은 건강하고 문화적인 최저생활을 유지할 수 있는 것이어야 한다. 급여의 기준은 수급자의 연령, 가구 규모, 거주지역, 그 밖의 생활여건 등을 고려하여 급여의 종류별로 보건복지부장관이 정하거나 급여를 지급하는 중앙행정기관의 장이 보건복지부장관과 협의하여 정한다. 보장기관은 이 법에 따른 급여를 개별가구 단위로 실시하되, 특히 필요하다고 인정하는 경우(장애인복지법에 따라 등록한 장애인 중 장애의 정도가 심한 장애인으로서 보건복지부장관이 정하는 사람에 대한 급여 등 특히 필요하다고 인정하는 경우)에는 개인 단위로 실시할 수 있다. 지방자치단체인 보장기관은 해당 지방자치단체의 조례로 정하는 바에 따라 이 법에 따른 급여의 범위 및 수준을 초과하여 급여를 실시할 수 있다. 이 경우 해당 보장기관은 보건복지부장관 및 소관 중앙행정기관의 장에게 알려야 한다(동법 제4조).

### (3) 외국인에 대한 특례

국내에 체류하고 있는 외국인 중 대한민국 국민과 혼인하여 본인 또는 배우자가 임신 중이거나 대한민국 국적의 미성년 자녀를 양육하고 있거나 배우자의 대한민국 국적인 직계존속(直系尊屬)과 생계나 주거를 같이하고 있는 사람으로서 대통령령으로 정하는 사람이 이 법에 따른 급여를 받을 수 있는 자격을 가진 경우에는 수급권자가 된다(동법 제5조의2).

### (4) 급여 종류

① 생계급여

생계급여는 수급자에게 의복, 음식물 및 연료비와 그 밖에 일상생활에 기본적으로 필요한 금품을 지급하여 그 생계를 유지하게 하는 것으로 한다. 생계급여 선정기준은 기준중위소득의 100분의 30 이상으로 한다. 생계급여는 금전을 지급하는 것으로 한다. 다만, 금전으로 지급할 수 없거나 금전으로 지급하는 것이 적당하지 아니하다고 인정하는 경우에는 물품을 지급할 수 있다. 생계급여는 수급자의 주거에서 실시한다. 다만, 수급자가 주거가 없거나 주거가 있어도 그곳에서는 급여의 목적을 달성할 수 없는 경우 또는 수급자가 희망하는 경우에는 수급자를 보장시설이나 타인의 가정에 위탁하여 급여를 실시할 수 있다(동법 제10조).

② 주거급여

주거급여는 수급자에게 주거 안정에 필요한 임차료, 수선유지비, 그 밖의 수급품을 지급하는 것으로 한다(동법 제11조). 주거급여는 국토교통부에서 관할하며, 2024년 주거급여의 기준은 기준중위소득의 48%이다.

③ 교육급여

교육급여는 수급자에게 입학금, 수업료, 학용품비, 그 밖의 수급품을 지급하는 것으로 하되, 학교의 종류·범위 등에 관하여 필요한 사항은 대통령령으로 정한다. 교육급여는 교육부장관의 소관으로 한다. 교육급여 선정기준은 기준중위소득의 100분의 50 이상으로 한다(동법 제12조).

④ 의료급여

의료급여는 수급자에게 건강한 생활을 유지하는 데 필요한 각종 검사 및 치료 등을 지급하는 것으로 한다. 의료급여 선정기준은 기준중위소득의 100분의 40 이상으로 한다(동법 제12조의3).

〈표 13-2〉 2024년 기준소득에 따른 급여별 기준중위소득 (단위 : 원)

| 구 분 | 1인 가구 | 2인 가구 | 3인 가구 | 4인 가구 | 5인 가구 |
|---|---|---|---|---|---|
| 기준중위소득 | 2,228,445 | 3,682,609 | 4,714,657 | 5,729,913 | 6,695,735 |
| 생계급여 (중위소득 32%) | 713,102 | 1,178,435 | 1,508,690 | 1,833,572 | 2,142,635 |
| 의료급여 (중위소득 40%) | 891,378 | 1,473,044 | 1,885,863 | 2,291,965 | 2,678,294 |
| 주거급여 (중위소득 48%) | 1,069,654 | 1,767,652 | 2,263,035 | 2,750,358 | 3,213,953 |
| 교육급여 (중위소득 50%) | 1,114,223 | 1,841,305 | 2,357,329 | 2,864,957 | 3,347,868 |

⑤ 해산급여

해산급여는 생계급여, 주거급여, 의료급여 중 하나 이상의 급여를 받는 수급자에게 조산(助産), 분만 전과 분만 후에 필요한 조치와 보호의 급여를 실시하는 것으로 한다(동법 제13조).

⑥ 장제급여

장제급여는 생계급여, 주거급여, 의료급여 중 하나 이상의 급여를 받는 수급자가 사망한 경우 사체의 검안(檢案)·운반·화장 또는 매장, 그 밖의 장제조치를 하는 것으로 한다.

⑦ 자활급여

자활급여는 수급자의 자활을 돕기 위하여, ㉠ 자활에 필요한 금품의 지급 또는 대여, ㉡ 자활에 필요한 근로능력의 향상 및 기능습득의 지원, ㉢ 취업알선 등 정보의 제공, ㉣ 자활을 위한 근로기회의 제공, ㉤ 자활에 필요한 시설 및 장비의 대여, ㉥ 창업교육, 기능훈련 및 기술·경영지도 등 창업지원, ㉦ 자활에 필요한 자산형성 지원 등 자활을 위한 각종 지원을 실시하는 것으로 한다. 자활급여는 관련 공공기관・비영리법인・시설과 그 밖에 대통령령으로 정하는 기관에 위탁하여 실시할 수 있다.

### (5) 급여의 신청 및 조사

국민기초생활 보장법상 급여는 신청주의가 원칙이나 필요한 경우에 전담공무원이 직권으로 신청할 수 있다. 수급권자와 그 친족, 그 밖의 관계인은 관할 시장・군수・구청장에게 수급권자에 대한 급여를 신청할 수 있다(제21조). 시장・군수・구청장은 수급자 및 수급자에 대한 급여의 적정성을 확인하기 위하여 매년 연간조사계획을 수립하고 관할구역의 수급자를 대상으로 매년 1회 이상 정기적으로 조사하여야 한다(동법 제23조).

### (6) 급여의 결정과 실시 및 지급방법

시장・군수・구청장은 조사를 하였을 때에는 지체 없이 급여 실시 여부와 급여의 내용을 결정하여야 한다(동법 제26조). 보장기관이 급여를 금전으로 지급할 때에는 수급자의 신청에 따라 수급자 명의의 지정된 계좌(급여수급계좌)로 입금하여야 한다(동법 제27조의2).

### (7) 급여의 대리수령 등

보장기관은 수급자가 피성년후견인인 경우, 채무불이행으로 금전채권이 압류된 경우, 수급자 또는 후견인의 동의를 받아 급여를 수급자의 배우자, 직계혈족 또는 3촌 이내의 방계혈족(배우자 등) 명의의 계좌에 입금할 수 있다. 이때 급여를 지급받은 배우자 등은 해당 급여를 목적 외의 용도로 사용하여서는 아니 된다(동법 제27조의3).

### (8) 급여의 변경 및 중지 등

① 급여의 변경

수급자에 대한 급여는 정당한 사유 없이 수급자에게 불리하게 변경할 수 없다(동법 제34조). 하지만 보장기관은 수급자의 소득·재산·근로능력 등이 변동된 경우에는 직권으로 또는 수급자나 그 친족, 그 밖의 관계인의 신청에 의하여 그에 대한 급여의 종류·방법 등을 변경할 수 있다(동법 제29조).

② 급여의 중지 등

보장기관은 ㉠ 수급자에 대한 급여의 전부 또는 일부가 필요 없게 된 경우, ㉡ 수급자에 대한 급여의 전부 또는 일부가 필요 없게 된 경우에는 급여의 전부 또는 일부를 중지하여야 한다. 근로능력이 있는 수급자가 자활사업 참여 조건을 이행하지 아니하는 경우, 조건을 이행할 때까지 수급자 본인의 생계급여의 전부 또는 일부를 지급하지 아니할 수 있다(동법 제30조).

## 8. 자활지원사업

### (1) 자활지원계획의 수립

시장·군수·구청장은 수급자의 자활을 체계적으로 지원하기 위하여 보건복지부장관이 정하는 바에 따라 자활에 대한 조사 결과를 고려하여 수급자 가구별로 자활지원계획을 수립하고, 그에 따라 이 법에 따른 급여를 실시하여야 한다(동법 제28조).

### (2) 한국자활복지개발원

수급자 및 차상위자의 자활촉진에 필요한 사업을 수행하기 위하여 한국자활복지개발원을 법인의 형태로 설립한다(동법 제15조의2). 자활복지개발원의 업무는 ㉠ 자활 지원을 위한 사업의 개발 및 평가, ㉡ 자활 지원을 위한 조사·연구 및 홍보, ㉢ 자활기업의 기술·경영지도 및 평가, ㉣ 자활 관련 기관 간의 협력체계 구축·운영, ㉤ 자활 관련 기관 간의 정보네트워크 구축·운영, ㉥ 취업·창업을 위한 자활촉진 프로그램 개발 및 지원, ㉦ 고용지원서비스의 연계 및 사회복지서비스의 지원 대상자 관리, ㉧ 수급자 및 차상위자의 자활촉진을 위한 교육・훈련, 광역자활센터 등 자활 관련 기관의 종사자 및 참여자에 대한 교육・훈련 및 지원 등을 수행한다(동법 제15조의3).

### (3) 광역자활센터

보장기관은 수급자 및 차상위자의 자활촉진에 필요한 사업을 수행하기 위하여 사회복지법인, 사회적협동조합 등 비영리법인과 단체를 법인 등의 신청을 받아 특별시・광역시・특별자치시・도・특별자치도 단위의 광역자활센터로 지정한다(동법 제15조의10).

### (4) 지역자활센터 등

보장기관은 수급자 및 차상위자의 자활 촉진에 필요한 사업을 수행하기 위하여 사회복지법인, 사회적협동조합 등 비영리법인과 단체를 법인 등의 신청을 받아 지역자활센터로 지정할 수 있다(동법 제16조).

### (5) 자활기관협의체 및 자활기업

#### ① 자활기관협의체

시장・군수・구청장은 자활지원사업의 효율적인 추진을 위하여 지역자활센터, 직업안정법상 직업안정기관, 사회복지사업법상 사회복지시설의 장 등과 상시적인 협의체계(자활기관협의체)를 구축하여야 한다. 자활기관협의체의 구성 및 운영 등에 필요한 사항은 보건복지부령으로 정한다(동법 제17조).

#### ② 자활기업

수급자 및 차상위자는 상호 협력하여 자활기업을 설립・운영할 수 있다(동법 제18조).

# 9. 생활보장위원회

### (1) 중앙생활보장위원회

생활보장사업의 기획·조사·실시 등에 관한 사항을 심의·의결하기 위하여 보건복지부와 시·도 및 시·군·구에 각각 생활보장위원회를 둔다. 다만, 시·도 및 시·군·구에 두는 생활보장위원회는 그 기능을 담당하기에 적합한 다른 위원회가 있고 그 위원회의 위원이 규정된 자격을 갖춘 경우에는 시·도 또는 시·군·구의 조례로 정하는 바에 따라 그 위원회가 생활보장위원회의 기능을 대신할 수 있다. 중앙생활보장위원회 심의·의결사항은 ① 기초생활보장 종합계획의 수립, ② 소득인정액 산정방식과 기준 중위소득의 결정, ③ 급여의 종류별 수급자 선정기준과 최저보장수준의 결정, ④ 급여기준의 적정성 등 평가 및 실태조사에 관한 사항 등이다.

중앙생활보장위원회 구성은 위원장을 포함하여 16명 이내의 위원으로 구성한다.

### (2) 지방생활보장위원회

시·도 및 시·군·구 생활보장위원회의 위원은 시·도지사 또는 시장·군수·구청장이 다음 어느 하나에 해당하는 사람 중에서 위촉·지명하며, 위원장은 해당 시·도지사 또는 시장·군수·구청장으로 한다.

# 10. 수급자의 권리와 의무, 권리구제

사회보장기본법에 명시된 바와 같이 국민기초생활보장 수급자에게 지급된 수급품과 이를 받을 권리는 압류할 수 없다. 또한 수급자는 급여를 받을 권리를 타인에게 양도할 수 없다.

### (1) 압류 및 양도의 금지

수급자에게 지급된 수급품과 이를 받을 권리는 압류할 수 없다. 또한 급여수급계좌의 예금에 관한 채권은 압류할 수 없고(동법 제35조), 수급자는 급여를 받을 권리를 타인에게 양도할 수 없다(동법 제36조).

### (2) 권리구제

① 이의신청

수급자나 급여 또는 급여 변경을 신청한 사람은 시장 · 군수 · 구청장(교육급여인 경우에는 시 · 도교육감)의 처분에 대하여 이의가 있는 경우에는 그 결정의 통지를 받은 날부터 90일 이내에 해당 보장기관을 거쳐 시 · 도지사(시 · 도교육감)에게 서면 또는 구두로 이의를 신청할 수 있다. 이 경우 구두로 이의신청을 접수한 보장기관의 공무원은 이의신청서를 작성할 수 있도록 협조하여야 한다(동법 제38조).

② 시 · 도지사의 처분 등

시 · 도지사가 시장 · 군수 · 구청장으로부터 이의신청서를 받았을 때에는 30일 이내에 필요한 심사를 하고 이의신청을 각하 또는 기각하거나 해당 처분을 변경 또는 취소하거나 그 밖에 필요한 급여를 명하여야 한다(동법 제39조).

③ 보건복지부장관에 등에 대한 이의신청

제39조에 따른 처분 등에 대하여 이의가 있는 사람은 그 처분 등의 통지를 받은 날부터 90일 이내에 시 · 도지사를 거쳐 보건복지부장관(주거급여 또는 교육급여인 경우에는 소관 중앙행정기관의 장)에게 서면 또는 구두로 이의를 신청할 수 있다(동법 제40조).

# 제2절 의료급여법(2024. 2. 13. 개정 시행)

## 1. 목적 및 용어 정의

### (1) 목적

의료급여법은 생활이 어려운 사람에게 의료급여를 함으로써 국민보건의 향상과 사회복지의 증진에 이바지함을 목적으로 한다(동법 제1조).

### (2) 용어 정의(동법 제2조)

① 수급권자란 의료급여를 받을 수 있는 자격을 가진 사람을 말한다.
② 의료급여기관이란 수급권자에 대한 진료・조제 또는 투약 등을 담당하는 의료기관 및 약국 등을 말한다.
③ 부양의무자란 수급권자를 부양할 책임이 있는 사람으로서 수급권자의 1촌 직계혈족 및 그 배우자를 말한다.

## 2. 의료급여 수급권자의 종류와 인정 절차

### (1) 수급권자(동법 제3조)

국민기초생활 보장법에 따른 의료급여 수급자, 이재민, 의사상자, 국내에 입양된 18세 미만 아동, 국가유공자, 무형문화재 보유자, 북한이탈주민가족, 5・18민주화운동 관련자, 노숙인 등

### (2) 수급권자의 인정 절차 등

수급권자가 되려는 사람은 보건복지부령으로 정하는 바에 따라 특별자치시장・특별자치도지사・시장(특별자치도의 행정시장은 제외한다)・군수・구청장에게 수급권자 인정 신청을 하여야 한다(동법 제3조의3).

## 3. 보장기관 및 의료급여심사위원회

### (1) 보장기관

이 법에 따른 의료급여에 관한 업무는 수급권자의 거주지를 관할하는 특별시장・광역시장・도지사와 시장・군수・구청장이 한다. 주거가 일정하지 아니한 수급권자에 대한 의료급여 업무는 그가 실제 거주하는 지역을 관할하는 시장・군수・구청장이 한다(동법 제5조).

### (2) 사례관리

사례관리를 실시하기 위하여 시・도・특별자치도, 시・군・구에 의료급여 관리사를 둔다.

### (3) 의료급여심의위원회

이 법에 따른 의료급여사업의 실시에 관한 사항을 심의하기 위하여 보건복지부, 시・도 및 시・군・구에 각각 의료급여심의위원회를 둔다(동법 제6조).

## 4. 의료급여의 내용 및 기관, 급여비용, 부당이득 징수

### (1) 의료급여 내용(동법 제7조)

① 진찰・검사, ② 약제(藥劑)・치료재료의 지급, ③ 처치・수술과 그 밖의 치료, ④ 예방・재활, 입원, 간호 등

### (2) 의료급여기관(동법 제9조)

의료급여는 의료법에 따라 개설된 의료기관, 지역보건법에 따라 설치된 보건소・보건의료원 및 보건지소, 보건진료소, 약국 등에서 실시한다.

그리고 의료급여기관은 제1차(시・군・구청장 신고), 제2차(시・도지사 허가), 제3차(보건복지부장관 지정) 의료기관으로 구분한다.

### (3) 급여비용의 부담

급여비용은 대통령령으로 정하는 바에 따라 그 전부 또는 일부를 의료급여기금에서 부담하되, 의료급여기금에서 일부를 부담하는 경우 그 나머지 비용은 본인이 부담한다(동법 제10조).

### (4) 급여비용의 청구와 지급

의료급여기관은 의료급여기금에서 부담하는 급여비용의 지급을 시장·군수·구청장에게 청구할 수 있다(동법 제11조).

### (5) 부당이득의 징수

시장·군수·구청장은 속임수나 그 밖의 부당한 방법으로 의료급여를 받은 사람 또는 급여비용을 받은 의료급여기관에 대하여는 그 급여 또는 급여비용에 상당하는 금액의 전부 또는 일부를 부당이득금으로 징수한다(동법 제23조).

## 제3절 기초연금법(2021. 6. 8. 개정 시행)

## 1. 목적 및 용어 정의

### (1) 목적

이 법은 노인에게 기초연금을 지급하여 안정적인 소득기반을 제공함으로써 노인의 생활안정을 지원하고 복지를 증진함을 목적으로 한다(제1조).

### (2) 용어 정의(동법 제2조)

① 기초연금 수급권(受給權)이란 이 법에 따른 기초연금을 받을 권리를 말한다.
② 기초연금 수급권자란 기초연금 수급권을 가진 사람을 말한다.

③ 기초연금 수급자란 이 법에 따라 기초연금을 지급받고 있는 사람을 말한다.

④ 소득인정액이란 본인 및 배우자의 소득평가액과 재산의 소득환산액을 합산한 금액을 말한다.

## 2. 기초연금 수급권자의 범위 및 국가와 지방자치단체의 책무

### (1) 기초연금 수급권자 범위(동법 제3조)

기초연금은 65세 이상인 사람으로서 소득인정액이 보건복지부장관이 정하여 고시하는 금액(선정기준액) 이하인 사람에게 지급한다. 보건복지부장관은 선정기준액을 정하는 경우 65세 이상인 사람 중 기초연금 수급자가 100분의 70 수준이 되도록 한다.

### (2) 국가와 지방자치단체의 책무

국가와 지방자치단체는 기초연금이 목적에 따라 노인의 생활안정을 지원하고 복지를 증진하는 데 필요한 수준이 되도록 최대한 노력하여야 한다. 국가와 지방자치단체는 필요한 비용을 부담할 수 있도록 재원(財源)을 조성하여야 한다(동법 제4조).

## 3. 급여산정

### (1) 기초연금액 산정

기초연금 수급권자에 대한 기초연금액은 기준연금액과 국민연금 급여액 등을 고려하여 산정한다. 기준연금액은 보건복지부장관이 그 전년도의 기준연금액에 대통령령으로 정하는 바에 따라 전국 소비자물가변동률을 반영하여 매년 고시한다. 이 경우 그 고시한 기준연금액의 적용기간은 해당 조정연도 1월부터 12월까지로 한다.

### (2) 기초연금액의 감면 및 적정성 평가

본인과 그 배우자가 모두 기초연금 수급권자인 경우에는 각각의 기초연금액에서 기초연금액의 100분의 20에 해당하는 금액을 감액한다(동법 제8조). 보건복지부장관은 5년마다 기초연금 수급권자의 생활수준, 금액의 변동률, 전국소비자물가변동률 등을 종합적으로 고려하여 기초연금액의 적정성을 평가하고, 그 결과를 반영하여 기준연금액을 조정하여야 한다(동법 제9조).

## 4. 기초연금의 신청 및 지급, 수급권 상실

### (1) 기초연금 지급의 신청

기초연금을 지급받으려는 사람, 또는 보건복지부령으로 정하는 대리인은 특별자치시장 · 특별자치도지사 · 시장 · 군수 · 구청장에게 기초연금의 지급을 신청할 수 있다(동법 제10조).

### (2) 기초연금 지급의 결정 등

특별자치시장 · 특별자치도지사 · 시장 · 군수 · 구청장은 기초연금 수급권의 발생 · 변경 · 상실 등을 결정한다. 이러한 결정을 한 경우에는 그 결정 내용을 서면으로 그 이유를 구체적으로 밝혀 기초연금 수급권자에게 지체 없이 통지하여야 한다(동법 제13조).

### (3) 기초연금의 지급 및 지급 시기

특별자치시장 · 특별자치도지사 · 시장 · 군수 · 구청장은 기초연금 수급권자로 결정한 사람에 대하여 기초연금의 지급을 신청한 날이 속하는 달부터 기초연금 수급권을 상실한 날이 속하는 달까지 매월 정기적으로 기초연금을 지급한다(동법 제14조).

### (4) 기초연금 수급권의 상실

기초연금 수급권자가 사망한 때, 국적을 상실하거나 국외로 이주한 때, 기초연금 수급권자에 해당하지 아니하게 된 때 상실한다. 또한 거짓이나 그 밖의 부정한 방법으로 기초연금을 받은 경우의 경우에는 환수한다.

## 제4절 장애인연금법(2021. 6. 8. 개정 시행)

## 1. 목적 및 용어 정의

### (1) 목적

장애인연금법은 장애로 인하여 생활이 어려운 중증장애인에게 장애인연금을 지급함으로써 중증장애인의 생활 안정 지원과 복지 증진 및 사회통합을 도모하는 데 이바지함을 목적으로 한다(동법 제1조).

### (2) 용어 정의(동법 제2조)

① 중증장애인이란 장애인복지법 제32조에 따라 등록한 장애인 중 근로능력이 상실되거나 현저하게 감소되는 등 장애 정도가 중증인 사람으로서 대통령령으로 정하는 사람을 말한다.

② 수급권이란 이 법에 따라 장애인연금을 받을 수 있는 자격을 말하고, 수급권자란 수급권을 가진 사람, 수급자란 이 법에 따라 장애인연금을 받는 사람을 말한다.

③ 소득인정액이란 수급권자와 그 배우자의 소득평가액과 재산의 소득환산

액을 합산한 금액을 말한다. 재산의 소득환산액이란 수급권자와 그 배우자의 재산가액에 재산의 소득환산율을 곱하여 산출한 금액을 말한다.

## 2. 책무, 수급자 범위

### (1) 책무

국가 및 지방자치단체는 장애인연금이 중증장애인의 생활안정을 지원하고 복지를 증진하는 데 필요한 수준이 되도록 최대한 노력하여야 하며, 매년 필요한 재원(財源)을 조달하여야 한다. 국가 및 지방자치단체는 장애인연금의 지급에 따라 계층 간 소득 역전(逆轉) 현상이 발생하지 아니하고 근로 의욕 및 저축 유인이 저하되지 아니하도록 최대한 노력하여야 한다(동법 제3조).

### (2) 수급권자의 범위 등

수급권자는 18세 이상의 중증장애인으로서 소득인정액이 그 중증장애인의 소득·재산·생활수준과 물가상승률 등을 고려하여 보건복지부장관이 정하여 고시하는 금액 이하인 사람으로 한다. 보건복지부장관은 선정 기준액을 정하는 경우에 18세 이상의 중증장애인 중 수급자가 100분의 70 수준이 되도록 한다(동법 제4조).

## 3. 장애인연금의 종류 및 내용

### (1) 기초급여

근로능력의 상실 또는 현저한 감소로 인하여 줄어드는 소득을 보전(補塡)하여 주기 위하여 지급하는 급여이다(동법 제5조). 기초급여의 금액은 보건복지부장관이 그 전년도 기초급여액에 대통령령으로 정하는 바에 따라 전국소비자물가변동률을 반영하여 매년 고시한다. 다만 수급권자와 그 배우자가 모두 기초급여를 받는 경우에는 각각의 기초급여액에서 기초급여액의 100분의 20에 해당하는 금액을 감액한다. 또한 수급권자 중 기초연금법에 따른 기초연금 수급권자에게는 기초급여를 지급하지 아니한다(동법 제6조).

### (2) 부가급여

장애로 인하여 추가로 드는 비용의 전부 또는 일부를 보전하여 주기 위하여 지급하는 급여로(동법 제5조), 부가급여액은 월정액으로 하며, 수급권자와 그 배우자의 소득 수준 및 장애로 인한 추가비용 등을 고려하여 대통령령으로 정한다(동법 제7조).

## 4. 장애연금의 신청과 신청에 따른 조사

### (1) 장애연금 신청

장애인연금을 지급받으려는 사람(수급희망자)은 관할 특별자치시장・특별자치도지사・시장・군수・구청장에게 장애인연금의 지급을 신청할 수 있다(동법 제8조).

### (2) 신청에 따른 조사(동법 제9조)

보건복지부장관 또는 특별자치시장・특별자치도지사・시장・군수・구청장은 장애인연금의 신청을 받으면 소속 공무원으로 하여금 장애인연금의 지급 결정 및 실시 등에 필요한 사항을 조사하게 할 수 있다. 조사 대상은 수급희망자 또는 수급권자와 그 배우자의 소득 및 재산, 가구 특성 및 장애 정도, 지급계좌 등 장애인연금의 지급에 필요한 사항이다.

### (3) 장애인연금의 지급기간 및 지급시기

특별자치시장・특별자치도지사・시장・군수・구청장은 제10조에 따라 장애인연금의 지급이 결정되면 해당 수급권자에게 장애인연금을 신청한 날이 속하는 달부터 수급권이 소멸한 날이 속하는 달까지 매월 정기적으로 지급한다(동법 제13조).

## 제5절 긴급복지지원법(2023. 6. 13. 개정 시행)

## 1. 목적 및 용어 정의

### (1) 목적

긴급복지지원법은 생계곤란 등의 위기 상황에 처하여 도움이 필요한 사람을 신속하게 지원함으로써 이들이 위기 상황에서 벗어나 건강하고 인간다운 생활을 하게 함을 목적으로 한다(동법 제1조).

### (2) 용어 정의(동법 제2조)

위기 상황이란 본인 또는 본인과 생계 및 주거를 같이하고 있는 가구구성원이 다음 하나에 해당하는 사유로 인하여 생계유지 등이 어렵게 된 것을 말한다(동법 제2조). ① 주소득자(主所得者)가 사망, 가출, 행방불명, 구금시설에 수용되는 등의 사유로 소득을 상실한 경우, ② 중한 질병 또는 부상을 당한 경우, ③ 가구구성원으로부터 방임(放任) 또는 유기(遺棄)되거나 학대 등을 당한 경우 등 중대한 위험에 처한 경우

## 2. 기본 원칙과 책무

### (1) 기본 원칙 : 중복지원 금지

이 법에 따른 지원은 위기 상황에 처한 사람에게 일시적으로 신속하게 지원하는 것을 기본 원칙으로 한다. 다만, 다른 법률에 따라 이 법에 따른 지원 내용과 동일한 내용의 구호·보호 또는 지원을 받고 있는 경우에는 이 법에 따른 지원을 하지 아니한다(동법 제3조).

### (2) 국가 및 지방자치단체의 책무

국가 및 지방자치단체는 위기 상황에 처한 사람을 찾아내어 최대한 신속하게 필요한 지원을 하도록 노력하여야 하며, 긴급지원의 지원대상 및 소득 또는 재산 기준, 지원 종류·내용·절차와 그 밖에 필요한 사항 등 긴급지원사업에 관하여 적극적으로 안내하여야 한다(동법 제4조).

## 3. 긴급지원의 종류 및 내용, 기간

### (1) 지원종류 및 내용

이 법에 따른 지원의 종류 및 내용은 ① 금전 또는 현물(現物) 등의 직접지원(생계지원, 의료지원, 주거지원, 사회복지시설 이용 지원, 교육지원, 그 밖의 연료비나 그 밖에 위기상황의 극복에 필요한 비용 또는 현물 지원). ② 민간기관·단체와의 연계 등의 지원(대한적십자사, 사회복지공동모금회 등의 사회복지기관·단체와의 연계 지원, 상담·정보제공, 그 밖의 지원)(동법 제9조).

### (2) 지원기간

긴급지원은 1개월간의 생계유지 등에 필요한 지원으로 한다. 다만, 시장·군수·구청장이 긴급지원대상자의 위기상황이 계속된다고 판단하는 경우에는 1개월씩 두 번의 범위에서 기간을 연장할 수 있다(동법 제10조).

| 긴급지원 종류 | 기 간 | 지원연장 | |
|---|---|---|---|
| | | 시장・군수・구청장 | 긴급지원심의위원회 |
| 생계지원, 주거지원, 사회복지시설 이용 지원, 그 밖의 지원 | 1개월간 생계유지 등에 필요한 지원 | 1개월씩 2회 | 주거지원은 총 12개월, 나머지는 총 6개월 |
| 의료지원, 교육지원 | 1회 | | 의료지원은 2회, 교육지원은 4회 |

## 4. 이의신청 및 압류금지

### (1) 이의신청

긴급지원에 대한 반환명령에 이의가 있는 사람은 그 처분을 고지받은 날부터 30일 이내에 해당 시장・군수・구청장을 거쳐 특별시장・광역시장・도지사・특별자치도지사에게 서면으로 이의신청할 수 있다. 이 경우 시장・군수・구청장은 이의신청을 받은 날부터 10일 이내에 의견서와 관련 서류를 첨부하여 시・도지사에게 송부하여야 한다. 시・도지사는 송부를 받은 날부터 15일 이내에 이를 검토하고 처분이 위법・부당하다고 인정되는 때는 시정, 그 밖에 필요한 조치를 하여야 한다(동법 제16조).

### (2) 압류금지 및 벌칙

이 법에 따라 긴급지원대상자에게 지급되는 금전 또는 현물은 압류할 수 없다. 긴급지원대상자는 이 법에 따라 지급되는 금전 또는 현물을 생계유지 등의 목적 외의 다른 용도로 사용하기 위하여 양도하거나 담보로 제공할 수 없다(동법 제18조).

# 제14장 사회서비스법

## 제1절 노인복지법(2024. 5. 17. 개정 시행)

### 1. 노인복지법의 입법배경과 연혁

1960년대부터 시작된 한국경제의 고도성장은 사회 환경의 급속한 변화를 가져왔다. 평균수명의 연장으로 노인인구가 증가하고 산업화·도시화에 따른 가족구조의 변화로 인해 노인문제가 점차 사회문제로 대두되었다. 그러나 1970년대까지 국가정책의 우선순위는 경제개발과 안보정책이었으며 노인복지법에 대한 시각은 긍정적이지 않았다.

1970년대 후반부터 노인문제가 사회적으로 심각하게 제기되면서 새로운 방향의 노인복지정책이 요구되었고 이러한 노인문제에 대응하기 위한 입법노력들이 전개되어 마침내 노인을 위한 건강보호와 시설의 제공 등 효과적인 노인복지정책을 추진하기 위해 1981년 6월 5일 노인복지법이 제정되었다.

이후 급격한 노령화에 따른 노인문제가 더욱 심각해지면서 제도의 보완 및 개선의 필요성이 인정되어 1989년 12월 30일에 노인복지법을 개정하였다. 개정된 노인복지법의 주요 내용은 노인복지대책위원회를 설치하고, 65세 이상 노인에 대해 노령수당을 지급하며, 공공시설 내의 매점설치 허가 및 전매품 판매인 지정에 있어 노인을 우선적으로 반영하고, 실비양로시설과 유료노인요양시설 및 노인복지주택을 노인복지시설의 범위에 추가하며, 노인여가시설을 경로당과 노인교실 및 노인휴양소로 분류하였다.

1993년 12월 27일 개정된 노인복지법은 사회복지법인 외 개인도 시·도지사의 허가를 받아 유료노인복지시설을 설치·운영할 수 있도록 하였고, 재가노인복지사업의 종류를 가정봉사원파견사업, 주간보호사업, 단기보호사업으로 명시하였다.

1997년 8월 22일에는 노인복지법이 전면 개정되었는데 주요 내용은 다음과 같다. 노인인식과 경로사상을 고취시키기 위해 노인의 날(10월 2일)과 경로의 달(10월)을 정하고 65세 이상의 일정한 자에게 경로연금을 지급하며 노인지역봉사기관과 노인취업알선기관의 지원근거를 규정하였다. 또한 치매노인에 대한 연구·관리사업 및 노인재활요양사업을 국가 또는 지방자치단체가 실시하도록 하고 치매나 중풍 등의 노인성 질환을 효율적으로 관리하기 위한 노인전문요양시설·유료노인전문요양시설 및 노인전문병원을 설치할 수 있도록 하였다. 재가노인복지시설은 단독주택 또는 공동주택에도 설치할 수 있도록 하였다.

1999년 2월 8일 개정된 노인복지법에서는 경로연금 지급대상자 선정에 소득기준과 재산기준이 동시에 적용되었고 생활보호대상자인 경우 공적연금과 경로연금을 중복 수급할 수 있도록 하였다. 무료와 실비양로 및 요양시설과 노인전문요양시설의 입소자에게 받는 비용수납한도액을 초과하여 받을 수 있도록 허락하였고, 유료양로시설, 유료노인복지시설, 유료노인요양시설, 유료노인전문요양시설의 비용수납 신고제를 폐지하였다.

2004년 1월 29일 개정에서는 노인학대의 예방 및 보호를 위한 긴급전화와 노인보호전문기관을 설치하도록 하고, 의료인, 노인복지시설의 장 또는 종사자 등은 직무상 노인학대를 알게 된 때에는 노인보호전문기관 또는 수사기관에 의무적으로 신고하도록 하였다.

2005년 3월 31일 개정에서는 사회복지시설에 대한 현황 파악이 용이하고 관련 업무를 신속히 처리할 수 있도록 시·군·구청장에게 노인의료복지시설의 설치·폐지 등의 신고 등에 관한 사무를 이양하였다.

2007년 1월 3일 개정에서는 9월 21일을 치매극복의 날로 정하여 치매에 대한 사회적 인식을 제고하고, 치매 조기 검진을 위해 시·군·구의 관할 보건소에 치매상담센터를 설치하였다. 2007년 4월 25일에는 기초노령연금법이 제정되어 경로연금에 관한 부분은 기초노령연금법에 의해 규정되었고, 2007년 8월

3일 노인장기요양보험에 대비하여 노인복지시설의 무료·실비 및 유료 구분을 없애고 요양보호사 자격 제도를 도입하는 한편, 홀로 사는 노인에게 지원할 수 있도록 하고 실종노인을 보호할 경우 신고하도록 하며 60세 미만의 자에게 노인복지 주택을 분양·임대하는 것 등을 금지하였다.

2010년 1월 25일의 개정에서는 요양보호사의 과다배출과 질적 저하의 문제를 극복하기 위해 요양보호사 자격시험제도를 도입하였고, 요양보호사 교육기관의 난립과 전문성 향상을 위해 교육기관 운영제도를 '신고제'에서 시·도지사가 지정하는 '지정제'로 변경하였다.

2011년 6월 7일에는 지역 간의 연계체계 구축 및 노인학대 예방을 위해 중앙노인보호전문기관과 지역노인보호전문기관을 설치하고, 노인학대 신고 의무자 범위를 확대함과 동시에 신고인의 신분보호 및 신원노출과 관련하여 벌칙을 제정함으로써 신고의무자의 신분보호를 강화하였다.

2015년 12월 29일에는 노인학대에 대한 인식제고를 위해 매년 6월 15일을 노인학대예방의 날로 지정하고, 공정하고 전문적인 노인학대사례 판정을 위해 중앙사례판정위원회와 지역사례판정위원회 및 자체사례회의를 운영할 수 있는 근거규정을 마련하였고, 노인학대 관련 범죄로 형 또는 치료감호를 선고받아 집행종료 또는 집행면제 후 10년까지의 기간 동안 노인 관련 기관을 운영하거나 노인 관련 기관에 취업을 할 수 없도록 하였다. 또한 노인학대행위로 처벌 등을 받은 시설과 노인복지시설의 장 및 종사자의 명단을 공표할 수 있도록 하여 노인학대의 예방 및 방지를 위한 법적·제도적 장치를 강화하였다.

2016년 12월 2일에는 노인학대행위 유형에 정서적 학대행위를 추가하였고, 노인에 대한 금지행위의 객체가 되는 노인의 연령기준을 65세 이상의 사람으로 명시하였다.

2017년 10월 24일에는 노인 학대를 예방하고 노인 인권을 제고할 수 있도록 노인복지시설의 설치·운영자 및 종사자, 이용자에 대하여 인권교육을 실시하도록 하고, 독거노인 지원 사업과 노인성 질환에 대한 의료지원 사업에 대하여 국가 또는 지방자치단체가 비용을 지원할 수 있도록 근거를 명시하였다.

2018년 3월 13일에는 노인의 일자리 보급을 확대하기 위해 국가 및 지방자치단체와 그 밖의 공공단체 소관 공공시설에 청소, 주차관리 및 매표 등의 사업을 위탁하는 경우 65세 이상 노인을 100분의 20 이상 채용한 사업체를 우대할 수 있도록 하고, 국민건강보험공단의 요양직 직원 등을 노인학대 신고의무자로 추가하였으며, 노인보호전문기관은 노인학대의 종료 후에도 방문, 상담 및 교육, 의료·심리적 치료 등을 하도록 하였다.

2018년 12월 11일 개정에서는 국가와 지방자치단체로 하여금 노인의 안전사고 예방시책을 수립·시행하도록 하였고, 경로당에 정부관리양곡 외에 일반양곡도 지원할 수 있도록 하였다. 또한 법원이 노인학대 범죄로 형 또는 치료감호를 선고하는 경우에 판결로 그 형 또는 치료감호의 전부 또는 일부의 집행을 종료하거나 집행이 유예·면제된 날로부터 최대 10년의 범위에서 노인관련 기관을 운영하거나 노인 관련 기관에 취업 또는 사실상 노무를 제공할 수 없도록 하는 취업제한명령을 판결과 동시에 선고하도록 하였고, 관할행정기관의 장의 노인학대 관련 범죄자 확인·점검 주기를 연 1회 이상으로 하고 그 결과를 관계중앙행정기관의 장에게 제출하도록 하며, 필요한 경우 관할행정기관의 장은 노인관련기관의 장에게 관련 자료의 제출을 요구할 수 있도록 하였다.

2020년 4월 7일 개정에서는 요양보호사 자격증을 대여, 알선하는 등의 행위를 금지하고, 이를 위반한 경우 1년 이하의 징역 또는 1천만 원 이하의 벌금에 처하도록 하였고, 직무상 알게 된 비밀을 누설한 자에 대한 벌칙을 '1년 이하의 징역 또는 1천만 원 이하의 벌금'에서 '3년 이하의 징역 또는 3천만 원 이하의 벌금'으로 강화하였다.

2020년 12월 29일에는 지역노인보호전문기관의 업무에 피해노인에 대한 법률 지원 요청을 추가하고, 학대피해노인 전용쉼터의 업무에 법률구조법인 등에 대한 협조 및 지원 요청을 추가하였다. 노인학대행위자는 정당한 사유가 없으면 노인보호전문기관의 장이 제공하는 상담·교육 및 심리적 치료 등을 받도록 하고, 이를 정당한 사유 없이 받지 아니한 경우 300만 원 이하의 과태료를 부과하도록 하였고, 피해노인의 보호자·가족은 정당한 사유 없이 노인보호전문기관의 사후관리 업무를 거부하거나 방해하여서는 아니 되며, 이를 위반할 경우 300만 원 이하의 과태료를 부과하도록 하였다.

2023년 6월 13일 개정에서는 노인학대 관련 범죄자의 취업제한 대상기관에 장애인활동지원기관, 독거노인종합지원센터 등을 추가하고, 노인학대 관련 범죄자의 취업제한 위반 여부에 대한 점검 결과를 공개하도록 하는 등 현행 제도의 운영상 나타난 일부 미비점을 개선・보완하였고, 8월 16일에는 국가와 지방자치단체가 노인 관련 정책이 노인복지에 미치는 영향을 분석・평가하고, 그 결과를 노인 관련 정책의 수립・시행에 반영하도록 일부 개정되었다.

2024년 1월 2일에는 입소자격자가 부양을 책임지고 있는 24세 미만의 자녀・손자녀까지 입소자격자와 함께 노인복지주택에 입소할 수 있도록 하고, 입소자격자가 부양책임을 지고 있는 보건복지부령으로 정하는 장애가 있는 24세 이상의 자녀・손자녀를 입소자격자와 함께 노인복지주택에 입소할 수 있는 대상에 추가하였다. 2024년 1월 23일에는 국가와 지방자치단체가 지역정책과 발전 과정에 노인이 능동적으로 참여하고 노인의 역량 강화, 돌봄 및 안전, 건강하고 활력 있는 노후생활이 구현되도록 정책을 운영하는 고령친화도시 조성에 노력하도록 하고, 보건복지부장관이 특별자치시・특별자치도 또는 시・군・자치구를 고령친화도시로 지정하고 지원할 수 있도록 근거를 마련하였다.

2024년 2월 6일 개정에서는 취업제한명령의 대상이 되는 기관에 노인인권, 노인복지 등 노인을 위한 사업을 수행하는 비영리법인을 추가하였다.

## 2. 노인복지법의 목적 및 기본 이념

### 1) 노인복지법의 목적

노인복지법은 노인의 질환을 사전예방 또는 조기발견하고 질환상태에 따른 적절한 치료・요양으로 심신의 건강을 유지하고, 노후의 생활안정을 위하여 필요한 조치를 강구함으로써 노인의 보건복지증진에 기여함을 목적으로 한다(동법 제1조).

### 2) 노인복지법의 기본 이념

노인은 후손의 양육과 국가 및 사회의 발전에 기여하여 온 자로서 존경받으며 건전하고 안정된 생활을 보장받으며(동법 제2조 제1항), 노인의 능력에 따라 적당한 일에 종사하고 사회적 활동에 참여할 기회를 보장받아야 한다(동법 제2조 제2항). 아울러 노인은 노령에 따르는 심신의 변화를 자각하여 항상 심신의 건강을 유지하고 그 지식과 경험을 활용하여 사회의 발전에 기여하도록 노력하여야 한다(동법 제2조 제3항).

## 3. 노인복지법의 대상

노인복지법의 적용 대상은 일반적으로 65세 이상의 노인이라고 알고 있지만 현행 노인복지법에서는 노인의 연령 정의를 하고 있지 않다. 다만, 동법 제25조(생업지원), 제26조(경로우대), 제27조(건강진단 등), 제28조(상담 · 입소 등의 조치), 제39조의6(노인학대 신고의무와 절차 등), 제39조의9(금지행위) 등의 개별조항에서 그 대상자를 65세 이상인 자로 규정하고 있다.

## 4. 노인복지법의 주요 내용

### 1) 노인복지법의 용어(동법 제1조의2)

- 부양의무자란 배우자(사실상의 혼인관계에 있는 자를 포함한다)와 직계비속 및 그 배우자(사실상의 혼인관계에 있는 자를 포함한다)를 말한다.
- 보호자란 부양의무자 또는 업무 · 고용 등의 관계로 사실상 노인을 보호하는 자를 말한다.
- 치매란 치매관리법 제2조 제1호에 따른 치매를 말한다.
- 노인학대란 노인에 대하여 신체적 · 정신적 · 정서적 · 성적 폭력 및 경제적

착취 또는 가혹행위를 하거나 유기 또는 방임을 하는 것을 말한다.

- 노인학대 관련 범죄란 보호자에 의한 65세 이상 노인에 대한 노인학대를 말한다.

### 2) 보건복지증진의 책임(동법 제4조)

- 국가와 지방자치단체는 노인복지법의 기본 이념에 따라 노인의 보건 및 복지증진의 책임이 있으며, 이를 위한 시책을 강구하여 추진하여야 한다.
- 노인의 일상생활에 관련되는 사업을 경영하는 자는 그 사업을 경영함에 있어 노인의 보건복지가 증진되도록 노력하여야 한다.

### 3) 안전사고 예방(동법 제4조의2)

- 국가와 지방자치단체는 노인의 안전을 보장하고 낙상사고 등 노인에게 치명적인 사고를 예방하기 위하여 필요한 시책을 수립·시행하여야 한다. 이 경우 안전사고 예방 시책은 「재난 및 안전관리 기본법」에 따른 국가안전관리기본계획, 시·도안전관리계획 및 시·군·구안전관리계획과 연계되어야 한다.
- 안전사고 예방 시책의 수립·시행에 필요한 사항은 대통령령으로 정한다.

### 4) 고령친화도시(동법 제4조의3)

- 국가와 지방자치단체는 지역정책과 발전과정에 노인이 능동적으로 참여하고 노인의 역량 강화, 돌봄 및 안전, 건강하고 활력 있는 노후생활이 구현되도록 정책을 운영하는 지역을 조성하도록 노력하여야 한다.
- 보건복지부장관은 특별자치시·특별자치도 또는 시·군·구를 고령친화도시로 지정하고 이를 지원할 수 있다.
- 고령친화도시의 지정 기준·절차·취소, 지원 내용 등에 필요한 사항은 대통령령으로 정한다.

### 5) 노인실태조사(동법 제5조)

- 보건복지부장관은 노인의 보건 및 복지에 관한 실태조사를 3년마다 실시하고 그 결과를 공표하여야 한다.
- 보건복지부장관은 실태조사를 위하여 관계 기관·법인·단체·시설의 장에게 필요한 자료의 제출 또는 의견의 진술을 요청할 수 있고 정당한 사유가 없으면 그 요청에 따라야 한다.
- 노인실태조사의 방법과 내용 등에 관하여 필요한 사항은 보건복지부령으로 정한다.

### 6) 노인정책영향평가(동법 제5조의2)

- 국가와 지방자치단체는 대통령령으로 정하는 바에 따라 노인 관련 정책이 노인복지에 미치는 영향을 분석·평가하고, 그 결과를 노인 관련 정책의 수립·시행에 반영하여야 한다.
- 그 밖에 노인정책영향평가의 방법과 절차 등에 필요한 사항은 대통령령으로 정한다.

### 7) 노인 관련 기념일(동법 제6조)

- 노인에 대한 사회적 관심과 공경의식을 높이기 위하여 매년 10월 2일을 노인의 날로, 매년 10월을 경로의 달로 한다.
- 부모에 대한 효사상을 고취하기 위하여 매년 5월 8일을 어버이날로 한다.
- 범국민적으로 노인학대에 대한 인식을 높이고 관심을 유도하기 위하여 매년 6월 15일을 노인학대예방의 날로 지정하고, 국가와 지방자치단체는 노인학대예방의 날의 취지에 맞는 행사와 홍보를 실시하도록 노력하여야 한다.

### 8) 노인복지상담원(동법 제7조)

- 노인의 복지를 담당하게 하기 위하여 특별자치도와 시·군·구에 노인복

지상담원을 둔다.

- 노인복지상담원의 임용 또는 위촉, 직무 및 보수 등에 관하여 필요한 사항은 대통령령으로 정한다.

### 9) 보건 · 복지조치

#### (1) 노인사회참여 지원

국가 또는 지방자치단체는 노인의 사회참여 확대를 위하여 노인의 지역봉사 활동기회를 넓히고 노인에게 적합한 직종의 개발과 그 보급을 위한 시책을 강구하며, 근로능력이 있는 노인에게 일할 기회를 우선적으로 제공하도록 노력하여야 한다. 국가 또는 지방자치단체는 노인의 지역봉사 활동 및 취업의 활성화를 기하기 위하여 노인지역봉사기관, 노인취업알선기관 등 노인복지관계기관에 대하여 필요한 지원을 할 수 있다(동법 제23조).

#### (2) 노인일자리 전담기관의 설치 · 운영 등

국가 또는 지방자치단체는 노인의 능력과 적성에 맞는 일자리지원사업을 전문적 · 체계적으로 수행하기 위한 노인일자리전담기관을 설치 · 운영하거나 그 운영의 전부 또는 일부를 법인 · 단체 등에 위탁할 수 있다. 노인일자리전담기관의 설치 · 운영 또는 위탁에 관하여 필요한 사항은 대통령령으로 정하고 시설 및 인력에 관한 기준 등은 보건복지부령으로 정한다(동법 제23조의2). 아울러 국가와 지방자치단체 및 그 밖의 공공단체는 노인일자리지원기관에서 생산한 물품의 우선구매에 필요한 조치를 마련하여야 한다(동법 제23조의3).

#### (3) 지역봉사지도원 위촉 및 업무

국가 또는 지방자치단체는 사회적 신망과 경험이 있는 노인으로서 지역봉사를 희망하는 경우 이를 지역봉사지도원으로 위촉할 수 있다. 지역봉사지도원의 업무는 다음과 같다(동법 제24조).

- 국가 또는 지방자치단체가 행하는 업무 중 민원인에 대한 상담 및 조언
- 도로의 교통정리, 주·정차단속의 보조, 자연보호 및 환경침해 행위단속의 보조와 청소년 선도
- 충효사상, 전통의례 등 전통문화의 전수교육
- 문화재의 보호 및 안내
- 노인에 대한 교통안전 및 교통사고 예방교육
- 기타 대통령령이 정하는 업무

### (4) 생업지원

국가와 지방자치단체 및 그 밖의 공공단체 중 대통령령으로 정하는 기관은 소관 공공시설에 식료품·사무용품·신문 등 일상생활용품의 판매를 위한 매점이나 자동판매기의 설치를 허가 또는 위탁할 때에는 65세 이상 노인의 신청이 있는 경우 이를 우선적으로 반영해야 하며, 청소, 주차관리, 매표 등의 사업을 소관 공공시설에 위탁하는 경우에는 65세 이상 노인을 100분의 20 이상 채용한 사업체를 우선적으로 고려할 수 있다. 이에 따른 위탁사업의 종류 및 절차 등에 필요한 사항은 대통령령으로 정한다(동법 제25조).

### (5) 경로우대

국가 또는 지방자치단체는 65세 이상의 자에 대하여 대통령령이 정하는 바에 의하여 국가 또는 지방자치단체의 수송시설 및 고궁·능원·박물관·공원 등의 공공시설을 무료로 또는 그 이용요금을 할인하여 이용하게 할 수 있다. 국가 또는 지방자치단체는 노인의 일상생활에 관련된 사업을 경영하는 자에게 65세 이상의 자에 대하여 그 이용요금을 할인하여 주도록 권유할 수 있으며, 노인에게 이용요금을 할인하여 주는 자에 대하여 적절한 지원을 할 수 있다(동법 제26조).

### (6) 건강진단 등

국가 또는 지방자치단체는 대통령령이 정하는 바에 의하여 65세 이상의 자

에 대해 건강진단과 보건교육을 실시할 수 있다. 이 경우 보건복지부령으로 정하는 바에 따라 성별 다빈도질환 등을 반영하여야 하며, 건강진단 결과 필요하다고 인정한 때에는 그 건강진단을 받은 자에 대하여 필요한 지도를 하여야 한다(동법 제27조).

### (7) 홀로 사는 노인에 대한 지원

국가 또는 지방자치단체는 홀로 사는 노인에 대하여 방문요양과 돌봄 등의 서비스와 안전확인 등의 보호조치를 취하여야 하고, 이에 따른 사업을 노인 관련 기관·단체에 위탁할 수 있으며, 예산의 범위에서 그 사업 및 운영에 필요한 비용을 지원할 수 있다. 서비스 및 보호조치의 구체적인 내용 등에 관하여는 보건복지부장관이 정한다(동법 제27조의2).

### (8) 독거노인종합지원센터

보건복지부장관은 홀로 사는 노인에 대한 돌봄과 관련된 사업을 수행하기 위하여 독거노인종합지원센터를 설치·운영할 수 있다. 독거노인종합지원센터의 운영은 전문 인력과 시설을 갖춘 법인 또는 단체에 위탁할 수 있으며, 그 밖에 독거노인종합지원센터의 설치·운영 등에 필요한 사항은 보건복지부령으로 정한다. 홀로 사는 노인에 대한 돌봄과 관련된 사업은 다음과 같다(동법 제27조의3).

- 홀로 사는 노인에 대한 정책 연구 및 프로그램의 개발
- 홀로 사는 노인에 대한 현황조사 및 관리
- 홀로 사는 노인 돌봄사업 종사자에 대한 교육
- 홀로 사는 노인에 대한 돌봄사업의 홍보, 교육교재 개발 및 보급
- 홀로 사는 노인에 대한 돌봄사업의 수행기관 지원 및 평가
- 관련 기관 협력체계의 구축 및 교류
- 홀로 사는 노인에 대한 기부문화 조성을 위한 기부금품의 모집, 접수 및 배부
- 그 밖에 홀로 사는 노인의 돌봄을 위하여 보건복지부장관이 위탁하는 업무

### (9) 노인성 질환에 대한 의료지원

국가 또는 지방자치단체는 노인성 질환자의 경제적 부담능력 등을 고려하여 노인성 질환의 예방교육, 조기발견 및 치료 등에 필요한 비용의 전부 또는 일부를 지원할 수 있다. 노인성 질환의 범위, 지원의 대상·기준 및 방법 등에 필요한 사항은 대통령령으로 정한다(동법 제27조의4).

### (10) 상담·입소 등의 조치(동법 제28조)

보건복지부장관, 특별시장·광역시장·특별자치시장·도지사·특별자치도지사, 시·군·구청장은 노인에 대한 복지를 도모하기 위하여 필요하다고 인정한 때에는 다음의 조치를 하여야 한다.

- 65세 이상의 자 또는 그를 보호하고 있는 자를 관계공무원 또는 노인복지상담원으로 하여금 상담·지도하게 하는 것
- 65세 이상의 자로서 신체적·정신적·경제적 이유 또는 환경상의 이유로 거택에서 보호받기가 곤란한 자를 노인주거복지시설 또는 재가노인복지시설에 입소시키거나 입소를 위탁하는 것
- 65세 이상의 자로서 신체 또는 정신상의 현저한 결함으로 인하여 항상 보호를 필요로 하고 경제적 이유로 거택에서 보호받기가 곤란한 자를 노인의료복지시설에 입소시키거나 입소를 위탁하는 것

보건복지부장관, 시·도지사 또는 시·군·구청장은 65세 미만의 자에 대하여도 그 노쇠현상이 현저하여 특별히 보호할 필요가 있다고 인정할 때에는 위의 조치를 할 수 있으며, 복지실시기관은 입소조치된 자가 사망한 경우에 그 자에 대한 장례를 행할 자가 없을 때에는 그 장례를 행하거나 해당 시설의 장으로 하여금 그 장례를 행하게 할 수 있다.

### (11) 노인재활요양사업

국가 또는 지방자치단체는 신체적·정신적으로 재활요양을 필요로 하는 노

인을 위한 재활요양사업을 실시할 수 있다. 노인재활요양사업의 내용 및 기타 필요한 사항은 보건복지부령으로 정한다(동법 제30조).

## 10) 노인복지시설의 설치 · 운영

노인복지시설의 종류에는 노인주거복지시설, 노인의료복지시설, 노인여가복지시설, 재가노인복지시설, 노인보호전문기관, 노인일자리지원기관, 학대피해노인 전용쉼터 등이 있다(동법 제31조). 노인복지시설의 설치신고를 한 경우에는 사회복지사업법 제34조 제2항에 따른 사회복지시설 설치신고를 한 것으로 본다(동법 제31조의2).

### (1) 노인주거복지시설

① 노인주거복지시설의 종류(동법 제32조)

노인주거복지시설의 입소대상 · 입소절차 · 입소비용 및 임대 등에 관하여 필요한 사항은 보건복지부령으로 정하고, 노인복지주택의 설치 · 관리 및 공급 등에 관하여 이 법에서 규정된 사항을 제외하고는 주택법 및 공동주택관리법의 관련 규정을 준용한다. 노인주거복지시설은 다음과 같다.

- **양로시설** : 노인을 입소시켜 급식과 그 밖에 일상생활에 필요한 편의를 제공함을 목적으로 하는 시설
- **노인공동생활가정** : 노인들에게 가정과 같은 주거여건과 급식, 그 밖에 일상생활에 필요한 편의를 제공함을 목적으로 하는 시설
- **노인복지주택** : 노인에게 주거시설을 임대하여 주거의 편의 · 생활지도 · 상담 및 안전관리 등 일상생활에 필요한 편의를 제공함을 목적으로 하는 시설

② 노인주거복지시설의 설치

국가 또는 지방자치단체는 노인주거복지시설을 설치할 수 있다. 국가 또는 지방자치단체 외의 자가 노인주거복지시설을 설치하고자 하는 경우에는 특별

자치시장・특별자치도지사・시장・군수・구청장에게 신고하여야 하고, 시장・군수・구청장은 신고를 받은 경우 그 내용을 검토하여 이 법에 적합하면 신고를 수리하여야 한다. 노인주거복지시설의 시설, 인력 및 운영에 관한 기준과 설치신고, 설치・운영자가 준수하여야 할 사항, 그 밖에 필요한 사항은 보건복지부령으로 정한다(동법 제33조).

### ③ 노인복지주택의 입소자격 등

노인복지주택에 입소할 수 있는 자는 60세 이상의 노인으로 하되 입소자격노인의 배우자나 입소자격노인이 부양을 책임지고 있는 19세 미만의 자녀・손자녀는 입소자격자와 함께 입소할 수 있다. 노인복지주택을 설치하거나 설치하려는 자는 노인복지주택을 입소자격자에게 임대하여야 하며, 노인복지주택을 임차한 자는 해당 노인주거시설을 입소자격자가 아닌 자에게 다시 임대할 수 없다. 시장・군수・구청장은 지역 내 노인 인구, 노인주거복지시설의 수요와 공급실태 및 노인복지주택의 효율적인 이용 등을 고려하여 노인복지주택의 공급가구수와 가구별 건축면적(주거의 용도로만 쓰이는 면적에 한한다)을 일정 규모 이하로 제한할 수 있다. 노인복지주택을 설치한 자는 해당 노인복지주택의 전부 또는 일부 시설을 시장・군수・구청장의 확인을 받아 대통령령으로 정하는 자에게 위탁하여 운영할 수 있다. 입소자격자가 사망하거나 노인복지주택에 거주하지 아니하는 경우 노인복지주택에 입소한 입소자격자의 배우자 및 자녀・손자녀는 보건복지부령으로 정하는 기간 내에 퇴소하여야 한다. 다만, 입소자격자의 해외 체류 등 보건복지부령으로 정하는 부득이한 사유가 있는 경우에는 그러하지 아니하다. 시장・군수・구청장은 필요한 경우 입소자격 여부 및 입소자격자의 사망 또는 실제 거주 여부를 조사할 수 있으며, 조사 결과 입소부자격자가 발견되면 퇴소하도록 하는 등 적절한 조치를 취하여야 한다.

## (2) 노인의료복지시설

### ① 노인의료복지시설의 종류(동법 제34조)

노인의료복지시설의 입소대상・입소비용 및 입소절차와 설치・운영자의 준

수사항 등에 관하여 필요한 사항은 보건복지부령으로 정한다. 노인의료복지시설의 종류는 다음과 같다.

- **노인요양시설** : 치매·중풍 등 노인성질환 등으로 심신에 상당한 장애가 발생하여 도움을 필요로 하는 노인을 입소시켜 급식·요양과 그 밖에 일상생활에 필요한 편의를 제공함을 목적으로 하는 시설
- **노인요양공동생활가정** : 치매·중풍 등 노인성질환 등으로 심신에 상당한 장애가 발생하여 도움을 필요로 하는 노인에게 가정과 같은 주거여건과 급식·요양, 그 밖에 일상생활에 필요한 편의를 제공함을 목적으로 하는 시설

② 노인의료복지시설의 설치

국가 또는 지방자치단체는 노인의료복지시설을 설치할 수 있으며, 그 외의 자가 노인의료복지시설을 설치하고자 하는 경우에는 시장·군수·구청장에게 신고하여야 한다. 시장·군수·구청장은 신고를 받은 경우 그 내용을 검토하여 이 법에 적합하면 신고를 수리하여야 한다. 노인의료복지시설의 시설, 인력 및 운영에 관한 기준과 설치신고 및 설치허가 등에 관하여 필요한 사항은 보건복지부령으로 정한다(동법 제35조).

### (3) 노인여가복지시설

① 노인여가복지시설의 종류

노인여가복지지설의 종류는 다음과 같으며 노인여가복지시설의 이용대상 및 이용절차 등에 관하여 필요한 사항은 보건복지부령으로 정한다(동법 제36조).

- **노인복지관** : 노인의 교양·취미생활 및 사회참여활동 등에 대한 각종 정보와 서비스를 제공하고, 건강증진 및 질병예방과 소득보장·재가복지, 그 밖에 노인의 복지증진에 필요한 서비스를 제공함을 목적으로 하는 시설
- **경로당** : 지역노인들이 자율적으로 친목도모·취미활동·공동작업장 운영 및 각종 정보교환과 기타 여가활동을 할 수 있도록 하는 장소를 제공함을 목적으로 하는 시설

- **노인교실** : 노인들에 대하여 사회활동 참여욕구를 충족시키기 위하여 건전한 취미생활·노인건강유지·소득보장 기타 일상생활과 관련한 학습 프로그램을 제공함을 목적으로 하는 시설

② 노인여가복지시설의 설치

국가 또는 지방자치단체는 노인여가복지시설을 설치할 수 있으며, 그 외의 자가 노인여가복지시설을 설치하고자 하는 경우에는 시장·군수·구청장에게 신고하여야 한다. 시장·군수·구청장은 신고를 받은 경우 그 내용을 검토하여 이 법에 적합하면 신고를 수리하여야 한다. 국가 또는 지방자치단체는 경로당의 활성화를 위하여 지역별·기능별 특성을 갖춘 표준 모델 및 프로그램을 개발·보급하여야 한다. 노인여가복지시설의 시설, 인력 및 운영에 관한 기준과 설치신고 등에 관하여 필요한 사항은 보건복지부령으로 정한다(동법 제37조).

③ 경로당에 대한 지원

국가 또는 지방자치단체는 경로당에 대하여 예산의 범위에서 양곡관리법에 따른 양곡 구입비의 전부 또는 일부를 보조할 수 있으며, 경로당의 냉난방 비용의 전부 또는 일부를 보조할 수 있다(동법 제37조의2). 또한 경로당에 대하여 전기요금, 전기통신요금, 도시가스요금, 수도요금 등을 감면할 수 있다(동법 제37조의3).

### (4) 재가노인복지시설

① 재가노인복지시설의 종류

재가노인복지시설의 이용대상·비용부담 및 이용절차 등에 관하여 필요한 사항은 보건복지부령으로 정하며, 다음과 같은 서비스를 제공함을 목적으로 한다(동법 제38조).

- **방문요양서비스** : 가정에서 일상생활을 영위하고 있는 노인(이하 "재가노인"이라 한다)으로서 신체적·정신적 장애로 어려움을 겪고 있는 노인에게 필요한 각종 편의를 제공하여 지역사회 안에서 건전하고 안정된 노후를 영위

하도록 하는 서비스

- 주 · 야간보호서비스 : 부득이한 사유로 가족의 보호를 받을 수 없는 심신이 허약한 노인과 장애노인을 주간 또는 야간 동안 보호시설에 입소시켜 필요한 각종 편의를 제공하여 이들의 생활안정과 심신기능의 유지 · 향상을 도모하고, 그 가족의 신체적 · 정신적 부담을 덜어주기 위한 서비스
- 단기보호서비스 : 부득이한 사유로 가족의 보호를 받을 수 없어 일시적으로 보호가 필요한 심신이 허약한 노인과 장애노인을 보호시설에 단기간 입소시켜 보호함으로써 노인 및 노인가정의 복지증진을 도모하기 위한 서비스
- 방문 목욕서비스 : 목욕장비를 갖추고 재가노인을 방문하여 목욕을 제공하는 서비스
- 그 밖의 서비스 : 그 밖에 재가노인에게 제공하는 서비스로서 보건복지부령이 정하는 서비스

② 재가노인복지시설의 설치

국가 또는 지방자치단체는 재가노인복지시설을 설치할 수 있으며, 그 외의 자가 재가노인복지시설을 설치하고자 하는 경우에는 시장 · 군수 · 구청장에게 신고하여야 한다. 시장 · 군수 · 구청장은 신고를 받은 경우 그 내용을 검토하여 이 법에 적합하면 신고를 수리하여야 한다. 재가노인복지시설의 시설, 인력 및 운영에 관한 기준과 설치신고 등에 관하여 필요한 사항은 보건복지부령으로 정한다(동법 제39조).

### 11) 노인복지시설의 인력 : 요양보호사

#### (1) 요양보호사의 직무 · 자격증의 교부 등

노인복지시설의 설치 · 운영자는 보건복지부령으로 정하는 바에 따라 노인 등의 신체활동 또는 가사활동 지원 등의 업무를 전문적으로 수행하는 요양보호사를 두어야 한다. 요양보호사가 되려는 사람은 요양보호사교육기관에서 교육과정을 마치고 시 · 도지사가 실시하는 요양보호사 자격시험에 합격하여야 하고, 요양보호사 자격시험에 합격한 사람에게 요양보호사 자격증을 교부하여

야 한다. 시·도지사는 요양보호사 자격시험에 응시하고자 하는 사람과 자격증을 교부 또는 재교부 받고자 하는 사람에게 보건복지부령으로 정하는 바에 따라 수수료를 납부하게 할 수 있다. 요양보호사의 교육과정, 요양보호사 자격시험 실시 및 자격증 교부 등에 관하여 필요한 사항은 보건복지부령으로 정한다(동법 제39조의2).

### (2) 요양보호사교육기관의 지정 등

시·도지사는 요양보호사의 양성을 위하여 보건복지부령으로 정하는 지정기준에 적합한 시설을 요양보호사교육기관으로 지정·운영하여야 한다. 시·도지사는 거짓이나 그 밖의 부정한 방법으로 요양보호사교육기관으로 지정을 받은 경우에는 지정을 취소해야 하고, 이 경우 지정취소에 대한 청문을 실시하여야 한다. 또한 교육과정을 1년 이상 운영하지 않거나 정당한 사유 없이 보고 또는 자료제출을 하지 않거나 거짓으로 한 경우 또는 조사·검사를 거부·방해하거나 기피한 경우, 요양보호사교육기관을 설치·운영하는 자가 교육 이수 관련 서류를 거짓으로 작성한 경우 사업의 정지를 명하거나 그 지정을 취소할 수 있다(동법 제39조의3).

### (3) 요양보호사의 결격사유(동법 제39조의13)

① 「정신건강증진 및 정신질환자 복지서비스 지원에 관한 법률」 제3조 제1호에 따른 정신질환자. 다만, 전문의가 요양보호사로서 적합하다고 인정하는 사람은 그러하지 아니하다.

② 마약·대마 또는 향정신성의약품 중독자

③ 피성년후견인

④ 금고 이상의 형을 선고받고 그 형의 집행이 종료되지 아니하였거나 그 집행을 받지 아니하기로 확정되지 아니한 사람

⑤ 법원의 판결에 따라 자격이 정지 또는 상실된 사람

⑥ 요양보호사의 자격이 취소된 날부터 1년이 경과되지 아니한 사람

### (4) 요양보호사 자격의 취소

시・도지사는 요양보호사가 요양보호사의 결격사유 중 어느 하나에 해당하게 된 경우, 노인에 대한 금지행위를 행하여 처벌을 받은 경우, 거짓이나 그 밖의 부정한 방법으로 자격증을 취득한 경우, 영리를 목적으로 노인 등에게 불필요한 요양서비스를 알선・유인하거나 이를 조장한 경우, 자격증을 대여・양도 또는 위조・변조한 경우 그 자격을 취소할 수 있다. 시・도지사는 요양보호사의 자격을 취소하는 경우 청문을 실시하여야 하며, 자격취소의 절차 등에 관하여 필요한 사항은 보건복지부령으로 정한다(동법 제39조의14).

## 12) 노인학대 예방 및 보호

### (1) 노인보호전문기관의 설치(동법 제39조의5)

① 국가는 지역 간의 연계체계를 구축하고 노인학대를 예방하기 위하여 다음의 업무를 담당하는 중앙노인보호전문기관을 설치・운영하여야 한다.

- 노인인권보호 관련 정책제안
- 노인인권보호를 위한 연구 및 프로그램의 개발
- 노인학대 예방의 홍보, 교육자료의 제작 및 보급
- 노인보호전문사업 관련 실적 취합, 관리 및 대외자료 제공
- 지역노인보호전문기관의 관리 및 업무지원
- 지역노인보호전문기관 상담원의 심화교육
- 관련 기관 협력체계의 구축 및 교류
- 노인학대 분쟁사례 조정을 위한 중앙노인학대사례판정위원회 운영
- 그 밖에 노인의 보호를 위하여 대통령령으로 정하는 사항

② 학대받는 노인의 발견・보호・치료 등을 신속히 처리하고 노인학대를 예방하기 위하여 다음의 업무를 담당하는 지역노인보호전문기관을 특별시・광역시・도・특별자치도에 둔다.

- 노인학대 신고전화의 운영 및 사례접수
- 노인학대 의심사례에 대한 현장조사

- 피해노인 및 노인학대자에 대한 상담
- 피해노인가족 관련자와 관련 기관에 대한 상담
- 상담 및 서비스제공에 따른 기록과 보관
- 일반인을 대상으로 한 노인학대 예방교육
- 노인학대행위자를 대상으로 한 재발방지 교육
- 노인학대사례 판정을 위한 지역노인학대사례판정위원회 운영 및 자체 사례회의 운영
- 그 밖에 노인의 보호를 위하여 보건복지부령으로 정하는 사항

③ 보건복지부장관 및 시・도지사는 노인학대예방사업을 목적으로 하는 비영리법인을 지정하여 중앙노인보호전문기관과 지역노인보호전문기관의 운영을 위탁할 수 있다.

### (2) 노인학대 신고의무와 절차(동법 제39조의6)

누구든지 노인학대를 알게 된 때에는 노인보호전문기관 또는 수사기관에 신고할 수 있으며, 특히 노인학대 신고의무자는 직무상 65세 이상의 사람에 대한 노인학대를 알게 된 때에는 즉시 노인보호전문기관 또는 수사기관에 신고하여야 한다. 신고인의 신분은 보장되어야 하며 그 의사에 반하여 신분이 노출되어서는 아니 된다. 노인학대 신고의무자의 범위는 다음과 같다.

- 의료법 제3조 제1항의 의료기관에서 의료업을 행하는 의료인 및 의료기관의 장
- 방문요양과 돌봄이나 안전확인 등의 서비스 종사자, 노인복지시설의 장과 그 종사자 및 노인복지상담원
- 장애인복지법 제58조의 규정에 의한 장애인복지시설에서 장애노인에 대한 상담・치료・훈련 또는 요양업무를 수행하는 사람
- 「가정폭력방지 및 피해자보호 등에 관한 법률」 제5조 및 제7조에 따른 가정폭력 관련 상담소 및 가정폭력피해자 보호시설의 장과 그 종사자
- 사회복지사업법 제14조에 따른 사회복지전담공무원 및 같은 법 제34조에 따른 사회복지관, 부랑인 및 노숙인보호를 위한 시설의 장과 그 종사자

- 노인장기요양보험법 제31조에 따른 장기요양기관의 장과 그 종사자
- 「119구조 · 구급에 관한 법률」 제10조에 따른 119구급대의 구급대원
- 건강가정기본법 제35조에 따른 건강가정지원센터의 장과 그 종사자
- 다문화가족지원법 제12조에 따른 다문화가족지원센터의 장과 그 종사자
- 「성폭력방지 및 피해자보호 등에 관한 법률」 제10조에 따른 성폭력피해상담소 및 같은 법 제12조에 따른 성폭력피해자보호시설의 장과 그 종사자
- 「응급의료에 관한 법률」 제36조에 따른 응급구조사
- 「의료기사 등에 관한 법률」 제1조의2 제1호에 따른 의료기사
- 국민건강보험법에 따른 국민건강보험공단 소속 요양직 직원
- 지역보건법 제2조에 따른 지역보건의료기관의 장과 종사자
- 노인복지시설 설치 및 관리 업무 담당 공무원

관계 중앙행정기관의 장은 신고의무자의 자격취득 교육과정이나 보수교육과정에 노인학대 예방 및 신고의무와 관련된 교육 내용을 포함하도록 하여야 하며, 그 결과를 보건복지부장관에게 제출하여야 한다. 노인학대 신고의무자가 소속된 기관의 장은 소속 노인학대 신고의무자에게 노인학대예방 및 신고의무에 관한 교육을 실시하고 그 결과를 보건복지부장관에게 제출하여야 한다. 노인학대예방 및 신고의무에 관한 교육 내용 · 시간 및 방법 등에 관하여 필요한 사항은 보건복지부령으로 정한다.

### (3) 긴급전화의 설치

국가 및 지방자치단체는 노인학대를 예방하고 수시로 신고를 받을 수 있도록 긴급전화를 설치하여야 한다. 긴급전화의 설치 · 운영에 관하여 필요한 사항은 대통령령으로 정한다(동법 제39조의4).

### (4) 응급조치의무 등

노인학대 신고를 접수한 노인보호전문기관의 직원이나 사법경찰관리는 지체 없이 노인학대의 현장에 출동하여야 한다. 노인보호전문기관의 장이나 수사기관의 장은 서로 동행하여 줄 것을 요청할 수 있고, 그 요청을 받은 때에는

정당한 사유가 없으면 소속 직원이나 사법경찰관리를 현장에 동행하도록 하여야 한다. 출동한 노인보호전문기관의 직원이나 사법경찰관리는 피해자를 보호하기 위하여 신고된 현장에 출입하여 관계인에 대하여 조사를 하거나 질문을 할 수 있다. 이 경우 노인보호전문기관의 직원은 피해노인의 보호를 위한 범위에서만 조사 또는 질문을 할 수 있다.

현장에 출동한 자는 학대받은 노인을 노인학대행위자로부터 분리하거나 치료가 필요하다고 인정할 때에는 노인보호전문기관 또는 의료기관에 인도하여야 한다. 누구든지 정당한 사유 없이 노인학대 현장에 출동한 자에 대하여 현장조사를 거부하거나 업무를 방해하여서는 아니 된다.

국가 및 지방자치단체는 노인보호전문기관의 장이 학대받은 노인의 보호, 치료 등의 업무를 수행함에 있어서 피해노인, 그 보호자 또는 노인학대행위자에 대한 신분조회 등 필요한 조치의 협조를 요청할 경우 정당한 사유가 없으면 이에 적극 협조하여야 하며, 신분조회 요청 절차·범위 등에 관한 사항은 대통령령으로 정한다(동법 제39조의7).

### (5) 보조인의 선임 등

학대받은 노인의 법정대리인, 직계친족, 형제자매, 노인보호전문기관의 상담원 또는 변호사는 노인학대사건의 심리에 있어서 보조인이 될 수 있다. 다만, 변호사가 아닌 경우에는 법원의 허가를 받아야 하며, 법원은 학대받은 노인을 증인으로 신문하는 경우 본인·검사 또는 노인보호전문기관의 신청이 있는 때에는 본인과 신뢰관계에 있는 자의 동석을 허가할 수 있다(동법 제39조의8).

### (6) 금지행위

누구든지 65세 이상의 사람에 대하여 다음에 해당하는 행위를 해서는 아니 된다(동법 제39조의9).

- 노인의 신체에 폭행을 가하거나 상해를 입히는 행위
- 노인에게 성적 수치심을 주는 성폭행·성희롱 등의 행위

- 자신의 보호·감독을 받는 노인을 유기하거나 의식주를 포함한 기본적 보호 및 치료를 소홀히 하는 방임행위
- 노인에게 구걸을 하게 하거나 노인을 이용하여 구걸하는 행위
- 노인을 위하여 증여 또는 급여된 금품을 그 목적 외의 용도에 사용하는 행위
- 폭언, 협박, 위협 등으로 노인의 정신건강에 해를 끼치는 정서적 학대행위

### (7) 노인학대 등의 통보

사법경찰관리는 노인 사망 및 상해사건, 가정폭력 사건 등에 관한 직무를 행하는 경우 노인학대가 있었다고 의심할 만한 사유가 있는 때에는 노인보호전문기관에 그 사실을 통보하여야 하며, 통보를 받은 노인보호전문기관은 피해노인 보호조치 등 필요한 조치를 하여야 한다(동법 제39조의15).

### (8) 노인학대행위자에 대한 상담·교육 등의 권고

노인보호전문기관의 장은 노인학대행위자에 대하여 상담·교육 및 심리적 치료 등 필요한 지원을 받을 것을 권고할 수 있다. 노인학대행위자는 노인보호전문기관의 장이 상담·교육 및 심리적 치료 등을 권고하는 경우에는 이에 협조하여 상담·교육 및 심리적 치료 등을 성실히 받아야 한다(동법 제39조의16).

### (9) 노인 관련 기관의 취업제한 등

법원은 노인학대 관련 범죄로 형 또는 치료감호를 선고하는 경우에는 판결(약식명령을 포함)로 그 형 또는 치료감호의 전부 또는 일부의 집행을 종료하거나 집행이 유예·면제된 날(벌금형을 선고받은 경우에는 그 형이 확정된 날)부터 일정기간 동안 노인 관련 기관을 운영하거나 노인 관련 기관에 취업 또는 사실상 노무를 제공할 수 없도록 하는 명령(취업제한명령)을 판결과 동시에 선고하여야 한다. 취업제한기간은 10년을 초과하지 못한다. 노인 관련 기관의 설치 신고·인가·허가 등을 관할하는 행정기관의 장은 노인 관련 기관을 운영하려는 자에 대하여 본인의 동의를 받아 관계 기관의 장에게 노인학대 관련 범죄 경력 조회

를 요청하여야 한다. 다만, 노인 관련 기관을 운영하려는 자가 노인학대 관련 범죄 경력 조회 회신서를 관할행정기관의 장에게 직접 제출한 경우에는 노인학대 관련범죄 경력 조회를 한 것으로 본다.

노인 관련 기관의 장은 그 기관에 취업 중이거나 사실상 노무를 제공 중인 사람 또는 취업하려 하거나 사실상 노무를 제공하려는 사람에 대하여 노인학대 관련 범죄 경력을 확인하여야 하며, 이 경우 본인의 동의를 받아 관계 기관의 장에게 노인학대 관련 범죄 경력 조회를 요청하여야 한다. 다만, 취업자 등이 노인학대 관련 범죄 경력 조회 회신서를 노인 관련 기관의 장에게 직접 제출한 경우에는 노인학대 관련 범죄 경력 조회를 한 것으로 본다. 관할행정기관의 장은 취업제한명령을 선고받은 사람이 노인 관련 기관을 운영하거나 노인 관련 기관에 취업 또는 사실상 노무를 제공하고 있는지를 직접 또는 관계 기관 조회 등의 방법으로 연 1회 이상 점검·확인하고 그 결과를 관계 중앙행정기관의 장에게 제출하여야 한다. 노인 관련 기관의 장은 취업제한명령을 선고받은 사람이 노인 관련 기관에 취업 또는 사실상 노무를 제공하고 있는 것을 알게 된 때에는 즉시 해임하여야 한다(동법 제39조의17).

### (10) 학대피해노인 전용쉼터의 설치

국가와 지방자치단체는 노인학대로 인하여 피해를 입은 노인을 일정 기간 보호하고 심신 치유 프로그램을 제공하기 위하여 학대피해노인 전용쉼터를 설치·운영할 수 있다.

쉼터의 업무는 학대피해노인의 보호와 숙식제공, 학대피해노인의 심리적 안정을 위한 전문심리상담 등 치유 프로그램 제공, 학대로 인한 신체적, 정신적 치료를 위한 기본적인 의료비 지원, 학대 재발 방지와 원가정 회복을 위하여 노인학대행위자 등에게 전문상담서비스 제공, 그 밖에 쉼터에 입소하거나 쉼터를 이용하는 학대피해노인을 위하여 보건복지부령으로 정하는 사항 등이다. 국가와 지방자치단체는 쉼터의 운영업무를 노인보호전문기관에 위탁할 수 있고 위탁에 소요되는 비용을 지원할 수 있다(동법 제39조의19).

### (11) 노인학대의 사후관리 등

노인보호전문기관의 장은 노인학대가 종료된 후에도 가정방문, 시설방문, 전화상담 등을 통하여 노인학대의 재발 여부를 확인하여야 하며, 재발 방지를 위하여 필요하다고 인정하는 경우 피해노인 및 보호자를 포함한 피해노인의 가족에게 상담, 교육 및 의료적·심리적 치료 등의 지원을 하여야 한다. 노인보호전문기관의 장은 피해노인 및 보호자 및 가족을 지원을 하기 위하여 관계 기관·법인·단체·시설에 협조를 요청할 수 있으며, 피해노인의 보호자·가족은 노인보호전문기관의 지원에 성실히 참여하여야 한다(동법 제39조의20).

### (12) 비밀누설의 금지

이 법에 의한 학대노인의 보호와 관련된 업무에 종사하였거나 종사하는 자는 그 직무상 알게 된 비밀을 누설하지 못한다(동법 제39조의12).

## 13) 실종노인의 발생예방 및 보호조치

### (1) 실종노인에 관한 신고의무 등(동법 제39조의10)

누구든지 정당한 사유 없이 사고 등의 사유로 인하여 보호자로부터 이탈된 노인을 경찰관서 또는 지방자치단체의 장에게 신고하지 아니하고 보호하여서는 아니 된다. 노인복지시설, 사회복지시설 및 사회복지시설에 준하는 시설로서 인가·신고 등을 하지 아니하고 노인을 보호하는 시설의 장 또는 그 종사자는 그 직무를 수행하면서 실종노인임을 알게 된 때에는 지체 없이 보건복지부령으로 정하는 신상카드를 작성하여 지방자치단체의 장과 실종노인의 데이터베이스를 구축하고, 운영하는 기관의 장에게 제출하여야 한다. 보건복지부장관은 실종노인의 발생예방, 조속한 발견과 복귀를 위하여 다음의 업무를 수행하여야 하며, 노인복지 관련 법인이나 단체에 그 업무의 전부 또는 일부를 위탁할 수 있다.

- 실종노인과 관련된 조사 및 연구

- 실종노인의 데이터베이스 구축·운영
- 그 밖에 실종노인의 보호 및 지원에 필요한 사항

#### (2) 조사 등

보건복지부장관, 시·도지사 또는 시장·군수·구청장은 필요하다고 인정하는 때에는 관계공무원 또는 노인복지상담원으로 하여금 노인복지시설과 노인의 주소·거소, 노인의 고용장소 또는 동법 제39조의9의 금지행위를 위반할 우려가 있는 장소에 출입하여 노인 또는 관계인에 대하여 필요한 조사를 하거나 질문을 하게 할 수 있다. 경찰청장, 시·도지사 또는 시장·군수·구청장은 실종노인의 발견을 위하여 필요한 때에는 보호시설의 장 또는 그 종사자에게 필요한 보고 또는 자료제출을 명하거나 소속 공무원으로 하여금 보호시설에 출입하여 관계인 또는 노인에 대하여 필요한 조사 또는 질문을 하게 할 수 있다(동법 제39조의11).

### 14) 비 용

#### (1) 비용의 부담

다음의 어느 하나에 해당하는 비용은 대통령령이 정하는 바에 따라 국가 또는 지방자치단체가 부담한다(동법 제45조).

- 노인일자리전담기관의 설치·운영 또는 위탁에 소요되는 비용
- 건강진단 등과 상담·입소 등의 조치에 소요되는 비용
- 노인복지시설의 설치·운영에 소요되는 비용

#### (2) 비용의 수납 및 청구

복지조치에 필요한 비용을 부담한 복지실시기관은 해당 노인 또는 그 부양의무자로부터 대통령령으로 정하는 바에 따라 그 부담한 비용의 전부 또는 일부를 수납하거나 청구할 수 있다.

부양의무가 없는 자가 동법 제28조의 규정에 의한 복지조치에 준하는 보호를 행하는 경우 즉시 그 사실을 부양의무자 및 복지실시기관에 알려야 하며, 보호를 행한 자는 부양의무자에게 보호비용의 전부 또는 일부를 청구할 수 있다.

양로시설, 노인공동생활가정 및 노인복지주택, 노인요양시설 및 노인요양공동생활가정을 설치한 자는 그 시설에 입소하거나 그 시설을 이용하는 국민기초생활 보장법 제7조 제1항 제1호에 따른 생계급여 수급자 또는 같은 항 제3호에 따른 의료급여 수급자 외의 자로부터 그에 소요되는 비용을 수납하고자 할 때에는 시장·군수·구청장에게 신고하여야 한다. 다만, 보건복지부령이 정한 비용수납 한도액의 범위 안에서 수납할 때에는 그러하지 아니하다.

노인여가복지시설 또는 동법 제38조 제1항의 규정에 의하여 재가노인복지시설을 설치한 자 또는 편의를 제공하는 자가 그 시설을 이용하는 자로부터 그에 소요되는 비용을 수납하고자 할 때에는 미리 시장·군수·구청장에게 신고하여야 한다(동법 제46조).

### (3) 비용의 보조

국가 또는 지방자치단체는 대통령령이 정하는 바에 의하여 노인복지시설의 설치·운영에 필요한 비용을 보조할 수 있다(동법 제47조).

### (4) 상속인 없는 재산의 처리

노인주거복지시설 또는 노인의료복지시설의 설치·운영자는 그 시설에 입소중인 사람이 사망하고 그 상속인의 존부가 분명하지 아니한 경우 민법 제1053조부터 제1059조까지의 규정에 따라 처리한다. 다만, 사망한 사람의 잔여재산이 사회복지사업법 제45조의2 제1항 단서에 따른 금액 이하인 경우에는 관할 시장·군수·구청장에게 잔여재산 목록을 작성하여 보고하는 것으로 그 재산의 처리를 갈음할 수 있다.

### (5) 조세감면

노인복지시설에서 노인을 위하여 사용하는 건물·토지 등에 대하여는 조세

감면규제법 등 관계법령이 정하는 바에 의하여 조세 기타 공과금을 감면할 수 있다(동법 제49조).

### 15) 보 칙

#### (1) 이의신청 등

노인 또는 그 부양의무자는 이 법에 따른 복지조치에 대하여 이의가 있을 때에는 해당 복지실시기관에 이의를 신청할 수 있다. 이의신청은 해당 복지조치가 있음을 안 날부터 90일 이내에 문서로 하여야 한다. 다만, 정당한 사유로 인하여 그 기간 이내에 이의신청을 할 수 없었음을 증명한 때에는 그 사유가 소멸한 날부터 60일 이내에 이의신청을 할 수 있다. 이의신청을 받은 복지실시기관은 그 신청을 받은 날부터 30일 이내에 이를 심사·결정하여 청구인에게 통보하여야 한다. 심사·결정에 이의가 있는 자는 그 통보를 받은 날부터 90일 이내에 행정심판을 제기할 수 있다.

부양의무자가 부담하여야 할 보호비용에 대하여 보호를 행한 자와 부양의무자 사이에 합의가 이루어지지 아니하는 경우로서 시장·군수·구청장은 당사자로부터 조정요청을 받은 경우에는 이를 조정할 수 있다. 시장·군수·구청장은 조정을 위하여 필요하다고 인정하는 경우 부양의무자에게 소득·재산 등에 관한 자료의 제출을 요구할 수 있다(동법 제50조).

#### (2) 노인복지명예지도원

복지실시기관은 양로시설, 노인공동생활가정, 노인복지주택, 노인요양시설 및 노인요양공동생활가정의 입소노인의 보호를 위하여 노인복지명예지도원을 둘 수 있다. 노인복지명예지도원의 위촉방법·업무범위 등 기타 필요한 사항은 대통령령으로 정한다(동법 제51조).

#### (3) 권한의 위임·위탁

보건복지부장관 또는 시·도지사는 이 법에 의한 권한의 일부를 대통령령이 정하는 바에 의하여 각각 시·도지사 또는 시장·군수·구청장에게 위임할 수 있다. 보건복지부장관, 시·도지사 또는 시장·군수·구청장은 이 법에 의한 업무의 일부를 대통령령이 정하는 바에 의하여 법인 또는 단체에 위탁할 수 있다(동법 제53조).

### (4) 국·공유재산의 대부 등

국가 또는 지방자치단체는 노인보건복지 관련 연구시설이나 사업의 육성을 위하여 필요하다고 인정하는 경우에는 국유재산법 또는 지방재정법의 규정에 불구하고 국·공유재산을 무상으로 대부하거나 사용·수익하게 할 수 있다(동법 제54조).

### (5) 건축법에 대한 특례

재가노인복지시설, 노인공동생활가정, 노인요양공동생활가정 및 학대피해노인 전용쉼터는 건축법 제19조의 규정에 불구하고 단독주택 또는 공동주택에 설치할 수 있다. 이 법에 의한 노인복지주택의 건축물의 용도는 건축관계법령에 불구하고 노유자시설로 본다(동법 제55조).

## 제2절 장애인복지법(2024. 5. 14. 개정 시행)

## 1. 장애인복지법의 입법배경과 연혁

1980년대 이전까지 특수교육진흥법(1997년 제정)을 제외한 장애인 관련 법은 생활보호법, 사회복지사업법, 아동복지법, 연금법 등에서 산발적으로 관련 규정을 두고 있었으며 단일 법률은 전무하였다. 당시 장애인에 대한 사회적 인식은 시혜와 자선 또는 기피의 대상이었고 각종 사회적 차별과 소외 등 복지적인 관심이 부족한 시기였다. 이후 UN에서 1981년을 '세계 장애인의 해'로 선포하고 심신장애자를 위한 복지사업과 기념행사를 추진하도록 권고했다. 이러한 국제적인 추세에 우리나라도 1981년을 '장애인의 해'로 지정하고 4월 20일을 '장애인의 날'로 제정했다. 아울러 심신장애인의 발생 예방과 직업재활, 생활보호 등의 복지정책을 효과적으로 추진하기 위해 같은 해인 1981년 6월 5일 우리나라 최초의 장애인복지 관련 기본법이라 할 수 있는 심신장애복지법이 제정 공포되었다. 그러나 이 법은 대부분의 조항에서 임의규정의 형식을 취하고 장애인에 대한 시혜적 성격이 강하였으며, 시행령에서의 구체성이 결여되어 사실상 실효성이 낮은 선언적 규정에 불과하였다.

1988년 장애자올림픽대회는 장애인 복지에 대한 관심을 증대시키는 계기가 되었는데, 이 무렵부터 장애인 단체를 중심으로 심신장애자복지법 개정운동이 전개되었다. 정부는 장애인들이 사회적으로 인정받고 자립·자활하는 데 필요한 법적·사회적 바탕을 마련하기 위해 1989년 12월 30일 심신장애자복지법의 명칭과 내용을 전면 개정한 '장애인복지법'을 제정하게 되었다.

장애인복지법은 종전법에서의 심신장애자라는 용어를 장애인으로 바꾸고 장애인 복지사항에 대한 심의기관으로서 장애인복지위원회를 설치하였으며 장애인등록제를 신설하였다.

1999년 2월 8일에는 장애인의 인간존엄의 실현과 완전한 사회참여를 위하여 장애인보조견, 장애유형에 따른 재활서비스 제공, 장애인생산품의 구매, 재활보조기구의 개발·보급 등 장애인의 새로운 복지수요에 대응하여 장애인복지정책의 효율적 수행을 도모하기 위해 전면 개정되었다.

2003년 9월 29일 개정에서는 국민기초생활 보장법에 의한 생계급여의 수급자 중 중증장애인에 대하여만 장애수당을 지급하였던 것을 생계급여의 수급자에 해당하는 장애인 모두를 장애수당의 의무지급대상자로 하여 그 지급대상을 확대하였다.

2007년 4월 11일에는 장애인의 권익을 신장하고 중증장애인 및 여성장애인을 포함한 장애인의 자립생활 등을 실현하기 위한 각종 제도를 도입할 목적으로 장애인복지법이 전면 개정되었다. 주요 내용은 장애인 관련 정책결정과정에 장애인이 우선적으로 참여할 권리가 있음을 규정하고, 여성장애인의 자립생활을 지원하기 위한 제도를 도입하며, 장애인의 정보접근성 제고 및 장애인에 대한 사회적 인식 개선을 위한 내용과 중증장애인의 자립생활을 실현하기 위한 제도의 도입 등을 명시하고 있다.

2012년 1월 26일의 개정에서는 다문화·국제화 시대에 국내 거주 재외동포 및 외국인의 장애인등록을 허용하고, 자녀교육비 및 장애수당 등의 지급 대상자를 선정할 때 신청인과 그 가구원의 금융재산을 조사할 수 있도록 하여 대상자 선정의 정확성과 형평성을 기하도록 하였다. 또한 아동·청소년 대상 성범죄에 제한적으로 인정되고 있는 장애인복지시설 종사자 등의 신고의무를 장애인 대상 성범죄에 대한 일반적인 신고의무로 확대하고, 종사자 등에게 성범죄 예방 및 신고에 대한 교육을 의무화함으로써 장애인의 인권보호를 강화하고자 하였다.

2015년 12월 29일 개정에서는 장애 이해 및 인식을 개선함으로써 장애로 인한 차별을 방지하기 위해 장애인에 대한 인식개선 교육의 실시 대상 교육기관을 확대하였고, 장애인재활상담사에 대한 국가자격제도를 도입하여 재활 관련 서비스를 제공하는 인력에 대한 전문성을 강화하고, 장애인 대상 성범죄의 신고의무 대상자를 확대하여 장애인을 위한 사회적 안전망을 강화하였다.

2017년 12월 19일 개정에서는 장애등급제 개편 사항을 반영하기 위하여 '장애 등급'을 '장애 정도'로 변경하고, 맞춤형 서비스 제공을 위하여 '서비스 지원 종합조사'를 실시할 수 있는 법적 근거를 마련하며, 자립생활지원과 관련하여 국가와 지방자치단체의 책무 대상을 중증장애인에서 장애인으로 확대하고, 복지사각지대를 해소하기 위해 장애인에 대한 방문상담 및 사례관리 수행 근거를 마련하였다. 또한 장애인학대 예방 및 사후지원과 관련하여 장애인권익옹호기관의 기능을 강화하기 위한 필요한 각종 조치들을 법률에 규정하고, 장애인학대 및 장애인 대상 성범죄 신고인에 대한 보다 효과적인 보호를 위하여 신고인에 대한 불이익조치 금지를 명문화하였다.

2019년 12월 3일의 개정은 장애인에 대한 인식개선 교육이 충실하게 수행될 수 있도록 인식개선 교육에 대한 사후관리를 강화하고, 장애인에 대한 인식개선 교육을 체계화하고 교육의 질을 높이기 위하여 인식개선교육기관 지정·위탁 제도를 도입하였다.

2020년 12월 29일 개정에서는 장애인학대관련범죄자에 대한 실효적인 규제가 가능하도록 장애인학대관련범죄의 정의를 신설하고, 취업제한명령 대상자 및 적용 기관을 확대하며, 상습적으로 또는 신고의무자가 자기의 보호·감독 또는 진료를 받는 장애인을 대상으로 장애인학대관련범죄를 범한 때에는 가중하여 처벌할 수 있도록 규정하였다. 또한 장애인 거주시설에서 사망한 무연고자의 장례 처리 및 잔여재산의 처리가 효과적으로 이루어질 수 있도록 장례 대행 및 재산 처리 절차에 관한 근거를 마련하였고, 장애인 직업재활시설의 특성상 불가피하게 다른 용도의 건물에 입지하고 있는 경우에도 시설 설치 신고 및 사업장 활용이 원활하게 이루어지도록 부속용도 시설이 장애인직업재활시설에 포함됨을 명시하였다. 한편, 장애인학대 신고의무자가 소속된 기관의 장 등에게 신고의무에 관한 교육을 실시할 의무 및 그 결과 제출 의무를 부여함으로써 실효성 있는 신고의무 교육이 이루어질 수 있도록 하고, 학대 피해장애인의 형사절차상 권익을 보다 두텁게 보호하기 위하여 변호사 선임 특례 규정을 마련하였다. 그 밖에 학대피해장애인의 인도를 요청받은 기관의 장이 그 인수를 거부하는 경우 및 장애인권익옹호기관의 사후관리 업무 수행을 정당한 사유 없이 거부하거나 방해하는 경우 등에 대하여 과태료를 부과할 수 있도록 규정함으로써 장애인학대 피해장애인에 대한 사회적 보장체계를 강화하였다.

2021년 7월 27일 개정에서는 장애 정도에 관한 정밀심사를 실시하는 공공기관이 관련 기관에 심사에 필요한 자료를 요청할 수 있도록 규정하고, 해당 기관에 제공되는 자료에 대한 사용료, 수수료 등을 면제할 수 있도록 법적 근거를 마련하였고, 취업제한명령의 선고 대상이 되는 범죄를 추가하였다. 한편, 장애인학대 신고의무자의 범위를 확대하되, 사회복지시설에서 복무하는 사회복무요원은 신고 의무 위반 시의 과태료 부과 대상에서 제외하고, 장애인학대 신고의무자 관련 규정 및 벌칙 규정의 인용 조문을 정비하였다. 또한 지역장애인권익옹호기관의 업무에 '관계 기관·법인·단체·시설 간 협력체계의 구축 및 교류'를 명시하였고, 장애인학대로 인하여 피해를 입은 장애아동의 임시 보호를 위한 '피해장애아동 쉼터'의 설치·운영 근거 마련, 범죄사건의 피해자인 장애인에 대한 진술조력인 제도 도입을 위한 법적 근거 신설, 사기죄, 공갈죄, 횡령죄, 배임죄 등의 장애인학대관련범죄에 대한 형법상 친족상도례 조항의 적용을 배제하는 특례를 신설하였다.

2023년 8월 8일 개정에서는 국가와 지방자치단체가 장애인에게 성 관련 상담 서비스를 제공하거나 그 업무를 전문성이 있는 기관·단체에 위탁할 수 있도록 하고, 장애인 거주시설 운영자가 이용자를 대상으로 성교육을 실시할 수 있도록 근거를 마련하며, 보건복지부장관이 장애인학대정보시스템을 구축·운영하도록 하고, 장애인학대정보시스템의 운영을 중앙장애인권익옹호기관에 위탁할 수 있도록 하며, 장애인권익옹호기관의 장이 장애인학대정보시스템을 통하여 신분조회 등의 조치나 관련 자료의 제공을 요청할 수 있도록 하였다. 또한 보건복지부장관이 수어통역에 관한 정책·제도의 조사 및 관련 시설의 운영지침 수립 등 업무를 수행하기 위하여 중앙수어통역센터를 문화체육관광부장관과 협의하여 설치·운영할 수 있도록 하였다.

2024년 2월 13일 개정에서는 장애인이 사망한 경우 법정대리인 등에게 장애인등록증 반환을 명하지 않으면서 보건복지부장관 등이 사회보장정보시스템을 이용하여 등록증의 진위 또는 유효 여부를 확인할 수 있도록 하고, 장애인학대 및 장애인 대상 성범죄 신고를 하지 못하도록 방해하거나 신고를 취소하도록 강요하는 것을 금지하며, 장애인복지시설의 개선, 사업의 정지 폐쇄 등을 명할 수 있는 사유에 장애인복지시설에서 성폭력범죄 또는 학대관련범죄가 발생한 경우를 추가하고, 의지·보조기 기사나 언어재활사, 장애인재활상담사 자격증을 빌려주거나 빌리는 행위 또는 이를 알선하는 행위를 금지하는 등 현행 제도의 운영상 나타난 일부 미비점을 개선·보완하였다.

## 2. 장애인복지법의 목적 및 기본 이념

장애인복지법은 장애인의 인간다운 삶과 권리보장을 위한 국가와 지방자치단체 등의 책임을 명백히 하고, 장애발생 예방과 장애인의 의료·교육·직업재활·생활환경개선 등에 관한 사업을 정하여 장애인복지대책을 종합적으로 추진하며, 장애인의 자립생활·보호 및 수당지급 등에 관하여 필요한 사항을 정하여 장애인의 생활안정에 기여하는 등 장애인의 복지와 사회활동 참여증진을 통하여 사회통합에 이바지함을 목적으로 한다(동법 제1조).

장애인복지의 기본 이념은 장애인의 완전한 사회 참여와 평등을 통하여 사회통합을 이루는 데에 있다(동법 제3조).

## 3. 장애인복지법의 대상

장애인은 신체적·정신적 장애로 인하여 장기간에 걸쳐 일상생활 또는 사회생활에 상당한 제약을 받는 자를 말한다. 이 법의 적용을 받는 장애인은 신체적·정신적 장애를 가진 자로서 대통령령이 정하는 장애의 종류 및 기준에 해당하는 자를 말하며, 재외동포와 외국인 중 장애인 등록대상이 될 수 있는 사람은 장애인으로 등록할 수 있다(동법 제2조).

## 4. 장애인의 권리

### 1) 장애인의 권리

장애인은 인간으로서 존엄과 가치를 존중받으며, 그에 걸맞은 대우를 받는다고 규정하며 장애인은 국가·사회의 구성원으로서 정치·경제·사회·문화, 그 밖의 모든 분야의 활동에 참여할 권리를 가진다. 동시에 장애인은 장애인 관련 정책결정과정에 우선적으로 참여할 권리가 있다(동법 제4조).

### 2) 장애인 및 보호자 등에 대한 의견수렴과 참여

국가 및 지방자치단체는 장애인 정책의 결정과 그 실시에 있어서 장애인 및 장애인의 부모, 배우자, 그 밖에 장애인을 보호하는 자의 의견을 수렴하여야 한다. 이 경우 당사자의 의견수렴을 위한 참여를 보장하여야 한다(동법 제5조).

### 3) 사회연대책임

국가와 지방자치단체는 장애 발생을 예방하고, 장애의 조기 발견에 대한 국민의 관심을 높이며, 장애인의 자립을 지원하고, 보호가 필요한 장애인을 보호하여 장애인의 복지 향상, 권익 보호와 함께 장애인을 올바르게 이해하도록 하는 데 필요한 정책을 강구하여야 한다고 하였다(동법 제9조). 또, 모든 국민은 장애 발생의 예방과 장애의 조기 발견을 위하여 노력하여야 하며, 장애인의 인격을 존중하고 사회통합의 이념에 기초하여 장애인의 복지향상에 협력하여야 한다(동법 제10조).

## 5. 장애인복지법의 주요 내용

### 1) 기본 시책 강구

#### (1) 의의

장애인복지법은 다양하고 많은 장애인 복지시책을 담고 있는 점이 특징적이다. 물론 구체적인 장애인 복지조치에 관한 내용도 동법은 규정하고 있지만, 보다 포괄적이고 개념적인 장애인 복지시책을 하나의 장을 만들어 규정함으로써 장애인 복지의 증진을 기하려는 노력을 보이고 있다.

#### (2) 장애발생 예방

국가와 지방자치단체는 장애의 발생 원인과 예방에 관한 조사 연구를 촉진하여야 하며, 모자보건사업의 강화, 장애의 원인이 되는 질병의 조기 발견과 조기 치료, 기타 필요한 정책을 강구하여야 한다. 또한 교통사고·산업재해·약물중독 및 환경오염 등에 의한 장애발생을 예방하기 위하여 필요한 조치를 강구하여야 한다(동법 제17조).

### (3) 의료와 재활치료

국가와 지방자치단체는 장애인이 생활기능을 익히거나 되찾을 수 있도록 필요한 기능치료와 심리치료 등 재활의료를 제공하고 장애인의 장애를 보완할 수 있는 장애인보조기구를 제공하는 등 필요한 정책을 강구하여야 한다고 규정하고 있다(동법 제18조).

### (4) 교육

국가와 지방자치단체는 사회통합의 이념에 따라 장애인이 연령·능력·장애의 종류 및 정도에 따라 충분히 교육받을 수 있도록 교육 내용과 방법을 개선하는 등 필요한 정책을 강구하여야 하며 장애인 교육에 관한 조사·연구를 촉진하고, 장애인에게 전문 진로교육을 실시하는 제도를 강구하여야 한다. 또한, 각 학교의 장은 교육을 필요로 하는 장애인이 그 학교에 입학하려는 경우 장애를 이유로 입학 지원을 거부하거나 입학시험 합격자의 입학을 거부하는 등의 불리한 조치를 하여서는 아니 되며 모든 교육기관은 교육 대상인 장애인의 입학과 수학(修學) 등에 편리하도록 장애의 종류와 정도에 맞추어 시설을 정비하거나 기타 필요한 조치를 강구하여야 한다(동법 제20조).

### (5) 직업

국가와 지방자치단체는 장애인이 적성과 능력에 맞는 직업에 종사할 수 있도록 직업 지도, 직업능력 평가, 직업 적응훈련, 직업훈련, 취업 알선, 고용 및 취업 후 지도 등 필요한 정책을 강구하여야 하며 장애인 직업재활훈련이 원활히 이루어질 수 있도록 장애인에게 적합한 직종과 재활사업에 관한 조사·연구를 촉진하여야 한다(동법 제21조).

### (6) 그 외 시책

- 국가와 지방자치단체는 장애인이 재활치료를 마치고 일상생활이나 사회생활을 원활히 할 수 있도록 사회적응 훈련을 실시하여야 한다(동법 제19조).

- 국가와 지방자치단체는 장애인이 정보에 쉽게 접근하고 의사소통을 원활하게 할 수 있도록 전기통신·방송시설 등을 개선하기 위하여 노력하여야 하고 의사소통 보조기구의 개발·보급 및 의사소통 지원 전문 인력을 양성·파견하기 위하여 노력하여야 하며 정보통신망 및 정보통신기기의 접근·이용에 필요한 지원 및 도구의 개발·보급 등 필요한 시책을 강구하여야 한다(동법 제22조).
- 국가와 지방자치단체는 장애인이 공공시설과 교통수단 등을 안전하고 편리하게 이용할 수 있도록 편의시설의 설치와 운영에 필요한 정책을 강구하여야 한다(동법 제23·24조).
- 국가와 지방자치단체는 장애인이 선거권을 행사하는 데에 불편함이 없도록 편의시설·설비를 설치하고, 선거권 행사에 관하여 홍보하며, 선거용 보조기구를 개발·보급하는 등 필요한 조치를 강구하여야 한다(동법 제26조).
- 국가와 지방자치단체는 공공주택 등 주택을 건설할 경우에는 장애인에게 장애 정도를 고려하여 우선 분양 또는 임대할 수 있도록 노력하여야 하며 주택의 구입자금·임차자금 또는 개·보수비용의 지원 등 장애인의 일상생활에 적합한 주택의 보급·개선에 필요한 시책을 강구하여야 한다(동법 제27조).
- 국가와 지방자치단체는 장애인의 문화생활, 체육활동 및 관광활동에 대한 장애인의 접근을 보장하기 위하여 관련 시설 및 설비, 그 밖의 환경을 정비하고 문화생활, 체육활동 및 관광활동 등을 지원하도록 노력하여야 한다(동법 제28조).
- 국가와 지방자치단체는 장애인복지의 종합적인 체계적인 조사·연구·평가 및 장애인 체육활동 등 장애인정책개발 등을 위하여 필요한 정책을 강구하여야 한다(동법 제29조).
- 국가와 지방자치단체, 공공기관, 지방공사 또는 지방공단은 장애인과 장애인을 부양하는 자의 경제적 부담을 줄이고 장애인의 자립을 촉진하기 위하여 세제상의 조치, 공공시설 이용료 감면, 운임의 감면, 기타 필요한 정책을 강구하여야 한다(동법 제30조).

## 2) 실천기관

### (1) 실천기관과 위탁

장애인복지법상 각종 복지조치와 시책을 실천하고 실시할 책임은 국가와 지방자치단체의 장이 진다고 볼 수 있다. 물론 국민의 책임도 있다. 그러나 장애인 복지정책과 구체적인 복지급여 제공 등에 대한 책임은 국가와 지방자치단체의 장이 실천기관으로서 역할을 수행한다고 파악된다. 예컨대 동법 제9조의 '국가 및 지방자치단체의 책임'을 살펴보면, '국가와 지방자치단체는 장애의 발생을 예방하고 장애의 조기발견에 대한 국민의 관심을 높이고 자립을 지원하며 필요한 보호를 실시하여 장애인의 복지를 증진할 책임을 진다'고 되어 있다.

이에 따라 보건복지부장관, 특별시장, 광역시장, 도지사 또는 구청장, 시장, 군수가 장애인의 복지증진 책임을 구체적으로 부담한다고 간주된다. 그러나 경우에 따라서는 보건복지부장관, 시・도지사는 이 법에 의한 권한의 일부를 대통령령이 정하는 바에 의하여 국립재활원장, 시・도지사 또는 시장・군수・구청장에 위임하거나 관련 단체 또는 법인에 위탁할 수 있도록 하였다.

### (2) 장애인정책종합계획

보건복지부장관은 장애인의 권익과 복지증진을 위하여 관계 중앙행정기관의 장과 협의하여 5년마다 장애인정책종합계획을 수립・시행하여야 하며 이 종합계획에는 장애인의 복지에 관한 사항, 장애인의 교육문화에 관한 사항, 장애인의 경제활동에 관한 사항, 장애인의 사회참여에 관한 사항, 장애인의 안전관리에 관한 사항, 기타 장애인의 권익과 복지증진을 위하여 필요한 사항이 포함되어야 한다. 관계 중앙행정기관의 장은 장애인의 권익과 복지증진을 위하여 관련 업무에 대한 사업계획을 매년 수립・시행하여야 하고, 그 사업계획과 전년도의 사업계획 추진실적을 매년 보건복지부장관에게 제출하여야 한다(동법 제10조의2).

### (3) 장애인정책조정위원회

장애인 종합정책을 수립하고 관계 부처 간의 의견을 조정하며 그 정책의 이행을 감독·평가하기 위하여 국무총리 소속하에 장애인정책조정위원회를 두며 장애인복지정책의 기본 방향에 관한 사항, 장애인복지 향상을 위한 제도개선과 예산지원에 관한 사항, 중요한 특수교육정책의 조정에 관한 사항, 장애인 고용촉진정책의 중요한 조정에 관한 사항, 장애인 이동보장 정책조정에 관한 사항, 장애인정책 추진과 관련한 재원조달에 관한 사항, 장애인복지에 관한 관련 부처의 협조에 관한 사항, 다른 법령에서 위원회의 심의를 거치도록 한 사항, 그 밖에 장애인복지와 관련하여 대통령령으로 정하는 사항을 심의·조정한다(동법 제11조).

### (4) 지방장애인복지위원회

장애인복지 관련 사업의 기획·조사·실시 등을 하는 데에 필요한 사항을 심의하기 위하여 지방자치단체에 지방장애인복지위원회를 둔다(동법 제13조).

### (5) 장애인복지상담원

장애인 복지 향상을 위한 상담 및 지원 업무를 맡기기 위하여 시·군·구에 장애인복지상담원을 두며 그 업무를 할 때 개인의 인격을 존중하여야 한다(동법 제33조).

### (6) 장애인복지전문인력(동법 제75조·제76조·제77조)

국가와 지방자치단체 그 밖의 공공단체는 의지·보조기 기사, 언어재활사, 장애인재활상담사, 한국수어 통역사, 점역(點譯)·교정사 등 장애인복지 전문인력, 그 밖에 장애인복지에 관한 업무에 종사하는 자를 양성·훈련하는 데에 노력해야 한다(동법 제71조). 그리고 의지·보조기 기사, 언어재활사 및 장애인재활상담사의 선발·교육 등을 위하여 국가시험의 실시(시기·방법·시험과목, 기타 시험 실시에 관하여 필요한 사항), 자격 취소 및 정지 등에 관하여 규정하고 있다.

### 3) 복지조치

#### (1) 장애인 실태조사

보건복지부장관은 장애인 복지정책의 수립에 필요한 기초 자료로 활용하기 위하여 3년마다 장애실태조사를 실시하여야 한다(동법 제31조).

#### (2) 장애인 등록

장애인, 그 법정대리인 또는 대통령령으로 정하는 보호자는 장애 상태와 그 밖에 보건복지부령이 정하는 사항을 특별자치시장·특별자치도지사·시장·군수 또는 구청장에게 등록하여야 하며, 특별자치시장·특별자치도지사·시장·군수·구청장은 등록을 신청한 장애인이 법이 정한 기준에 맞으면 장애인등록증을 내주어야 한다. 장애인의 장애 인정과 장애 정도 사정(査定)에 관한 업무를 담당하게 하기 위하여 보건복지부에 장애판정위원회를 둘 수 있다. 또한 장애인 등록 및 장애 상태의 변화에 따른 장애 정도를 조정함에 있어 장애인의 장애 인정과 장애 정도 사정이 적정한지를 확인하기 위하여 필요한 경우 공공기관에 장애 정도에 관한 정밀심사를 의뢰할 수 있다. 등록증은 양도하거나 대여하지 못하며, 등록증과 비슷한 명칭이나 표시를 사용해서는 안 되고, 장애인의 등록, 등록증의 발급, 장애 진단 및 장애 정도에 관한 정밀심사, 등록증의 진위 또는 유효 여부 확인 등에 관하여 필요한 사항은 보건복지부령으로 정한다(동법 제32조).

#### (3) 재활상담 및 입소 등의 조치(동법 제34조)

① 보건복지부장관, 특별시장·광역시장·특별자치시장·도지사·특별자치도지사 또는 시장·군수·구청장은 장애인에 대한 검진 및 재활상담을 하고, 필요하다고 인정되면 다음의 조치를 하여야 한다.

- 국·공립병원, 보건소, 보건지소, 그 밖의 의료기관에 의뢰하여 의료와 보건지도를 받게 하는 것
- 국가 또는 지방자치단체가 설치한 장애인복지시설에서 주거편의·상담

·치료·훈련 등의 필요한 서비스를 받도록 하는 것

- 장애인복지시설에 위탁하여 그 시설에서 주거편의·상담·치료·훈련 등의 필요한 서비스를 받도록 하는 것
- 공공직업능력개발훈련시설이나 사업장 내 직업훈련시설에서 하는 직업훈련 또는 취업알선을 필요로 하는 자를 관련 시설이나 직업안정업무기관에 소개하는 것

② 이러한 복지조치 이외에 장애인복지실시기관은 위의 재활 상담을 하는 데에 필요하다고 인정되면 장애인복지상담원을 해당 장애인의 가정 또는 장애인이 주거편의·상담·치료·훈련 등의 서비스를 받는 시설이나 의료기관을 방문하여 상담하게 하거나 필요한 지도를 하게 할 수 있다.

### (4) 자녀교육비 지원

장애인복지실시기관은 경제적 부담능력 등을 고려하여 장애인이 부양하는 자녀 또는 장애인인 자녀의 교육비를 지급할 수 있다(동법 제38조).

### (5) 사회경제적 지원

① 자금의 대여

국가와 지방자치단체는 장애인이 사업을 시작하거나 필요한 지식과 기능을 익히는 것 등을 지원하기 위하여 대통령령으로 정하는 바에 따라 자금을 대여할 수 있다(동법 제41조).

② 생업의 지원(동법 제42조)

- 국가와 지방자치단체, 그 밖의 공공단체는 소관 공공시설 안에 식료품·사무용품·신문 등 일상생활용품을 판매하는 매점이나 자동판매기의 설치를 허가하거나 위탁할 때에는 장애인이 신청하면 우선적으로 반영하도록 노력하여야 한다.
- 시장·군수 또는 구청장은 장애인이 담배소매인으로 지정받기 위하여 신청하면 그 장애인을 우선적으로 지정하도록 노력하여야 한다.

- 장애인이 우편법령에 따라 국내 우표류 판매업 계약 신청을 하면 우편관서는 그 장애인이 우선적으로 계약할 수 있도록 노력하여야 한다.
- 허가·위탁 또는 지정 등을 받은 자는 특별한 사유가 없으면 직접 그 사업을 하여야 한다.
- 설치 허가권자는 매점·자동판매기 설치를 허가하기 위하여 설치 장소와 판매할 물건의 종류 등을 조사하고 그 결과를 장애인에게 알리는 조치를 강구하여야 한다.

#### ③ 생산품 구매

지방자치단체 및 그 밖의 공공단체는 장애인복지시설과 장애인복지단체에서 생산한 물품의 우선 구매에 필요한 조치를 마련하여야 한다(동법 제44조).

#### ④ 시설의 우선이용

국가와 지방자치단체, 그 밖의 공공단체는 장애인의 자립을 지원하는 데에 필요하다고 인정되면 그 공공시설의 일부를 장애인이 우선 이용하게 할 수 있다(동법 제47조).

#### ⑤ 경제적 부담의 경감

국가와 지방자치단체, 공공기관, 지방공사 또는 지방공단은 장애인과 장애인을 부양하는 자의 경제적 부담을 줄이고 장애인의 자립을 촉진하기 위하여 세제상의 조치, 공공시설 이용료 감면, 운임의 감면, 기타 필요한 정책을 강구하여야 한다(동법 제30조).

#### ⑥ 장애인이 사용하는 자동차 등에 대한 지원

국가와 지방자치단체, 그 밖의 공공단체는 장애인이 이동수단인 자동차 등을 편리하게 사용할 수 있도록 하고 경제적 부담을 줄여주기 위하여 조세감면 등 필요한 지원정책을 강구하여야 한다(동법 제39조).

#### ⑦ 장애수당의 지급

국가와 지방자치단체는 장애인의 장애 정도와 경제적 수준을 고려하여 장애로 인한 추가적 비용을 보전(補塡)하게 하기 위하여 장애수당을 지급할 수 있다. 다만, 국민기초생활 보장법에 따른 생계급여 또는 같은 의료급여를 받는 장애인에게는 장애수당을 반드시 지급하여야 한다. 그럼에도 불구하고 장애인연금법 제2조의 제1호에 따른 중증장애인에게는 장애수당을 지급하지 아니한다(동법 제49조).

⑧ 장애아동수당과 보호수당의 지급

- 국가와 지방자치단체는 장애아동에게 보호자의 경제적 생활수준 및 장애아동의 장애 정도를 고려하여 장애로 인한 추가적 비용을 보전하기 위하여 장애아동수당을 지급할 수 있다(18세 미만, 재학 중인 경우에는 20세 이하를 포함, 시행령 제30조).
- 국가와 지방자치단체는 장애인을 보호하는 보호자에게 그의 경제적 수준과 장애인의 장애 정도를 고려하여 장애로 인한 추가적 비용을 보전하게 하기 위하여 보호수당을 지급할 수 있다(동법 제50조).

⑨ 산후조리도우미 지원

국가 및 지방자치단체는 임산부인 여성장애인과 신생아의 건강관리를 위하여 경제적 부담능력 등을 감안하여 여성장애인의 가정을 방문하여 산전·산후조리를 돕는 도우미를 지원할 수 있으며 산후조리도우미 지원사업의 실효성 등을 확보하기 위한 정기적인 점검활동을 실시하여야 한다(동법 제37조).

### (6) 한국수어 통역사 등 지원

국가 및 지방자치단체는 청각장애인이나 시청각장애인에 대하여 그 이동과 일상생활의 활동에서 의사소통을 원활히 할 수 있도록 경제적 부담능력 등을 고려하여 한국수어 통역사 또는 시청각장애인을 위한 의사소통 지원 전문인력을 지원할 수 있다. 한국수어 통역사 등의 지원 기준 및 방법 등에 관하여 필요한 사항은 대통령령으로 정한다(동법 제35조의2).

### (7) 성 관련 상담 지원

국가와 지방자치단체는 장애인에게 성 관련 상담 서비스를 제공할 수 있다. 이 경우 국가와 지방자치단체는 성 관련 상담 서비스를 그 업무에 관한 전문성이 있는 기관·단체에 위탁할 수 있으며, 예산의 범위에서 성 관련 상담 서비스에 필요한 경비의 전부 또는 일부를 지원할 수 있다.

## 4) 복지시설 및 단체

### (1) 개념

장애인복지법은 장애인복지시설을 설치·운영하는 내용을 규정하여 장애인들과 그 가족에게 필요한 서비스를 제공하여 복지증진에 이바지하려는 것이다. 그리하여 국가와 지방자치단체는 장애인의 연령 및 장애의 종별과 정도를 고려하여 장애인복지시설에서 적절한 보호, 의료, 생활지도와 기능회복훈련 등의 서비스를 제공함으로써 장애인이 기능회복과 향상을 도모할 수 있도록 필요한 시책을 강구하여야 한다고 규정하고 있다.

### (2) 종류(동법 제58조)

- 장애인 거주시설 : 거주공간을 활용하여 일반가정에서 생활하기 어려운 장애인에게 일정 기간 동안 거주·요양·지원 등의 서비스를 제공하는 동시에 지역사회생활을 지원하는 시설
- 장애인 지역사회재활시설 : 장애인을 전문적으로 상담·치료·훈련하거나 장애인의 일상생활, 여가활동 및 사회참여활동 등을 지원하는 시설
- 장애인 자립생활지원시설 : 장애인의 자립생활 역량을 강화하기 위하여 동료상담, 지역사회의 물리적·사회적 환경개선 사업, 장애인의 권익 옹호·증진, 장애인 적합 서비스 등을 제공하는 시설
- 장애인 직업재활시설 : 일반 작업환경에서는 일하기 어려운 장애인이 특별히 준비된 작업환경에서 직업훈련을 받거나 직업 생활을 할 수 있도록 하는 시설

- **장애인 의료재활시설** : 장애인을 입원 또는 통원하게 하여 상담, 진단·판정, 치료 등 의료재활서비스를 제공하는 시설

### (3) 설치

국가와 지방자치단체는 장애인복지시설을 설치할 수 있으며, 국가와 지방자치단체 외의 자가 장애인복지시설을 설치·운영하려면 해당 시설 소재지 관할 시장·군수·구청장에게 신고하여야 한다. 동법 제58조 제1항 제1호에 따른 장애인 거주시설의 정원은 30명을 초과할 수 없다. 다만, 특수한 서비스를 위하여 일정 규모 이상이 필요한 시설 등 대통령령으로 정하는 경우에는 그러하지 아니하다(동법 제59조).

### (4) 운영자의 의무

시설 운영자는 시설 이용자의 인권을 보호하고, 인권이 침해된 경우에는 즉각적인 회복조치를 취하여야 하며 시설 이용자의 거주, 요양, 생활지원, 지역사회생활 지원 등을 위하여 필요한 서비스를 제공하여야 한다. 또한, 시설 운영자는 시설 이용자의 사생활 및 자기결정권의 보장을 위하여 노력하여야 하고 시설 이용자의 인권을 보호하기 위하여 장애인 거주시설에 시설 이용 장애인 인권지킴이단을 두어야 한다(동법 제60조의4).

### (5) 장애인 거주시설 서비스의 최저기준

보건복지부장관은 장애인 거주시설에서 제공하여야 하는 서비스의 최저기준을 마련하여야 하며, 장애인복지실시기관은 그 기준이 충족될 수 있도록 필요한 조치를 취하여야 한다. 또한, 시설 운영자는 서비스의 최저기준 이상으로 서비스의 수준을 유지하여야 하며(동법 제60조의3), 서비스 최저기준을 유지하지 못할 때에는 그 시설의 개선, 사업의 정지, 시설의 장의 교체를 명하거나 해당 시설의 폐쇄를 명할 수 있다(동법 제62조 제2항).

### (6) 시설의 개선, 사업의 정지, 폐쇄 등

장애인복지실시기관은 장애인복지시설이 다음 어느 하나에 해당하는 때에는 그 시설의 개선, 사업의 정지, 시설의 장의 교체를 명하거나 해당 시설의 폐쇄를 명할 수 있다(동법 제62조).

- 장애인복지법 제59조 제6항에 따른 시설기준에 미치지 못한 때
- 정당한 사유 없이 지도·감독과 관련하여 보고를 하지 않거나 거짓으로 보고한 때 또는 조사·검사 및 질문을 거부·방해하거나 기피한 때
- 사회복지법인이나 비영리법인이 설치·운영하는 시설인 경우 그 사회복지법인이나 비영리법인의 설립 허가가 취소된 때
- 시설의 회계 부정이나 시설이용자에 대한 인권침해 등 불법행위, 그 밖의 부당행위 등이 발견된 때
- 설치 목적을 이루었거나 그 밖의 사유로 계속하여 운영할 필요가 없다고 인정되는 때
- 장애인복지시설에서 성폭력범죄 또는 학대관련범죄가 발생한 때
- 이 법 또는 이 법에 따른 명령이나 처분을 위반한 경우

## 5) 장애인 대상 성범죄 등 장애인 학대에 관한 규정

### (1) 성범죄자 취업 제한(동법 제59조의3)

- 성범죄로 형 또는 치료감호를 선고받아 확정된 사람은 그 형 또는 치료감호의 전부 또는 일부의 집행을 종료하거나 집행이 유예·면제된 날부터 10년 동안 장애인복지시설을 운영하거나 장애인복지시설에 취업 또는 사실상 노무를 제공할 수 없다. 다만, 재범의 위험성이 현저히 낮은 경우, 그 밖에 취업을 제한하여서는 아니 되는 특별한 사정이 있다고 판단하는 경우에는 그러하지 아니한다.
- 시장·군수·구청장은 장애인복지시설을 운영하려는 자에 대하여 본인의 동의를 받아 관계 기관의 장에게 성범죄 경력 조회를 요청하여야 한다. 다만, 장애인복지시설을 운영하려는 자가 성범죄 경력 조회 회신서를 시장·

군수·구청장에게 직접 제출한 경우에는 성범죄의 경력 조회를 한 것으로 본다.

- 장애인복지시설 운영자는 그 시설에 취업 중이거나 사실상 노무를 제공 중인 사람 또는 취업하려 하거나 사실상 노무를 제공하려는 사람에 대하여 성범죄의 경력을 확인하여야 하며, 이 경우 본인의 동의를 받아 관계 기관의 장에게 성범죄의 경력 조회를 요청하여야 한다. 다만, 취업자 등이 성범죄 경력 조회 회신서를 장애인복지시설 운영자에게 직접 제출한 경우에는 성범죄의 경력 조회를 한 것으로 본다.
- 시장·군수·구청장은 성범죄로 취업제한명령을 선고받은 사람이 장애인복지시설을 운영하거나 장애인복지시설에 취업 또는 사실상 노무를 제공하고 있는지를 직접 또는 관계 기관 조회 등의 방법으로 연 1회 이상 확인·점검하여야 하며 필요한 경우에는 장애인복지시설 운영자에게 관련 자료의 제출을 요구할 수 있다.
- 시장·군수·구청장은 취업제한명령을 위반하여 장애인복지시설을 운영 중인 장애인복지시설 운영자에게 운영 중인 장애인복지시설의 폐쇄를 요구해야 하며, 취업제한명령을 위반하여 취업하거나 사실상 노무를 제공하는 사람이 있으면 해당 장애인복지시설 운영자에게 그의 해임을 요구하여야 한다.

### (2) 장애인학대 신고의무와 설치(동법 제59조의4)

① 누구든지 장애인학대 및 장애인 대상 성범죄를 알게 된 때에는 중앙장애인권익옹호기관 또는 지역장애인권익옹호기관이나 수사기관에 신고할 수 있으며 다음 어느 하나에 해당하는 사람은 그 직무상 장애인학대 및 장애인 대상 성범죄를 알게 된 경우에는 지체 없이 장애인권익옹호기관 또는 수사기관에 신고하여야 한다. 또한 소관 중앙행정기관의 장은 다음 어느 하나에 해당하는 사람의 자격 취득 과정이나 보수교육 과정에 장애인학대 및 장애인 대상 성범죄 예방 및 신고의무에 관한 교육 내용을 포함하도록 하여야 한다.

- 사회복지 전담공무원 및 사회복지시설의 장과 그 종사자
- 활동지원인력 및 활동지원기관의 장과 그 종사자
- 의료인 및 의료기관의 장
- 의료기사
- 응급구조사
- 119구급대의 대원
- 정신건강복지센터, 정신의료기관, 정신요양시설 및 정신재활시설의 장과 그 종사자
- 어린이집의 원장 등 보육교직원
- 유아교육법, 초·중등교육법에 따른 교직원 및 강사, 학교의 장과 그 종사자
- 학원의 운영자·강사·직원 및 교습소의 교습자·직원
- 성폭력피해상담소, 성폭력피해자보호시설, 성폭력피해자통합지원센터의 장과 그 종사자
- 「성매매방지 및 피해자보호 등에 관한 법률」 제9조에 따른 지원시설의 장과 그 종사자 및 성매매피해상담소의 장과 그 종사자
- 가정폭력 관련 상담소의 장과 그 종사자 및 가정폭력피해자 보호시설의 장과 그 종사자
- 건강가정지원센터의 장과 그 종사자
- 다문화가족지원센터의 장과 그 종사자
- 아동권리보장원 및 가정위탁지원센터의 장과 그 종사자
- 한부모가족복지시설의 장과 그 종사자
- 청소년시설 및 청소년단체의 장과 그 종사자
- 청소년 보호·재활센터의 장과 그 종사자
- 노인장기요양보험법에 따른 장기요양요원 및 장기요양인정 신청의 조사를 하는 자
- 평생교육법에 따른 장애인평생교육시설의 장과 그 종사자

### (3) 보조인의 선임

학대받은 장애인의 법정대리인, 직계친족, 형제자매, 장애인권익옹호기관의 상담원 또는 변호사는 장애인학대사건의 심리에 있어서 보조인이 될 수 있다. 다만, 변호사가 아닌 경우에는 법원의 허가를 받아야 한다. 법원은 학대받은 장애인을 증인으로 신문하는 경우 본인 또는 검사의 신청이 있는 때에는 본인과 신뢰관계에 있는 사람의 동석을 허가할 수 있다(동법 제59조의8).

### (4) 금지행위

누구든지 다음 어느 하나에 해당하는 행위를 하여서는 아니 된다(동법 제59조의9).

- 장애인에게 성적 수치심을 주는 성희롱·성폭력 등의 행위
- 장애인의 신체에 폭행을 가하거나 상해를 입히는 행위
- 장애인을 폭행, 협박, 감금, 그 밖에 정신상 또는 신체상의 자유를 부당하게 구속하는 수단으로써 장애인의 자유의사에 어긋나는 노동을 강요하는 행위
- 자신의 보호·감독을 받는 장애인을 유기하거나 의식주를 포함한 기본적 보호 및 치료를 소홀히 하는 방임행위
- 장애인에게 구걸을 하게 하거나 장애인을 이용하여 구걸하는 행위
- 장애인을 체포 또는 감금하는 행위
- 장애인의 정신건강 및 발달에 해를 끼치는 정서적 학대행위
- 장애인을 위하여 증여 또는 급여된 금품을 그 목적 외의 용도에 사용하는 행위
- 공중의 오락 또는 흥행을 목적으로 장애인의 건강 또는 안전에 유해한 곡예를 시키는 행위

### (5) 장애인학대의 예방과 방지 의무

국가와 지방자치단체는 장애인학대의 예방과 방지를 위하여 다음 사항의 조치를 취하여야 한다(동법 제59조의10).

- 장애인학대의 예방과 방지를 위한 각종 정책의 수립 및 시행
- 장애인학대의 예방과 방지를 위한 연구·교육·홍보와 장애인학대 현황

조사

- 장애인학대에 관한 신고체계의 구축・운영
- 장애인학대로 인하여 피해를 입은 장애인의 보호 및 치료와 피해장애인의 가정에 대한 지원
- 장애인학대 예방 관계 기관・법인・단체・시설 등에 대한 지원
- 그 밖에 대통령령으로 정하는 장애인학대의 예방과 방지를 위한 사항

### 6) 장애인복지 전문인력 양성

국가와 지방자치단체 그 밖의 공공단체는 의지・보조기 기사, 언어재활사, 장애인재활상담사, 한국수어 통역사, 점역(點譯)・교정사 등 장애인복지 전문인력, 그 밖에 장애인복지에 관한 업무에 종사하는 자를 양성・훈련하는 데에 노력해야 한다(동법 제71조). 의지・보조기 기사, 언어재활사 및 장애인재활상담사의 국가시험은 보건복지부장관이 실시하되, 국가시험의 실시에 관한 업무를 한국보건의료인 국가시험원에 위탁할 수 있다(동법 제73조).

### 7) 비 용

#### (1) 비용의 부담(동법 제79조)

의료비의 지급, 자녀교육비의 지급, 자립훈련비의 지급, 장애수당의 지급, 장애아동수당 및 보호수당의 지급, 활동지원급여의 지원, 장애인복지시설의 설치・운영에 드는 비용은 예산의 범위 안에서 대통령령으로 정하는 바에 따라 장애인복지실시기관이 부담하게 할 수 있다.

국가와 지방자치단체는 장애인이 장애인복지시설을 이용하는 데 드는 비용의 전부 또는 일부를 부담할 수 있으며, 시설 이용자의 자산과 소득을 고려하여 본인부담금을 부과할 수 있으며 이 경우 본인부담금에 관한 사항은 대통령령으로 정한다.

### (2) 비용의 수납

재활 상담 등의 조치에 필요한 비용을 부담한 장애인복지실시기관은 해당 장애인 또는 그 부양의무자로부터 대통령령으로 정하는 바에 따라 장애인복지실시기관이 부담한 비용의 전부 또는 일부를 받을 수 있다(동법 제80조).

### (3) 비용의 보조

국가와 지방자치단체는 대통령령으로 정하는 바에 따라 장애인복지시설의 설치·운영에 필요한 비용의 전부 또는 일부를 보조할 수 있다(동법 제81조).

### 8) 심사청구

장애인이나 법정대리인 등은 이 법에 따른 복지조치에 이의가 있으면 해당 장애인복지실시기관에 이의신청을 할 수 있다. 이의신청은 복지조치가 있음을 안 날부터 90일 이내에 문서로 하여야 한다. 다만, 정당한 사유로 인하여 그 기간 이내에 이의신청을 할 수 없었음을 증명한 때에는 그 사유가 소멸한 날부터 60일 이내에 이의신청을 할 수 있다. 장애인복지실시기관은 이의신청을 받은 때에는 30일 이내에 심사·결정하여 신청인에게 통보하여야 한다. 이의신청의 심사·결정에 이의가 있는 자는 행정심판을 제기할 수 있다(동법 제84조).

## 제3절 아동복지법(2024. 2. 9. 개정 시행)

## 1. 아동복지법의 입법배경과 연혁

우리나라의 현대적인 아동복지법은 1961년 12월 30일 아동복리법의 제정으로 시작되었다. 1945~1960년까지 해방 후 한국전쟁으로 인해 수많은 전쟁고아 및 장애아 등 요보호아동이 발생하였고 이들에 대한 국가 차원의 보호대책이 요구되기 시작했다. 그러나 이 시기에는 주로 긴급한 상황에 대한 응급구호적인 법과 제도가 실시되었고 재정적 지원은 정부가 아닌 외원에 의해 대부분 이루어졌다. 따라서 1960년대 이전까지의 아동복지는 전문적이고 체계화된 국가책임의 서비스가 아닌 외원단체에 의한 일시적인 구호활동에 지나지 않았다.

1960년부터 국가의 아동복지사업이 요보호 아동을 중심으로 시작되었는데, 1961년 아동복리법과 생활보호법, 고아입양특례법 등이 제정되면서 국가의 책임원칙이 법제화되었다.

1981년 4월 13일 아동복리법은 전문 개정하여 아동복지법으로 제정되었다. 종전의 아동복리법이 요보호 아동 중심의 구호적 성격으로 소극적인 복지제공에 중점을 두고 있어 그동안의 경제·사회의 발전에 따라 발생한 사회적 복지요구에 부응하지 못하였다. 이에 요보호 아동뿐만 아니라 일반 아동을 포함한 전체 아동의 복지를 보장하고 특히 유아기에 있어서의 기본적 인격 및 특성과 능력개발을 촉진하기 위한 여건을 조성할 수 있도록 하기 위해 아동복지법이 제정되었다.

2000년 1월 12일 전면 개정된 아동복지법에는 심각한 사회문제로 대두된 아동학대에 대한 보호와 아동안전에 대한 제도적 지원을 강화하는 데 중점을 두어 아동복지지도원을 별정직공무원에서 사회복지전담공무원으로 그 신분을 변경하고, 아동학대에 대한 정의와 금지유형을 명확히 규정하며, 아동학대에 대한 신고를 의무화하였다.

2004년 1월 29일 개정에서는 아동의 권리증진과 건강한 출생 및 성장을 위해 종합적인 아동정책을 수립하고 관계부처의 의견을 조정하며 그 정책의 이행을 감독하고 평가하기 위하여 국무총리 소속하에 아동정책조정위원회를 두도록 하고, 상습적으로 아동학대행위를 한 자 등에 대한 형을 2분의 1까지 가중하도록 하였다.

2006년 9월 27일의 개정은 국가나 지방자치단체가 인종차별금지에 필요한 시책을 강구하도록 하고, 아동을 대상으로 하는 성폭력 피해를 줄이기 위하여 성폭력예방교육을 실시하도록 하였다. 또한 아동의 안전하고 건전한 성장환경을 조성하기 위해 아동학대 신고의무자의 범위에 유치원·학원·교습소의 운영자·교직원·종사자 등과 구급대의 대원을 추가하였다.

2011년 8월 4일 전면개정은 수요자 중심의 정책수립을 위해 아동종합실태조사를 5년마다 시행하여 그 결과를 바탕으로 아동정책기본계획을 수립·시행하고, 아동학대의 예방과 방지, 아동학대행위자의 계도를 위한 교육 등에 관한 홍보영상을 방송할 수 있도록 하며, 아동복지서비스의 안정적 추진을 위한 근거와 아동정책을 효과적으로 수행하기 위한 정책적 기반을 마련하고자 하였다.

2014년 1월 28일의 개정은 아동학대에 대한 강력한 대처 및 예방을 위하여 제정된 「아동학대범죄의 처벌 등에 관한 특례법」에 따라 관련 조문을 정비하고, 아동학대 관련 범죄전력자가 아동 관련 기관에 취업하는 것을 10년 동안 제한하는 등 아동학대의 예방 및 피해자 지원에 관한 내용을 정하였다.

2019년 1월 15일 개정에서는 아동권리보장원을 설립하여 보호가 필요한 아동이 발견되어 보호종료 이후까지 이어지는 전 과정을 총괄적·체계적으로 지원하도록 하였다. 아동학대 관련 정보 관리를 위해 운영 중인 국가아동학대정보시스템을 중앙아동보호전문기관에서 사회보장정보원으로 위탁기관을 변경하여 정보시스템 관리·운영에 전문성을 강화하였다. 또한 돌봄에 대한 사회적 요구가 증가하고 초등학생의 방과 후 심각한 돌봄공백 문제 해결을 위하여 시·도지사 및 시장·군수·구청장이 다함께돌봄센터를 설치·운영할 수 있는 법적 근거를 마련하였다.

2020년 4월 7일 개정에서는 아동학대로 인한 중상해, 사망 등 심각한 아동학대 사건이 지속적으로 발생·증가함에 따라 시·도지사 또는 시장·군수·구청장이 아동학대전담공무원을 두고 아동학대 조사업무 등을 수행하게 하며, 조사 후에는 피해아동보호계획을 수립하도록 하는 등 아동학대 조사체계를 공공중심으로 개편하여 조사의 내실화와 함께 아동보호를 강화하였다. 또한 아동학대 관련 범죄로 형 또는 치료감호를 선고받은 자의 취업제한대상기관을 추가하고, 아동학대 예방 등을 위한 홍보영상 송출범위를 확대하는 등 현행 제도의 운영상 나타난 일부 미비점을 개선·보완하였다.

2020년 12월 29일 개정에서는 아동학대 예방 및 아동보호체계를 강화하기 위해 학대 고위험군 아동을 예측하는 시스템인 'e아동행복지원시스템'의 구축 근거를 마련하고, 학대 고위험군 아동 정보를 토대로 보건복지부장관 및 시장·군수·구청장으로 하여금 양육환경 조사, 복지서비스 제공, 수사기관 또는 아동보호전문기관과의 연계 등의 조치를 실시하도록 하며, 보건복지부·교육부·지방자치단체 등 관계 부처 간 학대 고위험군 아동에 대한 정보공유를 강화하였다. 또한 원가정 보호원칙을 개선하기 위해 아동학대가 강하게 의심되고, 피해아동에 대한 조사를 위해 필요한 경우 보호자로부터 피해아동을 즉시 분리할 수 있는 제도를 마련하고, 시장·군수·구청장이 보호대상아동의 가정복귀 여부를 결정할 때 아동보호전문기관의 장, 아동을 상담·치료한 의사 등의 의견을 존중하도록 하며, 아동학대행위자가 상담·교육·심리적 치료 등을 받지 않은 경우에는 원가정 복귀를 취소할 수 있도록 하였다.

2021년 12월 21일 개정에서는 보호종료아동에 대한 체계적인 지원이 이루어질 수 있도록 보호대상아동의 의사를 존중하여 아동복지시설 등에서의 보호조치 기간을 최대 24세까지로 연장할 수 있도록 하고, 보호종료아동 실태조사 관련 규정을 법률에 명시하여 조사의 내실화를 기하며, 자립지원전담기관 설치·운영 근거와 보호종료아동에 대한 자립정착금 및 자립수당 지급근거 등을 마련하였다. 그 외에 시의성 있는 아동복지정책 수립을 위해 아동종합실태조사의 실시주기를 5년에서 3년으로 변경하며, 국가와 지방자치단체로 하여금 보호대상아동의 위탁 보호 종료 또는 아동복지시설 퇴소 이후의 자립을 지원하기 위하여 자립지원전담기관을 설치·운영할 수 있도록 하고, 자립지원전담기관을 아동복지시설의 종류로 추가하였다.

2024년 2월 6일 개정에서는 지방자치단체의 장이 보호대상아동에 대해 보호조치 또는 일시보호조치를 실시하는 경우 해당 아동에게 보호조치 과정과 목적, 예상기간 등을 충분히 이해할 수 있게 설명하도록 하고, 보호조치가 종료되거나 시설에서 퇴소한 사람이 대학 재학 중인 경우 등의 사유로 25세가 되기 전에 다시 보호조치를 희망하는 경우 보호조치를 받을 수 있도록 하며, 아동학대 관련 범죄로 형 또는 치료감호를 선고받은 경우 일정 기간 취업을 제한하는 기관에 산후조리원을 추가하는 등 현행 제도의 운영상 나타난 일부 미비점을 개선·보완하였다.

## 2. 아동복지법의 목적 및 기본 이념

### 1) 아동복지법의 목적

아동복지법은 아동이 건강하게 출생하여 행복하고 안전하게 자랄 수 있도록 아동의 복지를 보장하는 것을 목적으로 한다(동법 제1조).

### 2) 기본 이념(동법 제2조)

① 아동은 자신 또는 부모의 성별, 연령, 종교, 사회적 신분, 재산, 장애유무, 출생지역, 인종 등에 따른 어떠한 종류의 차별도 받지 아니하고 자라나야 한다.

② 아동은 완전하고 조화로운 인격발달을 위하여 안정된 가정환경에서 행복하게 자라나야 한다.

③ 아동에 관한 모든 활동에 있어서 아동의 이익이 최우선적으로 고려되어야 한다.

④ 아동은 아동의 권리보장과 복지증진을 위하여 이 법에 따른 보호와 지원을 받을 권리를 가진다.

## 3. 아동복지법의 주요 내용

### 1) 아동복지법의 용어(동법 제3조)

- 아동이란 18세 미만인 사람을 말한다.

- 아동복지란 아동이 행복한 삶을 누릴 수 있는 기본적인 여건을 조성하고 조화롭게 성장·발달할 수 있도록 하기 위한 경제적·사회적·정서적 지원을 말한다.
- 보호자란 친권자, 후견인, 아동을 보호·양육·교육하거나 그러한 의무가 있는 자 또는 업무·고용 등의 관계로 사실상 아동을 보호·감독하는 자를 말한다.
- 보호대상아동이란 보호자가 없거나 보호자로부터 이탈된 아동 또는 보호자가 아동을 학대하는 경우 등 그 보호자가 아동을 양육하기에 적당하지 아니하거나 양육할 능력이 없는 경우의 아동을 말한다.
- 지원대상아동이란 아동이 조화롭고 건강하게 성장하는 데에 필요한 기초적인 조건이 갖추어지지 아니하여 사회적·경제적·정서적 지원이 필요한 아동을 말한다.
- 가정위탁이란 보호대상아동의 보호를 위하여 성범죄, 가정폭력, 아동학대, 정신질환 등의 전력이 없는 보건복지부령으로 정하는 기준에 적합한 가정에 보호대상아동을 일정 기간 위탁하는 것을 말한다.
- 아동학대란 보호자를 포함한 성인이 아동의 건강 또는 복지를 해치거나 정상적 발달을 저해할 수 있는 신체적·정신적·성적 폭력이나 가혹행위를 하는 것과 아동의 보호자가 아동을 유기하거나 방임하는 것을 말한다.
- 아동학대 관련 범죄란 「아동학대범죄의 처벌 등에 관한 특례법」 제2조 제4호에 따른 아동학대범죄, 아동에 대한 형법 제2편 제24장 살인의 죄 중 제250조부터 제255조까지의 죄를 말한다.
- 피해아동이란 아동학대로 인하여 피해를 입은 아동을 말한다.
- 아동복지시설이란 제50조에 따라 설치된 시설을 말한다.
- 아동복지시설 종사자란 아동복지시설에서 아동의 상담·지도·치료·양육, 그 밖에 아동의 복지에 관한 업무를 담당하는 사람을 말한다.

### 2) 책임주체

#### (1) 국가와 지방자치단체의 책무(동법 제4조)

- 국가와 지방자치단체는 아동의 안전·건강 및 복지 증진을 위하여 아동과 그 보호자 및 가정을 지원하기 위한 정책을 수립·시행하여야 한다.
- 국가와 지방자치단체는 보호대상아동 및 지원대상아동의 권익을 증진하기 위한 정책을 수립·시행하여야 한다.
- 국가와 지방자치단체는 아동이 태어난 가정에서 성장할 수 있도록 지원하고, 아동이 태어난 가정에서 성장할 수 없을 때에는 가정과 유사한 환경에서 성장할 수 있도록 조치하며, 아동을 가정에서 분리하여 보호할 경우에는 신속히 가정으로 복귀할 수 있도록 지원하여야 한다.
- 국가와 지방자치단체는 장애아동의 권익을 보호하기 위하여 필요한 시책을 강구하여야 한다.
- 국가와 지방자치단체는 아동이 자신 또는 부모의 성별, 연령, 종교, 사회적 신분, 재산, 장애유무, 출생지역 또는 인종 등에 따른 어떠한 종류의 차별도 받지 아니하도록 필요한 시책을 강구하여야 한다.
- 국가와 지방자치단체는 「아동의 권리에 관한 협약」에서 규정한 아동의 권리 및 복지 증진 등을 위하여 필요한 시책을 수립·시행하고, 이에 필요한 교육과 홍보를 하여야 한다.
- 국가와 지방자치단체는 아동의 보호자가 아동을 행복하고 안전하게 양육하기 위하여 필요한 교육을 지원하여야 한다.

#### (2) 보호자 등의 책무(동법 제5조)

- 아동의 보호자는 아동을 가정에서 그의 성장 시기에 맞추어 건강하고 안전하게 양육하여야 한다.
- 아동의 보호자는 아동에게 신체적 고통이나 폭언 등의 정신적 고통을 가하여서는 아니 된다.
- 모든 국민은 아동의 권익과 안전을 존중하여야 하며, 아동을 건강하게 양육하여야 한다.

### 3) 아동 정책의 기본 계획

보건복지부장관은 아동정책의 효율적인 추진을 위하여 5년마다 아동정책 기본 계획을 수립하여야 한다. 기본 계획에는 이전의 기본 계획에 관한 분석·평가, 아동정책에 관한 기본 방향 및 추진목표, 주요 추진과제 및 추진방법, 재원 조달방안 등이 포함되어야 한다(동법 제7조).

### 4) 아동보호를 위한 절대적 금지 행위(동법 제17조)

- 아동을 매매하는 행위
- 아동에게 음란한 행위를 시키거나 이를 매개하는 행위 또는 아동에게 성적 수치심을 주는 성희롱 등의 성적 학대행위
- 아동의 신체에 손상을 주거나 신체의 건강 및 발달을 해치는 신체적 학대행위
- 아동의 정신건강 및 발달에 해를 끼치는 정서적 학대행위
- 자신의 보호·감독을 받는 아동을 유기하거나 의식주를 포함한 기본적 보호·양육·치료 및 교육을 소홀히 하는 방임행위
- 장애를 가진 아동을 공중에 관람시키는 행위
- 아동에게 구걸을 시키거나 아동을 이용하여 구걸하는 행위
- 공중의 오락 또는 흥행을 목적으로 아동의 건강 또는 안전에 유해한 곡예를 시키는 행위 또는 이를 위하여 아동을 제3자에게 인도하는 행위
- 정당한 권한을 가진 알선기관 외의 자가 아동의 양육을 알선하고 금품을 취득하거나 금품을 요구 또는 약속하는 행위
- 아동을 위하여 증여 또는 급여된 금품을 그 목적 외의 용도로 사용하는 행위

### 5) 아동학대 예방과 방지

#### (1) 국가와 지방자치단체의 조치

국가와 지방자치단체는 아동학대의 예방과 방지를 위하여 첫째, 아동학대의

예방과 방지를 위한 각종 정책의 수립 및 시행, 둘째, 아동학대의 예방과 방지를 위한 연구·교육·홍보 및 아동학대 실태조사, 셋째, 아동학대에 관한 신고체제의 구축·운영, 넷째, 피해아동의 보호와 치료 및 피해아동의 가정에 대한 지원, 다섯째, 그 밖에 대통령령으로 정하는 아동학대의 예방과 방지를 위한 사항 등의 조치를 취하여야 한다(동법 제22조 제1항).

### (2) 아동권리보장원의 업무

아동권리보장원은 아동학대 예방사업의 활성화 등을 위하여 첫째, 아동보호전문기관에 대한 지원, 둘째, 아동학대예방사업과 관련된 연구 및 자료 발간, 셋째, 효율적인 아동학대예방사업을 위한 연계체계 구축, 넷째, 아동학대예방사업을 위한 프로그램 개발 및 평가, 다섯째, 아동보호전문기관·학대피해아동쉼터 직원 및 아동학대전담공무원 직무교육, 아동학대예방 관련 교육 및 홍보, 여섯째, 아동보호전문기관 전산시스템 구축 및 운영, 그 밖에 대통령령으로 정하는 아동학대예방사업과 관련된 업무를 수행하며 필요한 경우 국가아동학대정보시스템의 아동학대 관련 정보 또는 자료를 활용할 수 있다(동법 제22조 제3항).

### (3) 아동 관련 기관의 취업제한 등(동법 제29조의3)

- 법원은 아동학대 관련 범죄로 형 또는 치료감호를 선고하는 경우에는 판결로 그 형 또는 치료감호의 전부 또는 일부의 집행을 종료하거나 집행이 유예·면제된 날(벌금형을 선고받은 경우에는 그 형이 확정된 날)부터 10년을 초과하지 않는 기간 동안 아동관련 시설 또는 기관을 운영하거나 취업 또는 사실상 노무를 제공할 수 없도록 하는 명령(취업제한명령)을 아동학대관련 범죄 사건의 판결과 동시에 선고하여야 한다.
- 아동관련 기관은 아동권리보장원, 아동보호전문기관, 가정위탁지원센터 및 아동복지시설, 긴급전화센터, 가정폭력 관련 상담소, 가정폭력피해자 보호시설, 건강가정지원센터, 다문화가족지원센터, 성매매피해상담소, 성폭력피해자보호시설, 성폭력피해자통합지원센터, 어린이집, 유치원, 의료기관, 장애인복지시설, 정신건강복지센터, 정신건강증진시설, 정신요양시설 및

정신재활시설, 공공주택의 관리사무소(경비업무 종사자에 한함), 청소년시설, 청소년단체, 청소년상담복지센터, 이주배경청소년지원센터 및 청소년쉼터, 청소년자립지원관, 청소년치료재활센터, 청소년보호·재활센터, 체육시설, 교육기관, 학원·교습소, 한부모가족복지시설, 아동보호전문기관 또는 학대피해아동쉼터를 운영하는 법인, 소년원 및 소년분류심사원, 아동인권, 아동복지 등 아동을 위한 사업을 수행하는 비영리 법인 등이다. 다만, 재범의 위험성이 현저히 낮은 경우나 그 밖에 취업을 제한하여서는 아니되는 특별한 사정이 있다고 판단하는 경우에는 그러하지 아니하다.

- 아동 관련 기관의 설치 또는 설립인가·허가·신고를 관할하는 중앙행정기관의 장, 지방자치단체의 장, 교육감 또는 교육장은 아동 관련 기관을 운영하려는 자에 대하여 본인의 동의를 받아 관계 기관의 장에게 아동학대 관련 범죄 전력 조회를 요청하여야 한다. 또한 아동 관련 기관의 장은 그 기관에 취업 중이거나 사실상 노무를 제공 중인 사람 또는 취업하려 하거나 사실상 노무를 제공하려는 자에 대하여 아동학대 관련 범죄 전력을 확인하여야 하며, 이 경우 본인의 동의를 받아 관계 기관의 장에게 아동학대 관련 범죄 전력 조회를 요청하여야 한다.

### 6) 보호조치기관

#### (1) 보건복지부장관 및 지방자치단체의 장

보건복지부장관과 지방자치단체의 장은 아동복지법상의 제반 보호조치와 시설의 입소 등의 아동복지시설의 책임자로서 역할을 수행한다.

#### (2) 아동복지전담공무원(동법 제13조)

- 아동복지에 관한 업무를 담당하기 위하여 특별시·광역시·도·특별자치도 및 시·군·구에 각각 아동복지전담공무원을 둘 수 있다.
- 전담공무원은 사회복지사의 자격을 가진 사람으로 하고 그 임용 등에 필요한 사항은 해당 시·도 및 시·군·구의 조례로 정한다.

- 전담공무원은 아동에 대한 상담 및 보호조치, 가정환경에 대한 조사, 아동복지시설에 대한 지도·감독, 아동범죄 예방을 위한 현장 확인 및 지도·감독 등 지역 단위에서 아동의 복지증진을 위한 업무를 수행한다.
- 관계 행정기관, 아동복지시설 및 아동복지단체를 설치·운영하는 자는 전담공무원이 협조를 요청하는 경우 정당한 사유가 없는 한 이에 따라야 한다.

### (3) 아동위원(동법 제14조)

- 시·군·구에 아동위원을 둔다.
- 아동위원은 그 관할 구역의 아동에 대하여 항상 그 생활상태 및 가정환경을 상세히 파악하고 아동복지에 필요한 원조와 지도를 행하며 전담공무원 및 관계 행정기관과 협력하여야 한다.
- 아동위원은 그 업무의 원활한 수행을 위하여 적절한 교육을 받을 수 있다.
- 아동위원은 명예직으로 하되, 아동위원에 대하여는 수당을 지급할 수 있다.
- 그 밖에 아동위원에 관한 사항은 해당 시·군·구의 조례로 정한다.

### (4) 보건소

보건소는 아동의 전염병 예방조치, 아동의 건강 상담 및 신체검사와 보건위생에 관한 지도, 아동의 영양개선의 업무를 행한다(동법 제36조).

### (5) 아동종합실태조사

보건복지부장관은 3년마다 아동의 양육 및 생활환경, 언어 및 인지 발달, 정서적·신체적 건강, 아동안전, 아동학대 등 아동의 종합실태를 조사하여 그 결과를 공표하고, 이를 기본 계획과 시행계획에 반영하여야 한다. 다만, 보건복지부장관은 필요한 경우 보건복지부령으로 정하는 바에 따라 분야별 실태조사를 할 수 있다. 또한 실태조사를 위하여 관계 기관·법인·단체·시설의 장에게 필요한 자료의 제출 또는 의견의 진술을 요청할 수 있으며 요청을 받은 자는 정당한 사유가 없으면 이에 협조하여야 한다(동법 제11조).

### 7) 보호조치(동법 제15조)

① 시・도지사 또는 시장・군수・구청장은 그 관할 구역에서 보호대상아동을 발견하거나 보호자의 의뢰를 받은 때에는 아동의 최상의 이익을 위하여 대통령령으로 정하는 바에 따라 다음 사항에 해당하는 보호조치를 하여야 한다.

- 전담공무원 또는 아동위원에게 보호대상아동 또는 그 보호자에 대한 상담・지도를 수행하게 하는 것
- 친족에 해당하는 사람의 그 가정에서 아동을 보호・양육할 수 있도록 필요한 조치를 하는 것
- 보호대상아동을 적합한 유형의 가정에 위탁하여 보호・양육할 수 있도록 조치하는 것
- 보호대상아동을 그 보호조치에 적합한 아동복지시설에 입소시키는 것
- 약물 및 알콜 중독, 정서・행동・발달 장애, 성폭력・아동학대 피해 등으로 특수한 치료나 요양 등의 보호를 필요로 하는 아동을 전문치료기관 또는 요양소에 입원 또는 입소시키는 것
- 입양특례법에 따른 입양과 관련하여 필요한 조치를 하는 것

② 시・도지사 또는 시장・군수・구청장 이외의 자가 보호대상아동을 발견하거나 보호자의 의뢰를 받은 때에는 지체 없이 시・도지사 또는 시장・군수・구청장에게 보호조치를 의뢰하여야 한다.

③ 시・도지사 또는 시장・군수・구청장은 보호조치가 적합하지 아니한 보호대상아동에 대하여 보호조치를 하기 전에 보호대상아동에 대한 상담, 건강검진, 심리검사 및 가정환경에 대한 조사를 실시하고, 보호대상아동에게 보호조치 과정과 목적, 예상기간 등 보건복지부령으로 정하는 사항을 충분히 이해할 수 있도록 설명하여야 한다.

④ 시・도지사 또는 시장・군수・구청장은 보호대상아동에 대하여 개별 보호・관리 계획을 세워 보호하여야 하며, 그 계획을 수립할 때 해당 보호대상아동의 보호자를 참여시킬 수 있다.

⑤ 시 · 도지사 또는 시장 · 군수 · 구청장은 해당 보호대상아동의 의사를 존중하여야 하며, 보호자가 있을 때에는 그 의견을 들어야 한다. 다만, 아동의 보호자가 「아동학대범죄의 처벌 등에 관한 특례법」의 아동학대행위자인 경우에는 제외된다.

⑥ 시 · 도지사 또는 시장 · 군수 · 구청장은 보호조치를 할 때까지 필요하면 아동일시보호시설 또는 학대피해아동쉼터에 보호대상아동을 입소시켜 보호하거나, 적합한 위탁가정 또는 적당하다고 인정하는 자에게 일시 위탁하여 보호하게 할 수 있다.

⑦ 시 · 도지사 또는 시장 · 군수 · 구청장은 그 관할 구역에서 약물 및 알코올 중독, 정서 · 행동 · 발달 장애 등의 문제를 일으킬 가능성이 있는 아동의 가정에 대하여 예방 차원의 적절한 조치를 강구하여야 한다.

⑧ 누구든지 보호조치 및 일시보호조치와 관련하여 그 대상이 되는 아동복지시설의 종사자를 신체적 · 정신적으로 위협하는 행위를 하여서는 아니 된다.

⑨ 시 · 도지사 또는 시장 · 군수 · 구청장은 아동의 가정위탁보호를 희망하는 사람에 대하여 범죄경력을 확인하여야 한다. 이 경우 본인의 동의를 받아 관계 기관의 장에게 범죄의 경력 조회를 요청하여야 한다.

⑩ 보장원의 장 또는 가정위탁지원센터의 장은 위탁아동, 가정위탁보호를 희망하는 사람, 위탁아동의 부모 등의 신원확인 등의 조치를 시 · 도지사 또는 시장 · 군수 · 구청장에게 협조 요청할 수 있으며, 요청을 받은 시 · 도지사 또는 시장 · 군수 · 구청장은 정당한 사유가 없는 한 이에 응하여야 한다.

### 8) 아동복지시설의 설치와 운영

#### (1) 설치

국가 또는 지방자치단체는 아동복지시설을 설치할 수 있으며 국가 또는 지방자치단체 외의 자는 관할 시장 · 군수 · 구청장에게 신고하고 아동복지시설을 설치할 수 있다. 시장·군수·구청장은 신고를 받은 경우 그 내용을 검토하여 이 법에 적합하면 신고를 수리하여야 하며 아동복지시설의 시설기준 및 설치 등에 필요한 사항은 보건복지부령으로 정한다(동법 제50조).

### (2) 종류(동법 제52조)

① 아동복지시설의 종류

- **아동양육시설** : 보호대상아동을 입소시켜 보호, 양육 및 취업훈련, 자립지원 서비스 등을 제공하는 것을 목적으로 하는 시설
- **아동일시보호시설** : 보호대상아동을 일시보호하고 아동에 대한 향후의 양육대책수립 및 보호조치를 행하는 것을 목적으로 하는 시설
- **아동보호치료시설** : 아동에게 보호 및 치료 서비스를 제공하는 시설
- **공동생활가정** : 보호대상아동에게 가정과 같은 주거여건과 보호, 양육, 자립지원 서비스를 제공하는 것을 목적으로 하는 시설
- **자립지원시설** : 아동복지시설에서 퇴소한 사람에게 취업준비기간 또는 취업 후 일정 기간 동안 보호함으로써 자립을 지원하는 것을 목적으로 하는 시설
- **아동상담소** : 아동과 그 가족의 문제에 관한 상담, 치료, 예방 및 연구 등을 목적으로 하는 시설
- **아동전용시설** : 어린이공원, 어린이놀이터, 아동회관, 체육·연극·영화·과학실험전시 시설, 아동휴게숙박시설, 야영장 등 아동에게 건전한 놀이·오락, 그 밖의 각종 편의를 제공하여 심신의 건강유지와 복지증진에 필요한 서비스를 제공하는 것을 목적으로 하는 시설
- **지역아동센터** : 지역사회 아동의 보호·교육, 건전한 놀이와 오락의 제공, 보호자와 지역사회의 연계 등 아동의 건전육성을 위하여 종합적인 아동복지서비스를 제공하는 시설
- 아동보호전문기관, 가정위탁지원센터, 아동권리보장원, 자립지원전담기관, 학대피해아동쉼터

② 위에서 규정된 아동복지시설은 통합하여 설치할 수 있으며 각 시설 고유

의 목적 사업을 해치지 아니하고 각 시설별 설치기준 및 운영기준을 충족하는 경우 다음의 사업을 추가로 실시할 수 있다.

- 아동가정지원사업 : 지역사회아동의 건전한 발달을 위하여 아동, 가정, 지역주민에게 상담, 조언 및 정보를 제공하여 주는 사업
- 아동주간보호사업 : 부득이한 사유로 가정에서 낮 동안 보호를 받을 수 없는 아동을 대상으로 개별적인 보호와 교육을 통하여 아동의 건전한 성장을 도모하는 사업
- 아동전문상담사업 : 학교부적응아동 등을 대상으로 올바른 인격형성을 위한 상담, 치료 및 학교폭력예방을 실시하는 사업
- 학대아동보호사업 : 학대아동의 발견, 보호, 치료 및 아동학대의 예방 등을 전문적으로 실시하는 사업
- 공동생활가정사업 : 보호대상아동에게 가정과 같은 주거여건과 보호를 제공하는 것을 목적으로 하는 사업
- 방과 후 아동지도사업 : 저소득층 아동을 대상으로 방과 후 개별적인 보호와 교육을 통하여 건전한 인격형성을 목적으로 하는 사업

### (3) 시설장과 종사자

아동복지시설의 장은 보호아동의 권리를 최대한 보장하여야 하며, 친권자가 있는 경우 보호아동의 가정 복귀를 위하여 적절한 상담과 지도를 병행하여야 한다(동법 제57조). 아동복지시설에는 필요한 전문 인력을 배치하여야 하며 아동복지시설 종사자의 직종과 수, 그 자격 및 배치기준은 대통령령으로 정한다(동법 제54조).

## 9) 아동전용시설의 설치

국가와 지방자치단체는 아동이 항상 이용할 수 있는 아동전용시설을 설치하도록 노력하여야 한다. 아동이 이용할 수 있는 문화·오락 시설, 교통시설, 그 밖의 서비스시설 등을 설치·운영하는 자는 대통령령으로 정하는 바에 따라 아동의 이용편의를 고려한 편익설비를 갖추고 아동에 대한 입장료와 이용료

등을 감면할 수 있으며 아동전용시설의 설치기준 등에 필요한 사항은 보건복지부령으로 정한다(동법 제53조).

### 10) 아동보호전문기관의 설치와 운영

#### (1) 설치(동법 제45조)

- 지방자치단체는 학대받은 아동의 치료, 아동학대의 재발 방지 등 사례관리 및 아동학대예방을 담당하는 아동보호전문기관을 시·도 및 시·군·구에 1개소 이상 두어야 한다. 다만, 시·도지사는 관할 구역의 아동 수 및 지리적 요건을 고려하여 조례로 정하는 바에 따라 둘 이상의 시·군·구를 통합하여 하나의 아동보호전문기관을 설치·운영할 수 있다.
- 아동보호전문기관을 통합하여 설치·운영하는 경우 시·도지사는 아동보호전문기관의 설치·운영에 필요한 비용을 관할 구역의 아동의 수 등을 고려하여 시장·군수·구청장에게 공동으로 부담하게 할 수 있다.
- 시·도지사 및 시장·군수·구청장은 아동학대예방사업을 목적으로 하는 비영리법인을 지정하여 아동보호전문기관의 운영을 위탁할 수 있다.
- 아동보호전문기관의 설치기준과 운영, 상담원 등 직원의 자격과 배치기준, 지정의 요건 등에 필요한 사항은 대통령령으로 정한다.

#### (2) 아동보호전문기관의 업무(동법 제46조)

- 피해아동, 피해아동의 가족 및 아동학대행위자를 위한 상담·치료 및 교육
- 아동학대예방 교육 및 홍보
- 피해아동 가정의 사후관리
- 그 밖에 대통령령으로 정하는 아동학대예방사업과 관련된 업무

#### (3) 아동학대 신고의무자에 대한 교육(동법 제26조)

① 관계 중앙행정기관의 장은 아동학대 신고의무자의 자격 취득 과정이나 보수교육 과정에 아동학대 예방 및 신고의무와 관련된 교육 내용을 포함

하도록 해야 하며, 그 결과를 보건복지부장관에게 제출하여야 한다.

② 관계 중앙행정기관의 장 및 시・도지사는 아동학대 신고의무자에게 본인이 아동학대 신고의무자라는 사실을 고지할 수 있고, 아동학대 예방 및 신고의무와 관련한 교육을 실시할 수 있다.

③ 아동학대 신고의무자가 소속된 기관・시설 등의 장은 소속 아동학대 신고의무자에게 신고의무 교육을 실시하고, 그 결과를 관계 중앙행정기관의 장에게 제출하여야 한다.

### (4) 국가아동학대정보시스템(동법 제28조의2)

① 보건복지부장관은 아동학대 관련 정보를 공유하고 아동학대를 예방하기 위하여 대통령령으로 정하는 바에 따라 국가아동학대정보시스템을 구축・운영하여야 한다.

② 보건복지부장관은 피해아동, 그 가족 및 아동학대행위자에 관한 정보와 아동학대예방사업에 관한 정보를 국가아동학대정보시스템에 입력・관리하여야 한다.

- 시・도지사 및 시장・군수・구청장
- 판사, 검사 및 경찰관서의 장
- 영유아보육법에 따른 어린이집의 원장
- 유아교육법에 따른 유치원의 원장
- 초・중등교육법에 따른 학교의 장
- 아동학대 전담의료기관의 장
- 다함께돌봄센터의 장
- 아동복지시설의 장
- 「국내입양에 관한 특별법」 및 「국제입양에 관한 법률」에 따라 업무를 위탁받은 사회복지법인 및 단체의 장
- 그 밖에 대통령령으로 정하는 피해아동의 보호 및 지원 관련 기관 또는 단체의 장

③ 보건복지부장관은 제3항에 따른 요청이 있는 경우 아동정보시스템상의 해당 정보를 제공할 수 있다. 다만, 피해아동의 보호를 위하여 필요한 경우로서 대통령령으로 정하는 경우에는 정보의 제공을 제한할 수 있다.

④ 피해아동관련 정보를 취득한 사람은 목적 외로 해당 정보를 사용하거나 다른 사람에게 제공 또는 누설하여서는 아니 된다.

### 11) 가정위탁지원센터

#### (1) 가정위탁지원센터의 설치 및 업무

① 가정위탁지원센터의 설치(동법 제48조 제2항)

- 지방자치단체는 보호대상아동에 대한 가정위탁사업을 활성화하기 위하여 시·도 및 시·군·구에 가정위탁지원센터를 둔다. 다만, 시·도지사는 조례로 정하는 바에 따라 둘 이상의 시·군·구를 통합하여 하나의 가정위탁지원센터를 설치·운영할 수 있다.
- 가정위탁지원센터를 통합하여 설치·운영하는 경우 시·도지사는 가정위탁지원센터의 설치·운영에 필요한 비용을 관할 구역의 아동의 수 등을 고려하여 시장·군수·구청장에게 공동으로 부담하게 할 수 있다.
- 시·도지사 및 시장·군수·구청장은 가정위탁지원을 목적으로 하는 비영리법인을 지정하여 가정위탁지원센터의 운영을 위탁할 수 있다.
- 가정위탁지원센터의 설치기준과 운영, 상담원 등 직원의 자격과 배치기준 등에 필요한 사항은 대통령령으로 정한다.
- 아동권리보장원은 가정위탁사업의 활성화 등을 위하여 가정위탁지원센터에 대한 지원, 효과적인 가정위탁사업을 위한 지역 간 연계체계 구축, 가정위탁사업과 관련된 연구 및 자료발간, 가정위탁사업을 위한 프로그램의 개발 및 평가, 상담원에 대한 교육 등 가정위탁에 관한 교육 및 홍보, 가정위탁사업을 위한 정보기반 구축 및 정보 제공, 그 밖에 대통령령으로 정하는 가정위탁사업과 관련된 업무를 수행한다.

② 가정위탁지원센터의 업무(동법 제49조)

- 가정위탁사업의 홍보 및 가정위탁을 하고자 하는 가정의 발굴
- 가정위탁을 하고자 하는 가정에 대한 조사 및 가정위탁 대상 아동에 대한 상담
- 가정위탁을 하고자 하는 사람과 위탁가정 부모에 대한 교육
- 위탁가정의 사례관리
- 친부모 가정으로의 복귀 지원
- 가정위탁 아동의 자립계획 및 사례 관리
- 관할 구역 내 가정위탁 관련 정보 제공
- 그 밖에 대통령령으로 정하는 가정위탁과 관련된 업무

## 12) 기타 아동 관련 행정기관

### (1) 아동정책조정위원회(동법 제10조)

아동의 권리증진과 건강한 출생 및 성장을 위하여 종합적인 아동정책을 수립하고 관계 부처의 의견을 조정하며 그 정책의 이행을 감독하고 평가하기 위하여 국무총리 소속으로 아동정책조정위원회를 두며 위원회는 위원장(국무총리)을 포함한 25명 이내의 위원으로 구성한다.

### (2) 아동권리보장원

① 아동권리보장원의 설립(동법 제10조의2 제1항)

보건복지부장관은 아동정책에 대한 종합적인 수행과 아동복지 관련 사업의 효과적인 추진을 위하여 필요한 정책의 수립을 지원하고 사업평가 등의 업무를 수행할 수 있도록 아동권리보장원을 설립한다. 보장원은 법인으로 하고, 원장은 보건복지부장관이 임면한다.

② 아동권리보장원의 업무(동법 제10조의2 제2항)

- 아동정책 수립을 위한 자료 개발 및 정책 분석

- 아동정책기본계획 수립 및 시행계획 평가 지원
- 아동정책조정위원회 운영 지원
- 아동정책영향평가 지원
- 아동에 대한 보호조치, 사회보장정보시스템의 이용, 보호대상아동의 양육상황점검, 보호대상아동의 퇴소조치, 보호아동대상의 사후관리 등에 대한 기술지원
- 아동학대의 예방과 방지를 위한 사업(동법 제22조 제6항)
- 가정위탁사업 활성화 등을 위한 사업(동법 제48조 제6항)
- 지역 아동복지사업 및 아동복지시설의 원활한 운영을 위한 지원
- 입양특례법에 따른 국내입양 활성화 및 입양 사후관리를 위한 업무
- 아동 관련 조사 및 통계 구축
- 아동 관련 교육 및 홍보
- 아동 관련 해외정책 조사 및 사례분석
- 그 밖에 이 법 또는 다른 법령에 따라 보건복지부장관, 국가 또는 지방자치단체로부터 위탁받은 업무

#### (3) 아동복지심의위원회

시·도지사, 시장·군수·구청장은 아동정책 시행계획 수립 및 시행에 관한 사항, 보호조치 및 퇴소조치에 관한 사항 등을 심의하기 위하여 아동복지심의위원회를 각각 두며, 심의 업무를 효율적으로 수행하기 위하여 대통령령으로 정하는 바에 따라 심의위원회 소속으로 사례결정위원회를 두고, 사례결정위원회의 심의를 거친 사항은 심의위원회의 심의를 거친 사항으로 본다(동법 제12조).

### 13) 비 용

#### (1) 비용보조(동법 제59조)

국가 또는 지방자치단체는 대통령령으로 정하는 바에 따라 다음의 어느 하나에 해당하는 비용의 전부 또는 일부를 보조할 수 있다.

- 아동복지시설의 설치 및 운영과 프로그램의 운용에 필요한 비용 또는 수탁 보호 중인 아동의 양육 및 보호관리에 필요한 비용
- 보호대상아동의 가정위탁 보호에 따른 비용
- 아동복지사업의 지도, 감독, 계몽 및 홍보에 필요한 비용
- 신고의무 교육에 소요되는 비용
- 아동학대 피해에 대한 상담, 신체적 · 정신적 치료 등에 소요되는 비용
- 취약계층 아동에 대한 통합서비스지원에 필요한 비용
- 보호대상아동의 자립지원에 필요한 비용
- 자산형성지원사업에 필요한 비용
- 아동복지단체의 지도 · 육성에 필요한 비용

### (2) 국유 · 공유 재산의 대부 등

국가 또는 지방자치단체는 아동복지시설의 설치 · 운영을 위하여 필요하다고 인정하는 경우 국유 · 공유 재산을 무상으로 대부하거나 사용 · 수익하게 할 수 있으며, 국유 · 공유 재산의 대부 · 사용 · 수익의 내용 및 조건에 관하여는 해당 재산을 사용 · 수익하고자 하는 자와 해당 재산의 중앙관서의 장 또는 지방자치단체의 장 간의 계약에 의한다(동법 제62조).

### (3) 면세

아동복지시설에서 그 보호아동을 위하여 사용하는 건물 및 토지, 시설설치 및 운영에 소요되는 비용에 대하여는 관계 법령에서 정하는 바에 따라 조세, 그 밖의 공과금을 면제할 수 있다(동법 제63조).

## 제4절 영유아보육법(2024. 2. 17. 개정 시행)

### 1. 영유아보육법의 입법배경과 연혁

1980년대 우리나라는 산업화 진전에 따른 여성의 사회 참여 증가와 함께 산업화에 적합한 핵가족화로 가족구조가 변화하면서 보육에 대한 사회적 요구가 매우 증가하였다. 이에 따라 1987년 노동부에서는 남녀고용평등법에 의한 직장탁아제도를 도입했고, 1989년에는 아동복지법에 의한 탁아사업을 실시하였다. 그러나 다원화된 관장부처는 효율적인 보육사업 추진을 어렵게 했고, 이에 정부에서는 보육에 관한 독립된 법률로서 1991년 1월 14일 영유아보육법을 제정하였다. 영유아보육법의 제정은 주관부처를 보건복지부로 통합하여 지금까지 다원화된 보육제도를 보육시설로 일원화하고 보육시설의 설치・운영을 쉽게 하여 보육시설의 조속한 확대를 도모하는 것을 내용으로 한다.

1997년 12월 24일 일부개정에서는 영유아 보육의 정의를 신설하여 보육의 범위를 명확히 하고, 초등학교 취학 직전 1년의 유치원아의 교육을 무상으로 실시하는 방안이 제기됨에 따라 저소득층 중심의 보육육아에 대하여도 무상보육을 실시할 수 있도록 근거를 마련하였고, 보육시설 설치운영에 국가가 재정지원을 함으로써 가정의 육아 및 보육비용 부담을 완화하였다.

2004년 1월 29일에는 영유아 보육에 대한 수요가 증가함에 따라 보육시설 종사자의 자격기준을 강화하고, 영유아 보육시설 설치・운영을 종전 신고제에서 인가제로 전환하는 등 영유아 보육에 대한 공공성을 강화하고 보육대상을 확대하기 위한 전면 개정이 이루어졌다.

2008년 12월 19일의 개정에서는 보육의 정의를 보육시설뿐만 아니라 가정에서의 양육지원까지 포함됨을 새롭게 명시하여 보육정책 대상을 전체 유아로 확대했고, 보육서비스 이용권 제도 및 보육시설 안전공제사업 제도의 도입근거와 보육비용 지원 대상자 선정에 필요한 신청, 조사, 금융정보 조회 등과 관련된 근거 규정을 마련하였다.

2011년 6월 7일 개정에서는 보육시설 및 보육시설 종사자의 명칭을 어린이집 및 보육교직원으로 변경하여 국민에게 밝고 긍정적인 이미지를 심어주어 보육교직원 등의 위상을 높이고, 보육실태조사의 주기를 3년으로 단축하여 정책 환경의 변화를 보다 즉각적으로 파악할 수 있도록 하였다.

2014년 5월 20일의 개정은 일정 규모 이상의 사업장에 직장어린이집을 의무로 설치·운영하도록 하고 있으며, 어린이집을 설치할 수 없을 때에는 지역의 어린이집에 위탁하거나 근로자에게 보육수당을 지급하는 내용에서 보육수당의 지원에 관한 규정을 삭제하여 시설을 확충하도록 유도하는 등 관련 제도를 정비하는 한편, 의무 미이행 사업장에 대해 이행강제금 등을 부과하는 조항을 신설하였다.

2018년 12월 11일 개정에서는 어린이집 평가인증제도가 어린이집 운영자의 자발적 신청에 따라 운영되고 있어 질 관리의 사각지대가 존재하고 있으므로 평가 대상을 전체 어린이집으로 확대하고, 그 결과를 공개하여 평가의 효과성을 제고하며, 어린이집에서 아동학대나 성범죄가 발생한 경우 평가인증 등급을 최하위등급으로 조정하도록 하여 평가의 신뢰성을 제고하고자 하였다.

2019년 1월 15일 개정에서는 특별자치도지사·시장·군수·구청장이 어린이집의 설치인가 시 해당 지역의 보육 수요를 고려하여 인가 여부를 결정하도록 하고, 보건복지부장관이 표준보육비용을 3년마다 조사하도록 하며, 중앙보육정책위원회의 심의를 거쳐 표준보육비용을 결정하도록 하는 등 표준보육비용의 결정 체계를 법률에 보다 명확히 규정하였다.

2020년 12월 29일 개정에서는 어린이집 운영의 투명성을 높이고 어린이집을 선택하고 이용하는 영유아 보호자의 권리를 보다 효과적으로 보장하기 위하여 어린이집의 회계에 속하는 재산이나 수입의 보육 목적 외 사용 금지를 명시하고, 이를 위반한 경우 제재할 수 있도록 하였다. 또한 어린이통학버스 내 영유아 방치 사고를 예방하고 이에 대한 보다 엄중한 관리를 위하여 영유아의 어린이통학버스 하차 여부 확인 의무를 준수하지 아니한 경우 제재를 강화하고 어린이집 원장이 보육교직원을 대상으로 영유아 등·하원 시 안전 교육을 실시하고 보호자에게 안전하게 인계되었는지 확인하도록 하는 한편, 어린이집 설치·운영자 또는 종사자의 결격사유 해당 여부 판단 시 이 법에서 정한 죄만으로 처벌받는 사람과 다른 죄와의 경합범으로 처벌받는 사람 사이에 차별이 발생하지 않도록 하기 위해 벌금형을 분리하여 선고하도록 하는 등 현행 제도의 운영상 나타난 일부 미비점을 개선·보완하였다. 그 밖에 어린이집 보육서비스 질적 수준 제고를 위해 보육실태조사 결과를 공표하고, 보육통합정보시스템의 법적 근거를 명확히 하며, 국공립 어린이집의 위탁뿐 아니라 재위탁 시에도 보건복지부령으로 정하는 기준을 따르도록 하여 투명성을 높이는 한편, 유아교육보육위원회와 중복되어 실제 운영되지 않고 있는 보육정책조정위원회를 폐지하였다.

2021년 6월 8일 개정에서는 현행법상 보호자가 자녀 또는 피해아동의 안전을 확인할 목적으로 영상을 열람할 수 있다고 명시되어 있음에도 불구하고, 영상 속 관련없는 사람의 모자이크에 관한 규정이 없는 관계로, CCTV 열람을 원하는 피해 보호자가 관련없는 사람의 모자이크 처리를 위해 고액의 비용을 부담케 되는 등 아동학대가 의심이 되는 경우에도 비용이 과도하여 보호자가 열람을 할 수 없는 문제를 개선하고자 영상정보 원본을 열람할 수 있도록 법적 근거를 명확히 하였다. 또한, 예산사업으로 실시하고 있는 공공형어린이집 사업이 더욱 안정적으로 정착될 수 있도록 공공형어린이집 지정 및 지정취소 등에 대한 사항을 규정하고, 보건복지부령으로 정하는 바에 따라 어린이집의 위생관리기준을 준수하도록 하고, 위반 시 각종 제재조치를 규정하였다.

2023년 8월 8일 개정에서는 영유아의 정의를 '6세 미만의 취학 전 아동'에서 '7세 이하의 취학 전 아동'으로 변경하고, 어린이집 CCTV의 영상정보를 변조·훼손하는 등의 행위를 금지행위로 명시하며, 이를 위반하는 경우 5년 이하의 징역 또는 5천만 원 이하의 벌금에 처하도록 근거를 마련하고, 어린이집 우선이용대상자에 한부모가족지원법에 따른 지원대상자의 손자녀를 포함하도록 하였다.

## 2. 영유아보육법의 목적

영유아보육법은 영유아의 심신을 보호하고 건전하게 교육하여 건강한 사회 구성원으로 육성함과 아울러 보호자의 경제적·사회적 활동이 원활하게 이루어지도록 함으로써 영유아 및 가정의 복지 증진에 이바지함을 목적으로 한다(동법 제1조).

## 3. 영유아보육법의 책임주체와 대상

영유아보육의 공적 책임은 국가와 지방자치단체장 및 국민 등에게 있다. 하지만 보호자의 우선원칙을 내세운다. 모든 국민은 영유아를 건전하게 보육할 책임을 지며 국가와 지방자치단체는 보호자와 더불어 영유아를 건전하게 보육할 책임을 지며, 이에 필요한 재원을 안정적으로 확보하도록 노력하여야 한다. 특별자치도지사·시장·군수·구청장은 영유아의 보육을 위한 적절한 어린이집을 확보하여야 하며 국가와 지방자치단체는 보육교직원의 양성 및 근로여건 개선을 위하여 노력하여야 한다(동법 제4조).

또한 국가 및 지방자치단체, 사회복지법인, 그 밖의 비영리법인이 설치한 어린이집은 국민기초생활 보장법에 의한 수급자, 차상위계층의 자녀, 한부모가족지원법에 따른 보호대상자의 자녀, 장애인, 다문화가족의 자녀, 순직자의 자녀 등에 해당하는 자가 우선적으로 어린이집을 이용할 수 있도록 하여야 한다(동법 제28조).

## 4. 영유아보육법의 주요 내용

### 1) 영유아보육법의 용어(동법 제2조)

- 영유아란 7세 이하의 취학 전 아동을 말한다.

- 보육이란 영유아를 건강하고 안전하게 보호·양육하고 영유아의 발달 특성에 맞는 교육을 제공하는 어린이집 및 가정양육 지원에 관한 사회복지서비스를 말한다.
- 어린이집이란 영유아의 보육을 위하여 이 법에 따라 설립·운영되는 기관을 말한다.
- 보호자란 친권자·후견인, 그 밖의 자로서 영유아를 사실상 보호하고 있는 자를 말한다.
- 보육교직원이란 어린이집 영유아의 보육, 건강관리 및 보호자와의 상담, 그 밖에 어린이집의 관리·운영 등의 업무를 담당하는 자로서 어린이집의 원장 및 보육교사와 그 밖의 직원을 말한다.

### 2) 전달체계

#### (1) 보육정책위원회(동법 제6조)

- 보육에 관한 각종 정책·사업·보육지도 및 어린이집 평가에 관한 사항 등을 심의하기 위하여 교육부에 중앙보육정책위원회를, 특별시·광역시·특별자치시·도·특별자치도 및 시·군·구에 지방보육정책위원회를 둔다. 다만, 지방보육정책위원회는 그 기능을 담당하기에 적합한 다른 위원회가 있고 그 위원회의 위원이 자격을 갖춘 경우에는 시·도 또는 시·군·구의 조례로 정하는 바에 따라 그 위원회가 지방보육정책위원회의 기능을 대신할 수 있다.
- 중앙보육정책위원회와 지방보육정책위원회의 위원은 보육전문가, 어린이집의 원장 및 보육교사 대표, 보호자 대표 또는 공익을 대표하는 자, 관계 공무원 등으로 구성한다.

#### (2) 육아종합지원센터(동법 제7조)

- 영유아에게 시간제보육 서비스를 제공하거나 보육에 관한 정보의 수집·제공 및 상담을 위하여 교육부장관은 중앙육아종합지원센터를, 특별시장·

광역시장 · 특별자치시장 · 도지사 · 특별자치도지사 및 시장 · 군수 · 구청장은 지방육아종합지원센터를 설치 · 운영하여야 한다. 이 경우 필요하다고 인정하는 경우에는 영아 · 장애아 보육 등에 관한 육아종합지원센터를 별도로 설치 · 운영할 수 있다.

- 중앙육아종합지원센터와 지방육아종합지원센터에는 육아종합지원센터의 장과 보육에 관한 정보를 제공하는 보육전문요원 및 보육교직원의 정서적 · 심리적 상담 등의 업무를 하는 상담전문요원 등을 둔다.
- 교육부장관은 업무의 효율적인 수행을 위하여 대통령령으로 정하는 공공기관 또는 민간기관 · 단체 등을 중앙육아종합지원센터로 지정한다.
- 육아종합지원센터의 설치 · 운영 및 기능, 육아종합지원센터의 장과 보육전문요원 및 상담전문요원의 자격 및 직무 등에 필요한 사항은 대통령령으로 정한다.

### (3) 한국보육진흥원

- 보육서비스의 질 향상을 도모하고 보육정책을 체계적으로 지원하기 위하여 한국보육진흥원을 설립한다.
- 진흥원의 수행업무는 보육정책 및 보육사업에 관한 조사 · 연구 및 정책분석, 원활한 어린이집 운영 및 보육서비스 제공을 위한 지원, 보육교직원의 자격 검정 및 자격증 교부 등 지원, 보수교육의 총괄 관리 및 지원, 부모모니터링단 운영의 지원, 어린이집 평가의 지원 및 공공형어린이집의 지정을 위한 지원, 지도와 명령 및 보고와 검사에 대한 사전준비 또는 사후관리 지원, 취약보육 관련 사업의 지원, 시간제보육 서비스 관련 사업의 지원, 영유아 보육 관련 교육 및 홍보에 관한 업무, 가정양육 지원에 관한 업무 등이다.

### (4) 어린이집연합회(동법 제53조)

- 보육사업의 원활한 추진과 어린이집의 균형적인 발전, 어린이집 간의 정보 교류 및 상호 협조 증진을 위하여 어린이집연합회를 설립할 수 있다.

- 어린이집연합회의 조직과 운영, 기능 등에 필요한 사항은 보건복지부령으로 정한다.

#### (5) 보육실태조사(동법 제9조)

- 교육부장관은 이 법의 적절한 시행을 위하여 보육실태조사를 3년마다 실시하고 그 결과를 공표하여야 한다.
- 교육부장관은 보육실태조사를 위하여 어린이집 설치·운영자와 관계 기관·법인·단체의 장에게 필요한 자료의 제출 또는 의견의 진술을 요청할 수 있다. 이 경우 요청을 받은 자는 정당한 사유가 없으면 이에 협조하여야 한다.
- 보육실태조사의 방법·내용 및 결과 공표 등에 필요한 사항은 교육부령으로 정한다.

### 3) 어린이집의 설치

#### (1) 어린이집의 종류(동법 제10조)

- 국공립어린이집 : 국가나 지방자치단체가 설치·운영하는 어린이집
- 사회복지법인 어린이집 : 사회복지법인이 설치·운영하는 어린이집
- 법인·단체 등 어린이집 : 각종 법인(사회복지법인을 제외한 비영리법인)이나 단체 등이 설치·운영하는 어린이집으로서 대통령령으로 정하는 어린이집
- 직장어린이집 : 사업주가 사업장의 근로자를 위하여 설치·운영하는 어린이집(국가나 지방자치단체의 장이 소속 공무원 및 국가나 지방자치단체의 장과 근로계약을 체결한 자로서 공무원이 아닌 자를 위하여 설치·운영하는 어린이집을 포함)
- 가정어린이집 : 개인이 가정이나 그에 준하는 곳에 설치·운영하는 어린이집
- 협동어린이집 : 보호자 또는 보호자와 보육교직원이 조합을 결성하여 설치·운영하는 어린이집
- 민간어린이집 : 상기의 규정에 해당하지 아니하는 어린이집

### (2) 보육시설의 설치 및 시설 기준

① 국공립어린이집의 설치(동법 제12조)

국가나 지방자치단체는 보육계획에 따라 국공립어린이집을 설치·운영하여야 하며, 특히 도시 저소득주민 밀집 주거지역 및 농어촌지역 등 취약지역과 「산업입지 및 개발에 관한 법률」에 따른 산업단지 지역에 우선 설치해야 한다.

② 국공립어린이집 이외의 어린이집의 설치(동법 제13조)

- 국공립어린이집 외의 어린이집을 설치·운영하려는 자는 특별자치도지사·시장·군수·구청장의 인가를 받아야 한다. 인가받은 사항 중 중요사항을 변경하려는 경우에도 또한 같다.
- 특별자치도지사·시장·군수·구청장은 어린이집 설치에 따른 인가를 할 경우 해당 지역의 보육 수요를 고려하여야 한다.
- 어린이집의 설치인가를 받은 자는 어린이집 방문자 등이 볼 수 있는 곳에 어린이집 인가증을 게시하여야 하며 인가에 필요한 사항은 교육부령으로 정한다.

③ 직장어린이집의 설치(동법 제14조)

- 대통령령으로 정하는 일정 규모 이상의 사업장의 사업주는 직장어린이집을 설치하여야 한다. 다만, 사업장의 사업주가 직장어린이집을 단독으로 설치할 수 없을 때에는 사업주 공동으로 직장어린이집을 설치·운영하거나, 지역의 어린이집과 위탁계약을 맺어 근로자 자녀의 보육을 지원하여야 한다.
- 사업장의 사업주가 위탁보육을 하는 경우에는 사업장 내 보육대상이 되는 근로자 자녀 중에서 위탁보육을 받는 근로자 자녀가 교육부령으로 정하는 일정 비율 이상이 되도록 하여야 한다.

### 4) 보육교직원

#### (1) 보육교직원의 배치

어린이집에는 보육교직원을 두어야 하며 보육시간을 구분하여 운영하는 어린이집은 보육시간별로 보육교사를 배치할 수 있다. 또한, 보육교사의 업무 부담을 경감할 수 있도록 보조교사와 휴가 또는 보수교육 등으로 보육교사의 업무에 공백이 생기는 경우에 이를 대체할 수 있는 대체교사를 배치한다(동법 제17조).

#### (2) 보육교직원의 직무

어린이집의 원장은 어린이집을 총괄하고 민원 처리를 책임지며, 보육교사와 그 밖의 직원을 지도·감독하고 영유아를 보육한다. 보육교사는 영유아를 보육하고 어린이집의 원장이 불가피한 사유로 직무를 수행할 수 없을 때에는 그 직무를 대행한다(동법 제18조).

#### (3) 보육교직원의 책무

보육교직원은 영유아를 보육함에 있어 영유아에게 신체적 고통이나 고성·폭언 등의 정신적 고통을 가하여서는 아니 되며 보육교직원은 업무를 수행함에 있어 영유아의 생명·안전보호 및 위험방지를 위하여 주의의무를 다하여야 한다(동법 제18조의2).

#### (4) 어린이집의 원장 또는 보육교사의 자격(동법 제21조)

- 어린이집의 원장은 대통령령으로 정하는 자격을 가진 자로서 교육부장관이 검정·수여하는 자격증을 받은 자이어야 한다.
- 보육교사는 다음 각 호의 어느 하나에 해당하는 자로서 교육부장관이 검정·수여하는 자격증을 받은 자이어야 한다.
  - 고등교육법 제2조에 따른 학교에서 교육부령으로 정하는 보육 관련 교과목과 학점을 이수하고 전문학사학위 이상을 취득한 사람

- 고등교육법 제2조에 따른 학교를 졸업한 사람과 같은 수준 이상의 학력이 있다고 인정된 사람으로서 교육부령으로 정하는 보육 관련 교과목과 학점을 이수하고 전문학사학위 이상을 취득한 사람

• 고등학교 또는 이와 같은 수준 이상의 학교를 졸업한 자로서 시·도지사가 지정한 교육훈련시설에서 소정의 교육과정을 이수한 사람

### 5) 어린이집의 운영

#### (1) 운영기준(동법 제24조)

• 어린이집을 설치·운영하는 자는 교육부령으로 정하는 운영기준에 따라 어린이집을 운영하여야 한다.

• 국가나 지방자치단체는 설치된 국공립어린이집을 법인·단체 또는 개인에게 위탁하여 운영할 수 있다. 이 경우 교육부령으로 정하는 국공립어린이집 위탁체 선정관리 기준에 따라 심의하며, 최초 위탁은 다음 어느 하나에 해당하는 자에게 위탁하는 경우를 제외하고는 공개경쟁의 방법에 따른다.

  - 민간어린이집을 국가 또는 지방자치단체에 기부채납하여 국공립어린이집으로 전환하는 경우 기부채납 전에 그 어린이집을 설치·운영한 자
  - 국공립어린이집 설치 시 해당 부지 또는 건물을 국가 또는 지방자치단체에 기부채납하거나 무상으로 사용하게 한 자
  - 주택법에 따라 설치된 민간어린이집을 국공립어린이집으로 전환하는 경우 전환하기 전에 그 어린이집을 설치·운영한 자

• 직장어린이집을 설치한 사업주는 이를 법인·단체 또는 개인에게 위탁하여 운영할 수 있다.

#### (2) 보육시간의 구분(동법 제24조의2)

어린이집은 다음과 같이 보육시간을 구분하여 운영할 수 있으며 보육시간 운영기준과 내용에 관한 사항은 교육부령으로 정한다.

- **기본보육** : 어린이집을 이용하는 모든 영유아에게 필수적으로 제공되는 과정으로, 교육부령으로 정하는 시간 이하의 보육
- **연장보육** : 기본보육을 초과하여 보호자의 욕구 등에 따라 제공되는 보육

### (3) 어린이집운영위원회

어린이집의 원장은 어린이집 운영의 자율성과 투명성을 높이고 지역사회와의 연계를 강화하여 지역 실정과 특성에 맞는 보육을 실시하기 위하여 어린이집에 어린이집운영위원회를 설치·운영할 수 있다. 어린이집운영위원회는 그 어린이집의 원장, 보육교사 대표, 학부모 대표 및 지역사회 인사(직장어린이집의 경우에는 그 직장의 어린이집 업무 담당자)로 구성한다. 어린이집의 원장은 어린이집운영위원회의 위원 정수를 5명 이상 10명 이내의 범위에서 어린이집의 규모 등을 고려하여 정할 수 으며 이 경우 학부모 대표가 2분의 1 이상이 되도록 구성하여야 한다. 어린이집의 원장은 어린이집운영위원회의 위원 정수를 5명 이상 15명 이내의 범위에서 어린이집의 규모 등을 고려하여 대통령령으로 정한다. 이 경우 학부모 대표는 영유아 연령 등을 최대한 대표할 수 있도록 구성하여야 한다(동법 제25조).

### (4) 취약보육의 우선실시(동법 제26조)

- 국가나 지방자치단체, 사회복지법인, 그 밖의 비영리법인이 설치한 어린이집과 대통령령으로 정하는 어린이집의 원장은 영아·장애아·다문화가족지원법 제2조 제1호에 따른 다문화가족의 아동 등에 대한 보육을 우선적으로 실시하여야 한다.
- 교육부장관, 시·도지사 및 시장·군수·구청장은 취약보육을 활성화하는 데에 필요한 각종 시책을 수립·시행하여야 한다.
- 취약보육의 종류와 실시 등에 필요한 사항은 교육부령으로 정한다.

### (5) 보육의 우선 제공(동법 제28조)

국가나 지방자치단체, 사회복지법인, 그 밖의 비영리법인이 설치한 어린이집

과 대통령령으로 정하는 어린이집의 원장은 다음 어느 하나에 해당하는 자가 우선적으로 어린이집을 이용할 수 있도록 하여야 한다. 아울러 고용정책 기본법에 따라 고용촉진시설의 설치 · 운영을 위탁받은 공공단체 또는 비영리법인이 설치 · 운영하는 어린이집의 원장은 근로자의 자녀가 우선적으로 어린이집을 이용하게 할 수 있다(동법 제26조).

- 국민기초생활 보장법에 따른 수급자
- 한부모가족지원법 제5조에 따른 지원대상자의 자녀 및 손자녀
- 국민기초생활 보장법 제24조에 따른 차상위계층의 자녀
- 장애인복지법 제2조에 따른 장애인 중 교육부령으로 정하는 장애 정도에 해당하는 자의 자녀
- 장애인복지법 제2조에 따른 장애인 중 교육부령으로 정하는 장애 정도에 해당하는 자가 형제자매인 영유아
- 다문화가족지원법에 따른 다문화가족의 자녀
- 「국가유공자 등 예우 및 지원에 관한 법률」에 따른 국가유공자 중 전몰군경, 상이자로서 교육부령으로 정하는 자, 순직자의 자녀
- 제1형 당뇨를 가진 경우로서 의학적 조치가 용이하고 일상생활이 가능하여 보육에 지장이 없는 영유아
- 그 밖에 소득수준 및 보육수요 등을 고려하여 교육부령으로 정하는 자의 자녀

### (6) 보육과정(동법 제29조)

- 보육과정은 영유아의 신체 · 정서 · 언어 · 사회성 및 인지적 발달을 도모할 수 있는 내용을 포함하여야 한다.
- 교육부장관은 표준보육과정을 개발 · 보급하여야 하며 필요하면 그 내용을 검토하여 수정 · 보완하여야 한다.
- 어린이집의 원장은 표준보육과정에 따라 영유아를 보육하도록 노력하여야 한다.
- 어린이집의 원장은 보호자의 동의를 받아 일정 연령 이상의 영유아에게 교

육부령으로 정하는 특정한 시간대에 한정하여 보육과정 외에 어린이집 내외에서 이루어지는 특별활동프로그램을 실시할 수 있다. 이 경우 어린이집의 원장은 특별활동에 참여하지 아니하는 영유아를 위하여 특별활동을 대체할 수 있는 프로그램을 함께 마련하여야 한다.

### (7) 어린이집 생활기록

어린이집의 원장은 영유아 생활지도 및 초등학교 교육과의 연계 지도에 활용할 수 있도록 영유아의 발달상황 등을 종합적으로 관찰·평가하여 보건복지부장관이 정하는 기준에 따라 생활기록부를 작성·관리하여야 한다(동법 제29조의2).

### (8) 건강관리 및 응급조치

어린이집의 원장은 영유아와 보육교직원에 대하여 정기적으로 건강진단을 실시하고, 영유아의 건강진단 실시 여부를 어린이집 생활기록부에 기록하여 관리하는 등 건강관리를 하여야 한다. 다만, 보호자가 별도로 건강검진을 실시하고 그 검진결과 통보서를 제출한 영유아에 대해서는 건강진단을 생략할 수 있다. 또한 어린이집의 원장은 영유아에게 질병·사고 또는 재해 등으로 인하여 위급 상태가 발생한 경우 즉시 응급의료기관에 이송하여야 한다(동법 제31조).

### (9) 어린이집 안전공제사업

어린이집 상호 간의 협동조직을 통하여 어린이집의 안전사고를 예방하고 어린이집 안전사고로 인하여 생명·신체 또는 재산상의 피해를 입은 영유아 및 보육교직원 등에 대한 보상을 하기 위하여 교육부장관의 허가를 받아 어린이집 안전공제사업을 할 수 있다. 공제회에 가입한 어린이집의 원장은 공제사업의 수행에 필요한 출자금과 공제료 등을 공제회에 납부하여야 한다. 공제회는 공제사업의 범위, 공제료, 공제사업에 충당하기 위한 책임준비금 등 공제사업의 운영에 관하여 필요한 사항을 포함한 공제규정을 정하여 보건복지부장관의 허가를 받아야 한다(동법 제31조의2).

### (10) 급식관리

어린이집의 원장은 영유아에게 교육부령으로 정하는 바에 따라 균형 있고 위생적이며 안전한 급식을 하여야 한다(동법 제33조).

### (11) 어린이집의 평가인증(동법 제30조)

① 교육부장관은 영유아의 안전과 보육서비스의 질 향상을 위하여 어린이집의 보육환경, 보육과정 운영, 보육인력의 전문성 및 이용자 만족도 등에 대하여 정기적으로 평가를 실시하여야 한다.

② 교육부장관은 평가 결과에 따라 어린이집 보육서비스의 관리, 보육사업에 대한 재정적 · 행정적 지원 등 필요한 조치를 할 수 있다.

③ 교육부장관은 어린이집 평가등급 등 평가 결과를 공표하여야 한다.

④ 교육부장관은 평가를 받은 어린이집에 다음 어느 하나에 해당하는 사유가 발생한 경우에는 그 평가등급을 최하위등급으로 조정하여야 한다.

- 거짓이나 그 밖의 부정한 방법으로 평가를 받은 경우
- 어린이집의 설치 · 운영자가 이 법을 위반하여 금고 이상의 형을 선고받고 그 형이 확정된 경우
- 보조금의 반환명령을 받았거나 행정처분을 받은 경우로서 교육부령으로 정하는 경우
- 어린이집의 대표자 또는 보육교직원이 아동복지법 제17조를 위반하거나 「아동 · 청소년의 성보호에 관한 법률」 제2조 제2호의 아동 · 청소년대상 성범죄를 저지른 경우

⑤ 교육부장관은 평가를 받은 어린이집의 보육서비스의 질 관리를 위하여 필요한 경우 확인점검을 실시하여 평가등급을 조정할 수 있다.

⑥ 평가시기 및 방법, 확인점검의 대상 및 방법, 그에 따른 평가등급 결정 · 조정, 평가결과 공표의 내용 및 방법 등 필요한 사항은 교육부령으로 정한다.

### 6) 비 용

#### (1) 무상보육(동법 제34조)

- 국가와 지방자치단체는 영유아에 대한 보육을 무상으로 하되, 그 내용 및 범위는 대통령령으로 정한다.
- 국가와 지방자치단체는 장애아 및 다문화가족 자녀의 무상보육에 대하여는 대통령령으로 정하는 바에 따라 그 대상의 여건과 특성을 고려하여 지원할 수 있다.
- 무상보육 실시에 드는 비용은 대통령령으로 정하는 바에 따라 국가나 지방자치단체가 부담하거나 보조하여야 한다.
- 교육부장관은 어린이집 표준보육비용 등을 조사하고 그 결과를 바탕으로 예산의 범위에서 관계 행정기관의 장과 협의하여 국가 및 지방자치단체가 부담하는 비용을 정할 수 있다.
- 국가와 지방자치단체는 자녀가 2명 이상인 경우에 대하여 추가적으로 지원할 수 있다.
- 국가와 지방자치단체는 무상보육을 받으려는 영유아와 장애아 및 다문화가족의 자녀를 보육하기 위하여 필요한 어린이집을 설치·운영하여야 한다.
- 교육부장관은 표준보육비용을 결정하기 위하여 필요한 조사를 3년마다 실시하며, 조사 결과를 바탕으로 물가상승률, 최저임금 상승률 등 교육부장관이 정하는 사항을 반영하여 중앙보육정책위원회의 심의를 거쳐 매년 표준보육비용을 결정하여야 한다.

#### (2) 양육수당(동법 제34조의2)

- 국가와 지방자치단체는 어린이집이나 유치원을 이용하지 아니하는 영유아에 대하여 영유아의 연령을 고려하여 양육에 필요한 비용을 지원할 수 있다.
- 영유아가 시간제보육 서비스를 이용하는 경우에도 그 영유아에 대하여는 양육에 필요한 비용을 지원할 수 있다.

- 국가와 지방자치단체는 양육에 필요한 비용을 지원받는 영유아가 90일 이상 지속하여 해외에 체류하는 경우에는 그 기간 동안 양육에 필요한 비용의 지원을 정지한다.
- 교육부장관 및 지방자치단체의 장은 제3항에 따라 양육수당의 지급을 정지하는 경우 서면으로 그 이유를 분명하게 밝혀 영유아의 보호자에게 통지하여야 한다.

### (3) 보육서비스 이용권

국가와 지방자치단체는 무상보육 및 양육수당에 따른 비용 지원을 위하여 보육서비스 이용권을 영유아의 보호자에게 지급할 수 있으며 이용권의 지급 및 이용 절차 등에 관하여 필요한 사항은 교육부령으로 정한다(동법 제34조의3).

### (4) 비용의 보조

국가나 지방자치단체는 대통령령으로 정하는 바에 따라 어린이집의 설치, 보육교직원(대체교사 포함)의 인건비, 초과보육에 드는 비용 등 운영 경비 또는 지방육아종합지원센터의 설치·운영, 보육교직원의 복지 증진, 취약보육의 실시 등 보육사업에 드는 비용, 폐쇄회로 텔레비전 설치비의 전부 또는 일부를 보조한다(동법 제36조).

### (5) 사업주의 비용부담

어린이집을 설치한 사업주는 대통령령으로 정하는 바에 따라 그 어린이집의 운영과 보육에 필요한 비용의 전부 또는 일부를 부담하여야 한다(동법 제37조).

### (6) 보육료 등의 수납

어린이집을 설치·운영하는 자는 그 어린이집의 소재지를 관할하는 시·도지사가 정하는 범위에서 그 어린이집을 이용하는 자로부터 보육료와 그 밖의 필요경비 등을 받을 수 있다. 다만, 시·도지사는 필요시 어린이집 유형과 지역적 여건을 고려하여 그 기준을 다르게 정할 수 있다(동법 제38조).

### (7) 세제지원

사업주가 직장어린이집을 설치・운영하는 데에 드는 비용과 보호자가 영유아의 보육을 위하여 지출한 보육료와 그 밖에 보육에 드는 비용에 관하여는 조세특례제한법에서 정하는 바에 따라 조세를 감면하며 직장어린이집을 제외한 어린이집의 운영비에 대하여도 조세특례제한법에서 정하는 바에 따라 조세를 감면한다(동법 제39조).

## 제5절 한부모가족지원법(2023. 10. 12. 개정 시행)

### 1. 한부모가족지원법의 입법배경과 연혁

현행 한부모가족지원법의 모태이자 출발점인 입법은 1989년 4월 1일 제정된 모자복지법이다. 모자복지법은 배우자와의 사별, 이혼, 유기, 별거 등의 사유로 배우자가 없거나 배우자가 있어도 폐질・불구 등으로 장기간 근로능력을 상실하여 여성이 생계의 책임을 지는 모자가정이 증가함으로써 이들 모자가정이 자립・자활할 수 있도록 생계보호・교육보호・생업자금융자・주택제공 등을 통하여 모자가정의 건강하고, 문화적인 생활을 보장하기 위해 제정되었다.

이후 2002년 12월 8일 모자복지법이 모・부자복지법으로 개정되면서 복지급여의 내용과 실시를 모자가정뿐만 아니라 부자가정에도 지원하는 법률적 근거를 마련하였다. 이 법에서는 모・부자가정의 '모'와 '부'의 정의를 "배우자와 사별 또는 이혼하거나 배우자로부터 유기된 자", "정신 또는 신체의 장애로 인하여 장기간 노동능력을 상실한 배우자를 가진 자" 등으로서 아동을 양육하는 자로 규정하고 있다. 2006년 12월 28일 개정된 모・부자복지법에서는 외국인 배우자와 그 아동의 복지를 증진하기 위하여 국내에 체류하고 있는 외국인 중 대한민국 국민과 혼인하여 대한민국 국적의 아동을 양육하고 있는 자도 이 법에 따른 보호대상자가 되도록 하고, 미혼모시설을 미혼모자시설로 변경하여 미혼모뿐만 아니라 그 아동에 대한 보호·양육이 이루어질 수 있도록 하며, 공동생활가정을 설치하여 아동양육 등 독립적인 생활이 어려운 미혼모자가정, 모·부자가정 및 미혼모가정을 지원하고자 하였다. 2007년 10월 17일 개정에서 모·부자가족 대신 한부모가족이라는 용어를 사용하고 제명을 한부모가족지원법으로 변경하였다. 또한 취학 중인 때에는 22세 미만까지 확대하여 지원하도록 하며, 65세 이상의 고령자들과 손자녀로 구성되어 있는 조손가족의 경우도 이 법에 따른 보호대상자로 함으로써 조손가족의 생활안정과 복지증진을 도모하는 한편, 법 문장을 원칙적으로 한글로 적고, 어려운 용어를 쉬운 용어로 바꾸며, 길고 복잡한 문장은 체계 등을 정비하여 간결하게 하였다.

2011년 4월 12일의 개정에서는 한부모가족복지시설에 관한 규정을 대폭 정비하여 모자가족복지시설, 부자가족복지시설, 미혼모가족복지시설, 일시지원복지시설, 한부모가족복지상담소로 재분류하였다. 실제 설치·운영되지 않고 존치 필요성이 낮은 한부모가족복지상담소에 대한 규정을 정비하고, 유사한 기능을 수행하고 있는 한부모가족복지시설을 그 지원대상을 기준으로 재분류하여 한 종류의 복지시설에서 여러 가지 지원을 함께 제공할 수 있도록 하였다.

2018년 1월 16일 개정에서는 법의 목적을 한부모가족이 안정적인 가족 기능을 유지하고 자립할 수 있도록 지원하는 것으로 변경하여 서비스를 확대하였고, 한부모가족에 대한 국민의 이해와 관심을 제고하기 위하여 매년 5월 10일을 '한부모가족의 날'로 정하였다.

2020년 10월 20일 개정에서는 다문화 한부모가족 지원의 사각지대를 해소하고, 한부모가족 지원대상자가 국민기초생활 보장법 등 다른 법령에 따라 지원을 받은 경우에도 이 법에 따른 아동양육비를 지급할 수 있도록 하며, 경제적·사회적 자립기반이 마련되지 못한 청년층 한부모의 양육부담을 덜기 위해서 추가 아동양육비 지급 대상을 확대하는 한편, 여성가족부장관으로 하여금 한부모가족의 생활 안정과 복지 증진을 위하여 기본계획 및 연도별 시행계획을 수립하도록 하고, 민원의 투명하고 신속한 처리와 일선 행정기관의 적극행정을 유도하기 위하여 신고 민원의 처리절차를 명확하게 규정하였다.

2023년 4월 11일 개정에서는 한부모가족복지시설을 출산지원시설, 양육지원시설, 생활지원시설, 일시지원시설로 구분하여 시설 유형을 기능 중심으로 개편하고, 부(父)의 입소가 불가능한 일시지원시설에 대하여 부도 입소할 수 있도록 하는 등 현행 제도의 운영상 나타난 일부 미비점을 개선·보완하였다.

## 2. 한부모가족지원법의 목적

이 법은 한부모가족이 안정적인 가족 기능을 유지하고 자립할 수 있도록 지원함으로써 한부모가족의 생활 안정과 복지 증진에 이바지함을 목적으로 한다(동법 제1조).

## 3. 한부모가족지원법의 대상

### 1) 지원대상자의 범위

이 법에 따른 지원대상자는 동법 제4조 제1호·제1호의2 및 제2호부터 제5호까지의 규정에 해당하는 자로서 여성가족부령으로 정하는 자로 한다. 지원대상자 중 아동의 연령을 초과하는 자녀가 있는 한부모가족의 경우 그 자녀를 제외한 나머지 가족구성원을 지원대상자로 한다(동법 제5조).

### 2) 지원대상자의 범위에 대한 특례(동법 제5조의2)

① 혼인 관계에 있지 아니한 자로서 출산 전 임신부와 출산 후 해당 아동을 양육하지 아니하는 모가 미혼모자가족복지시설을 이용할 때에는 이 법에 따른 지원대상자가 된다. 다음 내용의 어느 하나에 해당하는 아동과 그 아동을 양육하는 조부 또는 조모로서 여성가족부령으로 정하는 자는 이 법에 따른 지원대상자가 된다.

- 부모가 사망하거나 생사가 분명하지 아니한 아동
- 부모가 정신 또는 신체의 장애·질병으로 장기간 노동능력을 상실한 아동
- 부모의 장기복역 등으로 부양을 받을 수 없는 아동
- 부모가 이혼하거나 유기하여 부양을 받을 수 없는 아동
- 위 사항에 규정된 자에 준하는 자로서 여성가족부령으로 정하는 아동

② 국내에 체류하고 있는 외국인 중 대한민국 국민과 혼인하여 대한민국 국적의 아동을 양육하고 있는 사람으로서 대통령령으로 정하는 사람이 지원대상자 범위에 해당하면 이 법에 따른 지원대상자가 된다.

## 4. 한부모가족지원법의 주요 내용

### 1) 용어의 정의(동법 제4조)

① 모 또는 부란 다음의 어느 하나에 해당하는 자로서 아동인 자녀를 양육하는 자를 말한다.

- 배우자와 사별 또는 이혼하거나 배우자로부터 유기(遺棄)된 자
- 정신이나 신체의 장애로 장기간 노동능력을 상실한 배우자를 가진 자
- 교정시설·치료감호시설에 입소한 배우자 또는 병역복무 중인 배우자를 가진 사람
- 미혼자[사실혼(事實婚) 관계에 있는 자는 제외한다]
- 위 사항에 규정된 자에 준하는 자로서 여성가족부령으로 정하는 자

② 청소년 한부모란 24세 이하의 모 또는 부를 말한다.

③ 한부모가족이란 모자가족 또는 부자가족을 말한다.

④ 모자가족이란 모가 세대주[세대주가 아니더라도 세대원(世代員)을 사실상 부양하는 자를 포함한다]인 가족을 말한다.

⑤ 부자가족이란 부가 세대주(세대주가 아니더라도 세대원을 사실상 부양하는 자

를 포함)인 가족을 말한다.

⑥ 아동이란 18세 미만(취학 중인 경우에는 22세 미만을 말하되, 병역법에 따른 병역의무를 이행하고 취학 중인 경우에는 병역의무를 이행한 기간을 가산한 연령 미만을 말한다)의 자를 말한다.

⑦ 지원기관이란 이 법에 따른 지원을 행하는 국가나 지방자치단체를 말한다.

⑧ 한부모가족복지단체란 한부모가족의 복지 증진을 목적으로 설립된 기관이나 단체를 말한다.

### 2) 국가 등의 책임(동법 제2조)

- 국가와 지방자치단체는 한부모가족의 복지를 증진할 책임을 진다.
- 국가와 지방자치단체는 한부모가족의 권익과 자립을 지원하기 위한 여건을 조성하고 이를 위한 시책을 수립·시행하여야 한다.
- 국가와 지방자치단체는 한부모가족에 대한 사회적 편견과 차별을 예방하고, 사회구성원이 한부모가족을 이해하고 존중할 수 있도록 교육 및 홍보 등 필요한 조치를 하여야 한다.
- 교육부장관과 특별시·광역시·특별자치시·도·특별자치도의 교육감은 유아교육법 제2조 제2호의 유치원, 초·중등교육법 제2조 및 고등교육법 제2조의 학교에서 한부모가족에 대한 이해를 돕는 교육을 실시하기 위한 시책을 수립·시행하여야 한다.
- 국가와 지방자치단체는 청소년 한부모가족의 자립을 위하여 노력하여야 한다.
- 모든 국민은 한부모가족의 복지 증진에 협력하여야 한다.

### 3) 한부모가족의 권리와 책임

한부모가족의 모(母) 또는 부(父)는 임신과 출산 및 양육을 사유로 합리적인 이유 없이 교육·고용 등에서 차별을 받지 아니한다. 한부모가족의 모 또는 부와 아동은 한부모가족 관련 정책결정과정에 참여할 권리가 있으며, 그가 가지고 있는 자산과 노동능력 등을 최대한으로 활용하여 자립과 생활 향상을 위하여 노력하여야 한다(동법 제3조).

### 4) 실태조사

여성가족부장관은 한부모가족 지원을 위한 정책수립에 활용하기 위하여 3년마다 한부모가족에 대한 실태조사를 실시하고 그 결과를 공표하여야 한다. 또한, 여성가족부장관은 필요한 경우 여성가족부령으로 정하는 바에 따라 청소년 한부모 등에 대한 실태를 조사·연구할 수 있다.

여성가족부장관은 실태조사를 위하여 관계 공공기관 또는 관련 법인·단체에 대하여 필요한 자료의 제출 등 협조를 요청할 수 있으며, 요청받은 관계 공공기관 또는 관련 법인·단체는 특별한 사유가 없으면 이에 협조하여야 한다. 실태조사의 대상 및 방법, 그 밖에 필요한 사항은 여성가족부령으로 정한다(동법 제6조).

### 5) 한부모가족복지단체에 대한 지원 등

국가와 지방자치단체는 한부모가족복지단체에 대하여 필요한 비용의 전부 또는 일부를 보조하거나 그 업무수행에 필요한 행정적 지원을 할 수 있으며, 한부모가족 간의 정보 공유와 상부상조 등을 위한 자조모임 단체의 사업 등을 지원할 수 있다(동법 제9조).

### 6) 한부모가족의 날

한부모가족에 대한 국민의 이해와 관심을 제고하기 위하여 매년 5월 10일을 한부모가족의 날로 한다. 국가와 지방자치단체는 한부모가족의 날의 취지에 맞는 행사 등 사업을 실시할 수 있다(동법 제5조의4).

### 7) 복지서비스의 내용과 실시

#### (1) 지원대상자의 조사 등

특별자치시장・특별자치도지사・시장・군수・구청장은 매년 1회 이상 관할 구역 지원대상자의 가족상황, 생활실태 등을 조사하여야 하며, 조사 결과를 대장(臺帳)으로 작성・비치하여야 한다. 다만, 사회복지사업법 제6조의2 제2항에 따른 정보시스템을 활용할 때에는 전자적으로 작성하여 관리할 수 있다. 조사 및 대장의 작성・관리에 필요한 사항은 여성가족부령으로 정한다(동법 제10조).

#### (2) 복지급여의 신청

지원대상자 또는 그 친족이나 그 밖의 이해관계인은 복지 급여를 관할 특별자치시장・특별자치도지사・시장・군수・구청장에게 신청할 수 있다. 복지 급여 신청을 할 때에는 다음 내용에 따른 자료 또는 정보의 제공에 대한 지원대상자의 동의 서면을 제출하여야 한다(동법 제11조).

① 「금융실명거래 및 비밀보장에 관한 법률」 제2조 제2호 및 제3호에 따른 금융자산 및 금융거래의 내용에 대한 자료 또는 정보 중 예금의 평균잔액과 그 밖에 대통령령으로 정하는 자료 또는 정보(이하 "금융정보"라 한다)

② 「신용정보의 이용 및 보호에 관한 법률」 제2조 제1호에 따른 신용정보 중 채무액과 그 밖에 대통령령으로 정하는 자료 또는 정보(이하 "신용정보"라 한다)

③ 보험업법 제4조 제1항 각 호에 따른 보험에 가입하여 납부한 보험료와 그 밖에 대통령령으로 정하는 자료 또는 정보(이하 "보험정보"라 한다)

#### (3) 복지 급여의 내용

국가나 지방자치단체는 복지 급여의 신청이 있으면 생계비, 아동교육지원비, 아동양육비, 그 밖에 대통령령으로 정하는 비용을 실시하여야 한다. 다만, 이 법에 따른 지원대상자가 국민기초생활 보장법 등 다른 법령에 따라 지원을 받고 있는 경우에는 그 범위에서 이 법에 따른 급여를 하지 아니한다. 아동양육비를 지급할 때에 미혼모나 미혼부가 5세 이하의 아동을 양육하거나 청소년 한부모가 아동을 양육하면 예산의 범위에서 추가적인 복지 급여를 실시하여야 한다. 이 경우 모 또는 부의 직계존속이 5세 이하의 아동을 양육하는 경우에도 또한 같다. 국가나 지방자치단체는 이 법에 따른 지원대상자의 신청이 있는 경우에는 예산의 범위에서 직업훈련비와 훈련기간 중 생계비를 추가적으로 지급할 수 있다(동법 제12조).

### (4) 복지 자금의 대여

국가나 지방자치단체는 한부모가족의 생활안정과 자립을 촉진하기 위하여 사업에 필요한 자금, 아동교육비, 의료비, 주택자금, 그 밖에 대통령령으로 정하는 한부모가족의 복지를 위하여 필요한 자금을 대여할 수 있다. 대여 자금의 한도, 대여 방법 및 절차, 그 밖에 필요한 사항은 대통령령으로 정한다(동법 제13조).

### (5) 고용의 촉진

국가 또는 지방자치단체는 한부모가족의 모 또는 부와 아동의 직업능력을 개발하기 위하여 능력 및 적성 등을 고려한 직업능력개발훈련을 실시하여야 하며, 한부모가족의 모 또는 부와 아동의 고용을 촉진하기 위하여 적합한 직업을 알선하고 각종 사업장에 모 또는 부와 아동이 우선 고용되도록 노력하여야 한다(동법 제14조).

### (6) 고용지원 연계

국가 및 지방자치단체는 한부모가족의 모 또는 부와 아동의 취업기회를 확대하기 위하여 한부모가족 관련 시설 및 기관과 직업안정법 제2조의2 제1호에 따른 직업안정기관 간 효율적인 연계를 도모하여야 한다(동법 제14조의2).

### (7) 청소년 한부모에 대한 지원

국가나 지방자치단체는 청소년 한부모가 학업을 할 수 있도록 청소년 한부모의 선택에 따라 교육 및 교육비 지원을 할 수 있으며(동법 제17조의2), 청소년 한부모가 주거마련 등 자립에 필요한 자산을 형성할 수 있도록 재정적인 지원을 할 수 있다(동법 제17조의4). 또한 국가와 지방자치단체는 청소년 한부모의 건강증진을 위하여 건강진단을 실시할 수 있다(동법 제17조의5).

### (8) 미혼모 등의 건강관리 등 지원

국가와 지방자치단체는 미혼모 또는 미혼부와 그 자녀가 건강하게 생활할 수 있도록 산전(産前)·분만·산후(産後)관리, 질병의 예방·상담·치료, 영양·건강에 관한 교육 등 건강관리를 위한 지원을 할 수 있다. 기본 생활지원 미혼모자가족복지시설에 입소한 미혼모 등의 신청이 있는 경우에는 미혼모 등 본인 및 함께 생활하는 자녀에 대한 의료비를 추가적으로 지원할 수 있다(동법 제17조의6).

### (9) 아동·청소년 보육·교육

국가와 지방자치단체는 아동·청소년 보육·교육을 실시함에 있어서 한부모가족 구성원인 아동·청소년을 차별하여서는 아니 된다(동법 제17조의7).

### (10) 한부모가족 상담전화의 설치

여성가족부장관은 한부모가족 지원에 관한 종합정보의 제공과 지원기관 및 시설의 연계 등에 관한 전문적이고 체계적인 상담서비스를 제공하기 위하여 한부모가족 상담전화를 설치·운영할 수 있다(동법 제18조의2).

## 8) 한부모가족복지시설

### (1) 한부모가족복지시설의 종류(동법 제19조)

① 모자가족복지시설 : 생계가 어렵거나 독립적인 생활이 어려운 모자가족에게 일정 기간 동안 주거와 생계를 지원하는 시설

② **부자가족복지시설** : 생계가 어렵거나 독립적인 생활이 어려운 부자가족에게 일정 기간 동안 주거와 생계를 지원하는 시설
③ **미혼모자가족복지시설** : 미혼모자가족과 출산 미혼모 등에게 주거와 생계 등 편의를 제공하는 시설
④ **일시지원복지시설** : 배우자(사실혼 관계에 있는 사람을 포함)가 있으나 배우자의 물리적·정신적 학대로 아동의 건전한 양육이나 모의 건강에 지장을 초래할 우려가 있을 경우 일시적 또는 일정 기간 동안 모와 아동 또는 모에게 주거와 생계를 지원하는 시설
⑤ **한부모가족복지상담소** : 한부모가족에 대한 위기·자립 상담 또는 문제해결 지원 등을 목적으로 하는 시설

### (2) 한부모가족복지시설의 설치

국가나 지방자치단체는 한부모가족복지시설을 설치할 수 있다. 한부모가족복지시설의 장은 청소년 한부모가 입소를 요청하는 경우에는 우선 입소를 위한 조치를 취하여야 한다. 국가나 지방자치단체 외의 자가 한부모가족복지시설을 설치·운영하려면 특별자치시장·특별자치도지사·시장·군수·구청장에게 신고하여야 한다. 한부모가족복지시설의 시설 설치·운영 기준, 시설 종사자의 직종(職種)과 수(數) 및 자격기준, 그 밖에 설치신고에 필요한 사항은 여성가족부령으로 정한다(동법 제20조).

### (3) 수탁 의무와 감독

한부모가족복지시설을 설치·운영하는 자는 특별시장·광역시장·특별자치시장·도지사·특별자치도지사 또는 시장·군수·구청장으로부터 한부모가족복지시설에 한부모가족을 입소하도록 위탁받으면 정당한 사유 없이 이를 거부하지 못한다(동법 제22조). 아울러 여성가족부장관, 시·도지사 또는 시장·군수·구청장은 한부모가족복지시설을 설치·운영하는 자에게 그 시설에 관하여 필요한 보고를 하게 하거나, 관계 공무원에게 시설의 운영 상황을 조사하게 하거나 장부 등 그 밖의 서류를 검사하게 할 수 있다(동법 제23조).

## 9) 비 용

### (1) 비용의 보조

국가나 지방자치단체는 대통령령으로 정하는 바에 따라 한부모가족복지사업에 드는 비용을 보조할 수 있다(동법 제25조).

### (2) 부정수급자에 대한 비용의 징수

거짓이나 그 밖의 부정한 방법으로 복지 급여를 받거나 타인으로 하여금 복지 급여를 받게 한 경우 복지 급여를 지급한 지원기관은 그 비용의 전부 또는 일부를 그 복지 급여를 받은 자 또는 복지 급여를 받게 한 자로부터 징수할 수 있다(동법 제25조의2).

### (3) 보조금 등의 반환명령

국가나 지방자치단체는 한부모가족복지시설의 장이나 한부모가족복지단체의 장이 보조금의 교부 조건을 위반하거나, 거짓이나 그 밖의 부정한 방법으로 보조금을 받은 경우, 한부모가족복지시설을 경영하면서 개인의 영리를 도모하는 행위를 한 경우, 이 법 또는 이 법에 따른 명령을 위반한 경우에 해당하면 이미 내준 보조금의 전부 또는 일부의 반환을 명할 수 있다(동법 제26조).

## 10) 수급권의 보호와 심사청구

### (1) 양도 · 담보 및 압류 금지

이 법에 따라 지급된 복지급여와 이를 받을 권리는 다른 사람에게 양도하거나 담보로 제공할 수 없으며, 다른 사람은 이를 압류할 수 없다. 지정된 복지급여수급계좌의 예금에 관한 채권도 압류할 수 없다(동법 제27조).

### (2) 심사청구

지원대상자 또는 그 친족이나 그 밖의 이해관계인은 이 법에 따른 복지 급여 등에 대하여 이의가 있으면 그 결정을 통지받은 날부터 90일 이내에 서면으로 해당 복지실시기관에 심사를 청구할 수 있다. 복지실시기관은 심사 청구를 받으면 30일 이내에 이를 심사・결정하여 청구인에게 통보하여야 한다(동법 제28조).

## 제6절 다문화가족지원법(2020. 5. 19. 개정 시행)

### 1. 다문화가족지원법의 입법배경과 연혁

2000년 이후 우리 사회에서는 외국인 근로자, 결혼이민자, 다문화가족의 자녀, 해외동포, 북한이탈주민 등이 증가하면서 다문화가족에 대한 관심이 크게 증가하였다. 결혼이민자 및 그 자녀 등으로 구성되는 다문화가족은 언어 및 문화적 차이로 인하여 사회부적응과 가족구성원 간 갈등 및 자녀교육에 어려움을 겪고 있음에 따라, 다문화가족의 구성원이 우리 사회의 구성원으로 순조롭게 통합되어 안정적인 가족생활을 영위할 수 있도록 하기 위한 가족상담・부부교육・부모교육 및 가족생활교육 등을 추진하고, 문화의 차이 등을 고려한 언어통역, 법률상담 및 행정지원 등의 전문적인 서비스를 제공하도록 하는 등 다문화가족에 대한 지원정책의 제도적인 틀을 마련하기 위해 2008년 3월 21일 다문화가족지원법이 제정되었다.

2011년 4월 4일 개정에서는 다문화가족의 증가추세에 따른 다문화가족의 범위를 확대하고, 다문화가족 지원을 위한 기본 계획 및 연도별 시행계획 등을 수립하며, 다문화가족 구성원인 결혼이민자 등에게 한국어교육 지원을 통하여 사회적 적응을 잘할 수 있게 하고, 다문화가족 내 가정폭력 예방과 가정폭력 피해자의 보호와 지원, 의료 및 건강관리를 위한 지원 등을 함으로써 다문화가족 구성원의 삶의 질 향상과 사회통합을 더욱 쉽게 하기 위해 개정되었다.

2013년 8월 13일의 개정은 결혼이민자나 다문화가족의 생활적응과 초기정착을 돕기 위해 다국어로 상담과 통역이 가능한 다문화가족 종합정보 전화센터를 설치하고, 다문화가족지원센터로 오인하여 피해를 당하지 않도록 다문화가족지원센터와 유사한 명칭을 사용하지 못하도록 하였다.

2015년 12월 1일 개정은 아동·청소년에 대한 정의 조항을 신설하고 국가와 지방자치단체가 다문화가족 구성원인 아동·청소년에 대하여 실태조사와 보육·교육 지원을 할 수 있도록 법문의 표현을 명확하게 정비하였다.

2017년 12월 12일 개정에서는 학교에서 학생 대상의 다문화 이해교육이 내실 있게 추진될 수 있도록 교원에 대한 교육 또는 연수 실시를 의무화하고, 결혼이민자 등의 배우자 및 가족구성원이 결혼이민자 등의 출신 국가 및 문화 등을 잘 이해할 수 있도록 필요한 정보의 제공 및 관련 교육을 지원하도록 하였다.

2020년 5월 19일 개정에서는 여성가족부장관이 다문화가족 지원을 위한 기본계획을 수립하면 지체 없이 국회 소관 상임위원회에 보고하도록 하고, 비상업적 공익광고 편성비율의 범위에서 홍보영상 송출을 요청할 수 있는 사업자를 '지상파방송사업자'에서 '방송사업자'로 확대하는 한편, 다문화가족지원센터의 기능을 명확히 하고자 하였다.

## 2. 다문화가족지원법의 목적

다문화가족지원법은 다문화가족 구성원이 안정적인 가족생활을 영위하고 사회구성원으로서의 역할과 책임을 다할 수 있도록 함으로써 이들의 삶의 질 향상과 사회통합에 이바지함을 목적으로 한다(동법 제1조).

## 3. 국가와 지방자치단체의 책무

국가와 지방자치단체는 다문화가족 구성원이 안정적인 가족생활을 영위하고 경제·사회·문화 등 각 분야에서 사회구성원으로서의 역할과 책임을 다할 수 있도록 필요한 제도와 여건을 조성하고 이를 위한 시책을 수립·시행하여야 하며, 특별시·광역시·특별자치시·도·특별자치도 및 시·군·구에는 다문화가족 지원을 담당할 기구와 공무원을 두어야 한다(동법 제3조).

여성가족부장관은 다문화가족 지원을 위하여 5년마다 다문화가족정책에 관한 기본 계획을 수립하여야 하며, 기본 계획에는 다문화가족 지원 정책의 기본 방향, 다문화가족 지원을 위한 분야별 발전시책과 평가에 관한 사항, 다문화가족 지원을 위한 제도 개선에 관한 사항, 다문화가족 구성원의 경제·사회·문화 등 각 분야에서 활동 증진에 관한 사항, 다문화가족 지원을 위한 재원 확보 및 배분에 관한 사항 등이 포함되어야 한다(동법 제3조의2). 또한 여성가족부장관은 다문화가족의 현황 및 실태를 파악하고 다문화가족 지원을 위한 정책수립에 활용하기 위하여 3년마다 다문화가족에 대한 실태조사를 실시하고 그 결과를 공표하여야 한다(동법 제4조). 국가와 지방자치단체는 다문화가족에 대한 사회적 차별 및 편견을 예방하고 사회구성원이 문화적 다양성을 인정하고 존중할 수 있도록 다문화 이해교육을 실시하고 홍보 등 필요한 조치를 하여야 한다(동법 제5조).

## 4. 다문화가족지원법의 주요 내용

### 1) 다문화가족에 대한 이해증진

국가와 지방자치단체는 다문화가족에 대한 사회적 차별 및 편견을 예방하고 사회구성원이 문화적 다양성을 인정하고 존중할 수 있도록 다문화 이해교육을 실시하며 홍보 등 필요한 조치를 하여야 한다. 이 조치를 함에 있어 홍보영상을 제작하여 방송사업자에게 배포하여야 하며 지방파방송사업자에게 홍보영상을 채널별로 송출하도록 요청할 수 있다(동법 제5조).

### 2) 생활정보 제공 및 교육지원

국가와 지방자치단체는 결혼이민자 등이 대한민국에서 생활하는 데 필요한 기본적 정보를 제공하고, 사회적응교육과 직업교육·훈련 및 언어소통 능력 향상을 위한 한국어교육 등을 받을 수 있도록 필요한 지원을 할 수 있다. 또한 결혼이민자 등의 배우자 및 가족구성원이 결혼이민자 등의 출신 국가 및 문화 등을 이해하는 데 필요한 기본적 정보를 제공하고 관련 교육을 지원할 수 있다(동법 제6조).

### 3) 평등한 가족관계 유지를 위한 조치

국가와 지방자치단체는 다문화가족이 민주적이고 양성평등한 가족관계를 누릴 수 있도록 가족상담, 부부교육, 부모교육, 가족생활교육 등을 추진하여야 한다(동법 제7조).

### 4) 가정폭력 피해자에 대한 보호·지원

국가와 지방자치단체는 다문화가족 내 가정폭력을 예방하기 위하여 노력하여야 하며 가정폭력으로 피해를 입은 결혼이민자 등을 보호·지원할 수 있다. 또한 국가와 지방자치단체는 가정폭력의 피해를 입은 결혼이민자 등에 대한 보호 및 지원을 위하여 외국어 통역 서비스를 갖춘 가정폭력 상담소 및 보호시설의 설치를 확대하도록 노력하여야 한다. 또한 결혼이민자 등이 가정폭력으로 혼인관계를 종료하는 경우 의사소통의 어려움과 법률체계 등에 관한 정보의 부족 등으로 불리한 입장에 놓이지 않도록 의견진술 및 사실 확인 등에 있어서 언어통역, 법률상담 및 행정지원 등 필요한 서비스를 제공할 수 있다(동법 제8조).

### 5) 의료 및 건강관리를 위한 지원

국가와 지방자치단체는 결혼이민자 등이 건강하게 생활할 수 있도록 영양·건강에 대한 교육, 산전·산후 도우미 파견, 건강검진 등의 의료서비스를 지원할 수 있으며 의료서비스를 제공받을 경우 외국어 통역 서비스를 제공할 수 있다(동법 제9조).

### 6) 아동 · 청소년 보육 · 교육(동법 제10조)

국가와 지방자치단체는 아동·청소년 보육·교육을 실시함에 있어서 다문화가족 구성원인 아동·청소년을 차별하여서는 아니 되며 다문화가족 구성원인 아동·청소년이 학교생활에 신속히 적응할 수 있도록 교육지원대책을 마련하여야 하고, 특별시·광역시·특별자치시·도·특별자치도의 교육감은 다문화가족 구성원인 아동·청소년에 대하여 학과 외 또는 방과 후 교육 프로그램 등을 지원할 수 있다.

국가와 지방자치단체는 다문화가족 구성원인 18세 미만인 사람의 초등학교 취학 전 보육 및 교육 지원을 위하여 노력하고, 그 구성원의 언어발달을 위하여 한국어 및 결혼이민자 등인 부 또는 모의 모국어 교육을 위한 교재지원 및 학습지원 등 언어능력 제고를 위하여 필요한 지원을 할 수 있다.

### 7) 다국어에 의한 서비스 제공

국가와 지방자치단체는 결혼이민자 등의 의사소통의 어려움을 해소하고 서비스 접근성을 제고하기 위하여 다국어에 의한 서비스 제공이 이루어지도록 노력하여야 한다(동법 제11조). 또한 여성가족부장관은 다국어에 의한 상담·통역 서비스 등을 결혼이민자 등에게 제공하기 위하여 다문화가족 종합정보 전화센터를 설치·운영할 수 있다(동법 제11조의2).

### 8) 민간단체 등의 지원

국가와 지방자치단체는 다문화가족 지원 사업을 수행하는 단체나 개인에 대하여 필요한 비용의 전부 또는 일부를 보조하거나 그 업무수행에 필요한 행정적 지원을 할 수 있으며 국가와 지방자치단체는 결혼이민자 등이 상부상조하기 위한 단체의 구성·운영 등을 지원할 수 있다(동법 제16조).

# 5. 다문화가족지원센터

## 1) 다문화가족지원센터의 설치

다문화가족지원센터는 다문화가족을 위한 교육·상담 등 지원사업의 실시, 결혼이민자 등에 대한 한국어교육, 다문화가족 지원서비스 정보제공 및 홍보, 다문화가족 지원 관련 기관·단체와의 서비스 연계, 일자리에 관한 정보제공 및 일자리의 알선, 다문화가족을 위한 통역·번역 지원 사업, 그 밖에 다문화가족 지원을 위하여 필요한 사업의 업무를 수행한다. 국가와 지방자치단체는 다문화가족지원센터를 설치·운영할 수 있으며 대통령령으로 정하는 법인이나 단체에 위탁할 수 있다. 국가 또는 지방자치단체 아닌 자가 지원센터를 설치·운영하고자 할 때에는 미리 시·도지사 또는 시장·군수·구청장의 지정을 받아야 한다. 다문화가족지원센터에는 다문화가족에 대한 교육·상담 등의 업무를 수행하기 위하여 관련 분야에 대한 학식과 경험을 가진 전문인력을 두어야 하며, 국가와 지방자치단체는 다문화가족지원센터에 대하여 예산의 범위에서 업무를 수행하는 데에 필요한 비용 및 운영에 드는 비용의 전부 또는 일부를 보조할 수 있다(동법 제12조).

## 2) 다문화가족지원사업 종사자

### (1) 다문화가족 지원업무 관련 공무원의 교육

국가와 지방자치단체는 다문화가족 지원 관련 업무에 종사하는 공무원의 다문화가족에 대한 이해증진과 전문성 향상을 위하여 교육을 실시할 수 있다(동법 제13조).

### (2) 다문화가족지원사업 전문인력 양성

국가 또는 지방자치단체는 다문화가족지원 및 다문화 이해교육 등의 사업 추진에 필요한 전문인력을 양성하는 데 노력하여야 하며 전문인력을 양성하기 위하여 대통령령으로 정하는 바에 따라 대학이나 연구소 등 적절한 인력과 시설 등을 갖춘 기관이나 단체를 전문인력 양성기관으로 지정하여 관리할 수 있다(동법 제13조의2).

### (3) 보수교육의 실시

여성가족부장관 또는 시·도지사는 다문화가족지원센터에 두는 전문인력의 자질과 능력을 향상시키기 위하여 보수교육을 실시하여야 하며 보수교육의 내용·기간 및 방법 등은 여성가족부령으로 정한다(동법 제12조의2).

# 참고문헌


감정기 외(2002). 사회복지의 역사. 서울 : 나남출판.

강강원(2010). 한국의 복지법제와 사회보장론. 경기 : 보명.

강희갑 외(2008). 사회복지법제론. 경기 : 양서원.

고수현(2015). 사회복지법제론. 경기 : 정민사.

곽효문(2000). 사회복지법제론. 서울 : 제일법규.

국민연금관리공단(2012). 급여관리.

권영성(2002). 헌법학원론. 서울 : 법문사.

김경섭 외(2012). 사회복지법제론. 경기 : 양서원.

김 구(2009). 사회복지법제론. 서울 : 창지사.

김귀환(2012). 사회복지에 대한 새로운 접근. 서울 : 청목출판사.

김귀환 외(2006). 사회복지법제론. 서울 : 나눔의집.

김기원(2000). 공공부조론. 서울 : 학지사.

______(2007). 사회복지법제론. 서울 : 나눔의집.

______(2009). 사회복지법제론. 서울 : 나눔의집.

______(2019). 사회복지법제와 실천. 서울 : 학지사.

김기환 외(2006). 사회복지법제론. 서울 : 나눔의집.

김수정(2019). 사회복지법제와 실천. 서울 : 학지사.

김윤재 · 신상수 · 심영진 · 서대원(2010). 사회복지법제론. 서울 : 동문사.

김융일 외(2003). 사회복지개론. 서울 : 동인.

김철수(2001). 세계 헌법 연구. 서울 : 국제헌법학회/ 한국학회.

김치영 · 정현태(2008). 사회복지법제론. 서울 : 파워북.

김태성 · 김진수(2007). 사회보장론. 서울 : 청목출판사.

김형준(2014). 사회복지사 이론서. 서울 : 나눔씨패스.

김 훈(2012). 사회복지법제론. 서울 : 학지사.

남기민 외(2011). 사회복지법제론. 경기 : 공동체.

류상열(2002). 사회복지역사. 서울 : 학지사.

문현철(2007). 사회복지법제. 서울 : 청목출판사.

박석돈(2006). 사회보장론. 경기 : 양서원.

______(2006). 사회복지법제론. 서울 : 삼양사.

박석돈 외(2015). 사회복지법제론. 경기 : 양서원.

박차상 외(2007). 한국 사회복지법 강의. 서울 : 학지사.

배기효 외(2003). 한국 사회복지법제론. 서울 : 한올출판사.

백윤철(2013). 사회복지법제. 서울 : 삼보.
법률용어사전(2010). 법문북스.
보건복지부(2013). 대한민국의 사회복장협정 발효국 25개으로 확대. 보도자료.
사회복지교육연구센터(2019). 사회복지법제론－1급 사회복지사 기본서. 서울 : 나눔의집.
생각의마을 기획(2019). 사회복지법제론 1급 수험서. 경기 : 공동체.
신섭중 외(2001). 사회복지법제. 서울 : 대학출판사.
오윤수 외(2009). 사회복지윤리와 철학. 경기 : 공동체.
원석조(2001). 사회복지역사의 이해. 서울 : 양서원.
유지해(2001). 행정법신론. 서울 : 박영사.
유희일(2000). 사회복지법제론. 서울 : 두남.
윤찬영(2010). 사회복지법제론. 서울 : 나남출판.
어대훈(2014). 휴먼사회복지학. 경기 : 공동체.
이명남(2013). 사회복지법제론. 서울 : 창지사.
이승준(2018). 사회복지법제론. 경기 : 공동체.
이영희(1999). 한국사회복지법규개설. 서울 : 홍익출판사.
이용환(2011). 최신사회복지법제론. 서울 : 대왕사.
이준일(2010). 헌법과 사회복지법제. 서울 : 세창출판사.
이중엽(2012). 사회복지법제론. 경기 : 양서원.
______(2013). 사회복지법제론. 경기 : 양서원.
이철수 외(2009). 사회복지학사전. 서울 : Blue Fish.
이태영 · 고영훈(2002). 사회복지법제론. 서울 : 동인.
인경석(2001). 국민연금법 해설. 서울 : 국민연금관리공단.
장동일(2001). 한국사회복지법의 이해. 서울 : 학문사.
정무성 외(2001). 사회복지사제도의 발전적 운영을 위한 연구. 서울 : 한국사회복지사협회.
정진경(2019). 사회복지법제와 실천. 경기 : 공동체.
정현태 외(2010). 사회복지법제론. 서울 : 파워북.
정현태 외(2014). 사회복지법제론. 경기 : 공동체.
조원탁(2010). 사회복지법제론. 경기 : 양서원.
조원탁 외(2010). 사회복지법제론. 경기 : 양서원.
최정섭(2012). 사회복지법제론. 경기 : 법문사.
한국사전연구사. 21세기 정치학대사전.
한국사회복지교육협의회(2018). 사회복지1급 국가시험과목 교과목지침 개발연구.
한만봉(2009). 사회복지법제. 경기 : 한국학술정보.
한승협(2012). 사회복지법제론. 서울 : 창지사.
헌법재판소(2002). 헌법재판소 판례집. 서울 : 헌법재판소.
현외성(2000). 사회복지정책강론. 서울 : 양서원.

______(2011). 사회복지법제개설. 경기 : 공동체.
황미경(2020). 사회복지법제와 실천. 경기 : 양서원.
황인옥 외(2003). 현대사회복지법제론. 서울 : 나눔의집.
황해봉(2008). 우리나라 입법과정에 대한 고찰. 서울 : 법제처.
1급사회복지사(2020). 법률모음집. 서울 : 나눔의집.

George, V., & Miller, S.(1995). Squaring the Welfare Circle. In V. George, & S. Miller(Eds.), *Social Policy Towards 2000.* London : Routledge.
ILO(2002). ILO history. *About the ILO.* ILO(International Labour Organization).
Job Accommodation Network(JAN)(2002). *ADA(Amerians with Disability Act) Handbook.* JAN.
National Aging Services Network(NASN)(2002). Older Americans Act. *National Aging Services Network.*
SSA(2002). The Administration's 1935 Economic Security Bill. *Social Security Administration.* www.ssa.gov

고용노동부. http://www.moel.go.kr
국가법령정보센터. https://www.law.go.kr
국민건강보험공단. http://www.nhis.or.kr
국민연금관리공단. http://www.nps.or.kr
근로복지공단. http://www.comwel.or.kr
대법원. http://www.scourt.go.kr/supreme/index.html
대법원 종합법령정보. http://glaw.scourt.go.kr
법제처. http://www.moleg.go.kr
보건복지부. http://www.mohw.go.kr
한국사회복지교육협의회. http://kcswe.kr
한국사회복지사협회. http://www.welfare.net
헌법재판소. http://www.ccourt.go.kr
NASW. http://www.naswdc.org

# 찾아보기

「기타」

## 저자약력

〈집필순〉

■ **정현태**
창신대학교 사회복지학과 겸임교수
경남복지인권교육연구소 소장

■ **김도열**
대림대학교 사회복지학과 겸임교수

■ **김동욱**
동의과학대학교 사회복지과 교수

■ **류기덕**
구미대학교 사회복지과 교수

■ **서민호**
영남외국어대학교 사회복지과 교수

■ **이승현**
서정대학교 사회복지과 교수

■ **제미자**
부산보건대학교 사회복지과 교수

# 사회복지법제와 실천

|공저자| 정현태 · 김도열 · 김동욱 · 류기덕 · 서민호 · 이승현 · 제미자

|1판 1쇄| 발행 2024년 7월 30일
|1판 2쇄| 발행 2025년 1월 15일

|발행인| 김 동 훈
|발행처| 공 동 체

|주소| 경기도 고양시 일산동구 호수로 358-39 동문타워 I 905호(백석동)
|전화| 031) 814-3000(대표)
|팩스| 031) 814-3100
|홈페이지| http://www.compub.co.kr
|전자우편| compub@naver.com
|출판등록| 2005년 10월 6일
|등록번호| 제396-2005-36호

|ISBN| 979-11-6725-729-1
정가 22,000원